U0041415

亞洲大未來

經濟整合與全球典範轉移的新趨勢

New Asian Regionalism

新加坡管理大學

謝笠天教授 著
Pasha L. Hsieh, JD, PhD

紀揚今 譯

目錄

圖目錄

表目錄

【推薦序】宏觀與微觀的亞洲區域整合

　　區域經濟整合是複雜且重要的議題。地緣政治上觸及合縱連橫；法律上作為世界貿易組織（WTO）多邊規範的例外；經貿上許多區域整合協定內容常領先多邊議題。由於涉及法律、經濟、國際政治層面的分析，要寫一本區域經濟整合的書，並不容易。要寫得好，包括精確分析及透澈觀察，自然更不簡單；由於亞洲政治與經濟的複雜性，要寫一本好的亞洲經濟整合，更加困難。

　　本書從全球趨勢分析區域整合，並探討亞洲新的區域主義，有諸多敏銳的觀察。作者闡述亞洲兩個重要經濟整合：東南亞國家協會（ASEAN）及《區域全面經濟夥伴協定》（RCEP）。前者涉及幾個演進階段，或可轉型為經濟共同體；後者則為部分亞洲國家最新的經濟整合成果。本書也討論亞洲經濟整合的對外關係，包括 ASEAN 與歐盟及 ASEAN 與美國的關係；以及亞太經濟合作會議（APEC）在經濟整合趨勢下的何去何從。

　　本書的重要價值，不僅在帶領一般讀者瞭解經濟整合的意旨，同時以宏觀與微觀角度，引導讀者進入亞洲區域經濟整合的不同面向，認識其內部與外部關係。對於熟悉國際經貿法的讀者而言，本書也可協助思考整個亞洲在區域整合議題的未來。對決策者而言，本書或可幫助釐清國家的對外經貿政策。

　　我認識本書作者謝笠天教授多年。他在國際經貿法領域長期耕耘，學識經驗具優，且持續有豐富且高品質的著作。以他的堅實國際經濟法訓練，撰寫這本好書，自然可以預期。本書原以英文撰寫，為英國劍橋大學出版，難能可貴。額外以中文呈現，饗宴更多讀者，讓本書發揮更大影響力，非常值得稱許。

羅昌發　（寫于日內瓦）

常駐世界貿易組織常任代表

前臺大法律學院院長、講座教授、特聘教授；前大法官

【推薦序】未來的發展趨勢和挑戰

三十多年前，我在美國讀書研究期間，注意到校園與媒體談亞洲的經濟與未來時，日本的發展模式和亞洲四小龍的經濟奇蹟是最常被引用的範例；當時中國大陸正蓄勢待發，但是印度和東南亞國家似乎還不是學術關心的主流。但在2022 年的今天，討論亞洲的經濟整合時，我們會深刻體會到時空環境已經發生巨大變化，一個新亞洲時代正在來臨。在這個新時代，不論是個人或是國家，都要拋開舊思維，以新的作法，面對亞洲的未來。而從事一切新嘗試的基礎，就是要充分瞭解亞洲經濟整合的內容，參與亞洲經濟新秩序規範的建立，並進而掌握這股潮流未來的發展趨勢和面臨的挑戰。

但是，面對這麼複雜而又影響重大的議題，我們如何能正確理解這其中所涉及的國際政治、法律和經濟等議題，進而正確認識到自身的定位，並掌握未來的方向呢？新加坡管理大學謝笠天教授這本《亞洲大未來：經濟整合與全球典範轉移的新趨勢》，以專業的學術底蘊、淺顯易懂的文字，引領我們進入一個寬廣的天地，一窺亞洲經濟整合的堂奧，提

供我們一個新的願景,探索新的未來。

首先,這是一本以國際經濟法專業為本,但是又涵蓋國際關係的著作。國際經濟法以規範國際貿易、國際金融和國際投資為核心,它的內容範疇日益擴大與充實,是當代國際公法發展的重要特色之一。歐洲經濟整合的經驗說明了一個完善制度的建立不能忽視法律。同樣地,亞洲經濟整合的發展也是在國際經濟法的架構下進行。而不論是那一個區域的經濟整合,一定會有國際關係層面的影響。所以,在謝教授的導引下,我們一方面能夠在新亞洲區域主義的大架構下,很快理解亞洲經濟整合法律面與制度面的重點,如東協經濟共同體的形成,自由貿易區(FTA)的概念和架構、《區域全面經濟夥伴協定》(RCEP)和《跨太平洋夥伴全面進步協定》(CPTPP)的重要內容和影響,以及亞太經濟合作會議(APEC)的組織架構與功能等;但是另一方面,國際政治的運作與影響也未被忽視。因此,在經濟整合的過程中,東協國家彼此如何互動,歐洲聯盟如何思考亞洲戰略,美國如何擬定重返亞洲計畫都被一一檢視。

其次,這是一本以東協國家為核心,但是又能開闊亞洲

視野的書。對本地許多熟悉國際法與國際關係的學者專家，全球化的概念總是琅琅上口，歐洲聯盟（EU）當然不是一個陌生的組織，世界貿易組織（WTO）更是耳熟能詳；此外，中國大陸和日本等東亞地區的發展關係到臺灣自身的安全，不僅地理距離近，再加上歷史文化的連結，社會大眾不會忽視這些國家、地區的成就與進步。但是東協國家比較不同，它們和臺灣之間，或許是語言，或許是生活差異，似乎總有一點隔閡感。政府的南向政策開了一個門，而這本書則進一步帶給我們一個新的視野。經由這個新視野，我們看到了「東協加六架構」的規範性整合過程與成果，我們也看到一個寬廣的景觀，即在區域經濟整合的發展之下，亞洲將不再只是「世界工廠」，它也會成為「世界市場」。貿易、人才、教育、觀光和文化交流，將改變這個區域內彼此的關係，大幅提升亞洲國家在世界經濟中的比重和地位。

透過本書，我們可以感受到，亞洲經濟整合帶給我們的，除了吸收國際經濟法與國際關係理論的新知外，應該還有新想像與新可能。想像新亞洲區域主義成功形塑亞洲經濟秩序的可能性；想像以東協為核心的經濟整合模式進一步發展的可能性；想像 CPTPP 和 RCEP 二個巨型自由貿易協定長遠的影響；想

像在這個整合過程中，我們積極參與，發揮影響力的可能性。無論如何，臺灣實在沒有理由自摒於此一整合潮流。

　　本書取材譯自於謝教授英文著作 New Asian Regionalism in International Economic Law。該書由英國劍橋大學出版社出版，說明學術價值深獲肯定。事實上，不論是中文還是英文版著作，都反映出作者紮實的學術訓練與研究分析能力，又能讓讀者有系統的瞭解國際經濟法和國際關係的分析和發展，非常值得閱讀。

　　謝笠天教授目前任職於新加坡管理大學。他於國立政治大學法律系完成學業後，赴美求學，並順利於美國賓州大學取得法律博士學位（J.D.）。謝教授在 WTO 秘書處與美國知名的國際律師事務所的工作經驗，使得他在國際經濟法領域內，理論與實務具備；長期在新加坡的教學研究經驗，提供他研究東南亞國協國家的第一手資料和經驗；比利時布魯塞爾自由大學政治學博士（Ph.D.）的訓練，有助於他處理與本書有關的國際關係議題。他雖在海外執教，但仍熱心推動臺灣的國際法教學與研究，且長期參與負責 Chinese（Taiwan）Yearbook of International Law and Affairs（中華民國國際法與

國際事務年報）的編務工作；他的中英文著作等身，論文多發表於國際知名期刊，廣為國際學術界所引用。這樣的學術成就，實屬不易，稱之為「臺灣之光」，應不為過。

陳純一
國立政治大學特聘教授、外交學系與法律學系合聘教授
國際事務學院國際法學研究中心主任

【推薦序】東協經濟整合的知識視角

新加坡管理大學法學院謝笠天教授將其英文著作 New Asian Regionalism in International Economic Law 在臺灣發行中文版《亞洲大未來：經濟整合與全球典範轉移的新趨勢》，邀請我為中文版撰文寫序。我長年從事亞太經濟整合與東南亞研究，一直深感國內關於東南亞議題或新南向政策的出版品雖熱鬧繽紛，但深入且系統性分析東南亞與東協整合的專著卻仍少見。現在欣見笠天教授從國際經濟法的角度分析亞太／東協經濟整合相關法制，自然樂於撰文推薦，相信對於有心深入瞭解亞洲／東協經濟整合的國人，這本專著可以提供不同的角度與分析架構。

東協成立迄今超過 55 年，在 2015 年建立東協共同體後，持續推動區域內政治安全、經濟及社會文化之整合，更在近兩年陸續劃下重要里程，包括：在政治與外交上，歐、美、中等大國紛紛將東協列為其亞洲／印太戰略下最重要的合作夥伴；在經濟上，東協國家在新冠疫情下外人直接投資（FDI）持續成長；以及《區域全面經濟夥伴協定》（RCEP）

在 2022 年 1 月 1 日生效實施。

　　如笠天教授所言，在這部首見以國際經濟法的角度探討新亞洲／東協區域主義的專書中，他分析東協從內部整合到「東協加一」FTA，再從「東協加一」FTA 為基礎，談判完成 RCEP 的重要協定文本，他不僅嘗試分析東協貿易協定的內涵與沿革，亦從世界貿易組織（WTO）的法律架構與規範，對照與檢視「東協加一」FTA 或 RCEP 重要條文之差異與未來之適用。坦白而言，東協整合一直是本人任職的台灣東協研究中心多年以來的研究重點之一，但畢竟研究報告嚴肅枯燥，不易喚起一般大眾的學習興趣，如今笠天教授淺顯易懂的中文專書問世，相信他能夠帶領讀者從經濟、產業、人文角度以外，觀察亞太／東協經濟整合的不同知識視角。

　　除貿易協定文本的分析外，笠天教授在本書特別提出新亞洲區域主義是在全球第三波區域主義的重要發展，並將新亞洲區域主義定義為衍生自「東協加六架構」的規範性整合過程，形塑新區域經濟秩序。他亦花費一些篇幅介紹東協中心性（ASEAN Centrality）、東協憲章（ASEAN Charter），以及時下國內討論甚多的關於投資人控告地主國爭端解決機

制（ISDS）、數位經濟協定等在亞太／東協區域內的發展，相信有助國內關注這些議題的朋友在亞太整合的宏觀架構下一窺究竟。

　　最後，笠天教授曾在 WTO 秘書處服務，成為第一位進入 WTO 秘書處工作的非官方臺灣籍人士。自此一路走來，始終專注 WTO 與國際經濟法的研究與教學，近年跨入亞太／東協整合研究，希望能夠促進國際法及國際關係跨領域的對話，本書是他跨領域努力的第一本專著。由於東協整合已走過半個世紀，歷年來簽署的各類協定與法律文件多如牛毛，亟待未來有更多像笠天教授一般的熱情學者，能夠投入系統性的理論與實務分析，讓國人能夠更全面性地認識東南亞與東協整合所涉國際經濟法議題。

徐遵慈

中華經濟研究院台灣東南亞國家協會研究中心主任

【作者序】與臺灣相關的國際政經情勢變化

　　當前全球經濟秩序面臨前所未有的變革與挑戰。世界貿易組織（WTO）談判停滯、中美貿易戰、新冠肺炎疫情，甚至是烏克蘭和臺海情勢的緊張，皆重挫國際經貿發展以及供應鏈整合。這些國際政經情勢的變化對以貿易為導向的臺灣，更是息息相關。

　　以歷史觀之，亞太地區的經貿協定對當代國際法以及貿易體系有直接且深刻的影響。舉例而言，英法聯軍後簽訂的《天津條約》將安平及淡水開放口岸，讓臺灣重新成為亞太商業樞紐；中華民國政府在二戰結束前所簽訂的《中美友好航海通商條約》，則是現代投資協定的前身，即令在斷交後仍在臺灣及美國適用。在我國加入 WTO 後，和中國大陸簽訂的《兩岸經濟合作架構協議》（ECFA）、與新加坡及紐西蘭簽訂的自由貿易協定，皆是重要里程碑，而申請加入《跨太平洋夥伴全面進步協定》（CPTPP）的進程對我國的產業升級及國際空間亦至關重要。

　　本書是第一本以國際經濟法的角度，系統性探討新亞洲區域主義的專書，其中諸多觀點乃是基於作者從事實務與學術工作的觀察及心得。希望透過分析區域整合理論和企業發展，能夠更有效的解釋亞太經貿整合的法律架構，以及促進國際法及國際關係跨領域的對話，並對從事法律、外交、貿易談判以及國際商務的朋友有所助益。

　　本書特別指出新亞洲區域主義是在全球第三波區域主義的重要發展，以及亞洲區域內外的合作，進一步形塑了新區域經濟秩序。而亞太經貿協定談判及締約所採取的務實漸進原則，不但有別於西方模式，並增強發展中國家的集體力量。

　　本書跳脫過去僅注重中、日等特定國家或單一協定的研究方法，強調東協中心性在區域架構的重要性，並將新亞洲區域主義定義為衍生自「東協加六架構」的規範性整合過程。為使本書有更多實證案例，本書首先解釋所謂的東協方式如何由純粹的政治概念轉化為法律義務，而《東南亞國協憲章》、「東協經濟共同體」、以及《區域全面經濟夥伴協定》（RCEP）都加速東協方式的多邊化及成文化。RCEP即是東協加六架構最佳典範，雖然印度退出談判，但其仍是目前全

序
21

球經濟規模最大的貿易協定。

在今日多極世界中，新亞洲區域主義並非僅是區域內的發展，其對世界政經局勢的影響亦不容小覷。歐美的印太戰略對區域內的貿易、投資、數位經濟協定也有深遠影響。因此，本書也聚焦於歐盟和新、越等國的協定，美國與臺、日、韓、澳的協定、以及歐美政府對北京當局戰略的改變，探討各項協定內諸如國營企業、電子商務、人權及永續發展等新興議題。其後，本書以亞太經濟合作會議（APEC）為例，說明國際間非拘束性的軟法協定，對資訊科技及環境產品貿易自由化的功能，以及 CPTPP 和 RCEP 這兩項巨型協定如何成為未來「亞太自由貿易區」的可行途徑。

在構思本書架構及撰寫的過程，筆者受益於許多不同領域的專家。其中對國際法與政治學理論的理解及論述，首先感謝在政治大學、美國賓夕法尼亞大學以及比利時布魯塞爾自由大學的老師，包括黃立、馬英九、陳純一、戴傑（Jacques deLisle）、科皮特斯（Bruno Coppieters）等教授。過去任職於日內瓦 WTO 秘書處以及華府法律事務所時，作者所處理案件的經驗以及與資深律師的交流，對本書的研究亦有相當

助益。在新加坡管理大學任教期間，有幸觀察許多協定的談判並獲得第一手資料，特別感謝法學院院長李佩婉教授、亞洲商法中心主任葉曼教授的支持。

本書出版前後，作者曾受邀演講於由中華民國國際法學會、美國國際法學會、歐洲議會、臺灣大學、首爾大學、哈佛及紐約大學等校舉辦的研討會。許多前輩先進提供寶貴的建議，包括了孔傑榮（Jerome A. Cohen）、羅昌發、林彩瑜、安德根、福永有夏等教授、駐新加坡台北代表處楊芷宜組長、以及任職於歐盟、APEC 及 WTO 秘書處的官員。

本書譯自作者由劍橋大學出版的專著，書名為 New Asian Regionalism in International Economic Law，出版過程中感謝伍志宏編輯的諸多指導。很榮幸本書由臺灣的遠流出版社協助翻譯並出版全球中文版。由於本書涉及不同領域的專業詞彙，翻譯實為不易。除了由本人審閱並更新內容以外，林映均教授、陳逸如博士、羅戀緯博士候選人在百忙之中協助編輯譯稿，使其更精確通順。

同時感謝政大丘宏達國際法學圖書館提供藏書參閱，

日本住友財團和歐盟莫內講座計畫為本書英文版提供研究經費，中文版由韓國國際交流財團資助出版相關費用。張憶嬋律師、謝定謀同學提供寶貴意見；張子婕、林美儀、劉芃原同學亦參與本書研究工作。國際法與貿易外交的專家，羅昌發大使、黃鈞耀大使、陳純一教授、徐遵慈教授、林義鈞教授、曾勤博律師、闕光威律師、黃海寧律師撰文推薦此書，以及家人與好友的長期支持，在此一併致謝。

謝笠天

新加坡管理大學法學院副院長、歐盟莫內講座教授

中華民國 111 年 10 月 10 日

壹

導論：
新亞洲區域主義

I 簡介

本書對「新亞洲區域主義」（New Asian Regionalism）提出了全面的解釋，且一併探討與亞太地區貿易與投資協定相關的理論觀點與實證問題。具體而言，本書認為新亞洲區域主義發跡於第三波全球區域主義，促成了「新區域經濟秩序」（New Regional Economic Order, NREO）的誕生，同時強化開發中國家在形塑國際貿易規範過程中扮演的角色。因此，本書就是對亞洲世紀的即時回應。[01]

新亞洲區域主義在全球具有重大影響，且因為以下幾個原因，吸引了政府和企業的關注。首先，**亞洲國家已成為國際商業的領導力量，促使了世界經濟中心的重點轉移至亞洲。**若以全球的國內生產毛額（Gross National Product, GDP）來計算，亞洲將在 10 年內超越其他區域，[02]尤其中國大陸將會取代美國成為全球最大的經濟體，[03]印度則會追過英、德、日，成為第 3 大經濟體，[04]身為 10 國集團的東南亞國家協會（Association of Southeast Asian Nations, ASEAN，下稱東協）則將會成長至第 4 大經濟體。[05]由於亞洲經濟力量不斷提升，

主要國家針對貿易政策所制訂的法規以及外交戰略，都將成
為全球關注的焦點。

第二，**亞洲正以前所未見的速度整合**。過去 20 年來，
亞洲區域內的自由貿易協定（Free Trade Agreement, FTA）增
加了 10 倍，占全球所有貿易協定的半數[06]。而依據東協與亞太
經濟體簽訂之協議所產生的「東協加六」（ASEAN Plus Six
Framework）架構，突顯新亞洲區域主義的法律機制特點[07]。
換言之，以東協為主的架構豐富了 NREO 的內涵，而 NREO
亦在多極世界中，創建出一個新的中樞輻射式體系。

**亞洲國家也扮演領導者的角色，促成巨型自由貿
易協定的問世**，例如《跨太平洋夥伴全面進步協定》
（Comprehensive and Progressive Agreement for Trans-Pacific
Partnership, CPTPP）及《區域全面經濟夥伴協定》（Regional
Comprehensive Economic Partnership, RCEP）[08]。由於世界貿
易組織（World Trade Organization, WTO）談判停滯不前，上
述協定將會形塑全球貿易法規的樣貌。由於新冠肺炎疫情造
成全球貿易及投資量大量下滑，因此亞洲的貿易、投資與數
位經濟等協定，對全球經濟復甦至關重要[09]。

　　最後，西方民粹式民族主義的高漲，導致英國脫歐及美國前總統川普的「美國優先」政策的形成，再加上中美貿易戰不見緩解，在在重挫全球供應鏈。儘管歐盟與英國簽訂了貿易暨合作協定（EU-UK Trade and Cooperation Agreement），美國總統拜登亦承諾重建美國的信譽及盟友關係，但孤立主義策略已破壞了戰後的新自由主義。[10] 新興國家，尤其是亞洲諸國，正在尋求不同的經濟整合模式，因為不論是華盛頓共識（Washington Consensus）或布魯塞爾效應（Brussels Effect），都無法給予新亞洲區域主義一個完整且全面性的描述。[11]

　　亞洲國家的主要目標，是為南方（開發中國家）擬定新的貿易發展方式，期盼改變其與北方（已開發國家）之間的依賴型關係。然而，我們不能忽略美國「印太戰略」（Indo-Pacific strategy）以及歐盟和亞洲地區之「戰略交往」對於區域間貿易協定的影響。[12] 由於新亞洲區域主義並非純粹關注在亞洲區域內部的發展，故本書將同時評估其與區域外國家所帶來的影響。[13]

　　目前政府與學界亟需對新亞洲區域主義有著全盤的理

解，尤其是要從尚未被完整探討過的法律觀點著手。本書聚
焦在亞太地區的貿易及投資協定，正是期望能彌補區域主義
文獻的主要缺漏，以及回應長久以來主流學界過度以歐洲中
心論點的批評。[14] 亞洲區域主義是國際關係的固有研究課題，
故大多數相關書籍皆由政治學者撰寫，並多從政治和經濟觀
點詮釋區域主義理論。[15] 相關的法律書籍則主要為論文集，聚
焦於單一協定或國家，且大多出版於 CPTPP 生效和 RCEP
簽訂之前。[16]

　　雖然市面上也有關於歐盟、北美和非洲等地區經濟整合
的法律專書，但本書是第一本以法律觀點分析新亞洲區域主義
的專書。[17] 有鑑於目前用於教學及研究之國際經濟法相關的法
律文獻數量極少，無法有系統地瞭解亞太地區協定的演進過
程，以及對多邊貿易體系的影響。因此，我期盼本書不只能
提供新穎的法律及國際關係理論的論點，更能作為經貿官員
與學者掌握最新趨勢的參考書籍，使學術能與實務相互接軌。

II 全球脈絡中的新亞洲區域主義

　　新亞洲區域主義是一個國際經濟秩序的典範轉移（paradigm shift）。本書將新亞洲區域主義定義為衍生自「東協加六架構」的規範性整合過程，且該架構支撐著亞洲持續擴張的經濟動能。和亞洲相關的地理名詞很多，例如亞太、東亞或和印太。該些用語不但本質各有不同，定義上也缺乏共識。因此，「亞洲」區域的內涵為何，一直備受爭議。[18] 各國政府和國際組織，包括亞太經濟合作會議（Asia Pacific Economic Cooperation, APEC）、亞歐會議（Asia-Europe Meeting, ASEM）和 WTO 在定義亞洲時，也都有各自不同的詮釋。[19] 關於亞洲的定義或劃界並非本書的重點，本書乃是聚焦在對於新貿易趨勢帶來重大規範變革影響的國家。

A、早期的全球區域主義

　　傳統上，法律學者是從 WTO 法律的視角來分析區域整合。相關討論主要集中在《關稅暨貿易總協定》（General Agreement on Tariffs and Trade, GATT）第 24 條和《服務貿易總協定》（General Agreement on Trade in Services, GATS）

第 5 條以及授權條款（Enabling Clause）。[20] 而經濟整合的「深度」，關鍵指標往往是貿易協定與 WTO 法律基礎之間的相容性，以及協定本身的條文與承諾，是否超越 WTO 規範領域（亦稱為 WTO Plus）。

有別於法律學者較為狹隘的觀點，政治學者則發展出區域主義的定義與理論。對政治學者來說，「區域化」（regionalization）和「區域主義」（regionalism）是不同的概念。區域化係指非正式整合，或者有助於政治經濟及文化互動的軟性區域主義（soft regionalism），此種整合通常是由非國家的行為主體（non-state actors）所推動。[21] 然而，區域主義係「主要由國家主導建構並維持正式區域機構及組織的過程」，並藉此確保經濟與安全的合作。[22] 雖然區域化通常指的是由下而上的作為，它也能協助國家透過由上而下的方式推動區域主義的發展。[23] 以過往經驗來看，亞洲的整合同時包含了區域化及區域主義。如東協和其他 FTA 的法律機制，皆是亞洲區域主義的例證；但不具法律拘束性的諮商論壇（包含 APEC 和 ASEM）也能促進整合。[24]

新亞洲區域主義，必須放在國際的脈絡下加以瞭解。自

第二次世界大戰之後，國際社會總共經歷了三波全球區域主義[25]。哥倫比亞大學巴格沃蒂（Jagdish Bhagwati）教授率先提出「第一波區域主義」的概念，指的是 1950 和 1960 年代全球 FTA 的發展[26]。在第一波全球區域主義時期，推進區域主義的主要動力是政治考量。當時美國對於推動貿易協定並不熱衷，因為美國仍著重於透過甘迺迪回合（Kennedy Round）實現不歧視的貿易自由化與多邊主義[27]。不過，華府在 1957 年卻一反立場地積極支持歐洲經濟共同體（European Economic Community, EEC）的成立，因為其認為該組織可以避免德法之間的衝突，也可以制衡蘇聯對於中歐與東歐的影響[28]。

歐洲經濟共同體的誕生，間接促使了在東非與中美洲等區域的開發中國家，紛紛組成貿易聯盟[29]。至於亞洲地區，1967 年成立的東協則代表了亞洲區域主義的開端[30]。如同巴格沃蒂觀察到的現象，東協的成立源於政治目的，因為東南亞的國家亟欲建立一個結構鬆散的安全聯盟，藉以對抗共產主義的擴張[31]。但是，他認為第一波區域主義中的貿易倡議幾乎都以失敗收場，主因是開發中國家大多集中於進口替代的工業化政策，企圖解決本身經濟體規模太小的弱點[32]，卻因為貿易自由化程度不夠，導致此類政策產生的貿易創造效應非常

有限。[33]

　　第二波全球區域主義發生於 1980 年至 1990 年間烏拉圭回合（Uruguay Round）之時。巴格沃蒂認為「第二波區域主義」的成果較大，成功案例有歐盟（European Union, EU）和《北美自由貿易協定》（North American Free Trade Agreement, NAFTA），此亦為《美墨加協定》（United States-Mexico-Canada Agreement, USMCA）的前身。[34]值得注意的是，NAFTA 象徵美國對 FTA 的立場變化。[35]根據上述實例，鮑溫（Richard Baldwin）提出「骨牌效應」（domino effect）解釋驅動此波區域主義的動力。此處的骨牌效應係指非 FTA 的成員因為面臨被排除在 FTA 以外的壓力，因而追求簽訂 FTA 以維持自身的出口優勢。[36]政治學者另外認為，這個年代的全球區域主義發展標誌著後霸權區域主義的興起。[37]在新的多極世界裡，由於美國霸權相對式微，歐盟、中國和其他新興經濟體勢力的崛起，使得 FTA 開始有所變化。[38]南方共同市場（Mercado Comun del Sur, MERCOSUR）的成立就是個顯著的案例——它是根據南一南 FTA（South-South FTA）所建立的關稅聯盟，用以促進會員間的經濟和政治整合。[39]

　　亞洲會成為學術討論的焦點，主要是因為特定國家展現的經濟奇蹟。經濟學家赤松要（Kaname Akamatsu）的雁行理論描述了戰後亞洲由日本領導的經濟發展模式[40]，該區域內的新興工業化經濟體，稱之為亞洲四小龍（香港、南韓、新加坡和臺灣）的高度成長率即為這種發展模式的典範[41]。自 1990 年代起，鄧小平的經濟改革和門戶開放政策對中國產生革命性的影響，使中國開始逐漸居於經濟龍頭地位[42]。在東南亞地區，依亞洲四小龍模式出現的亞洲四小虎，也因採取出口導向的發展策略而備受關注[43]。亞洲企業在此期間內雖然也致力於推動區域化，可是大多數政府依舊將「以 WTO 為前提的多邊主義」擺在「以 FTA 為中心的區域主義」之前。

　　東協和 APEC 代表了亞洲的重要發展。正如骨牌效應理論的假設，歐盟、NAFTA 和南方共同市場的成立，在在促使東協透過建立東協自由貿易區（ASEAN Free Trade Area）加速內部整合[44]。有別於歐盟轉變了西伐利亞體系的絕對主權概念，學者將東協的整合視為「強化主權的區域主義」（sovereignty-reinforcing regionalism），是加強（而非削弱）國家的規範能力[45]。APEC 則代表了不同的規範取徑。APEC 是依據軟法運作的，產出的規則和決策都不具法律拘束性。

APEC 的「茂物宣言」（Bogor Declaration）訂定已開發和開發中經濟體分別在 2010 年及 2020 年實現「亞太地區自由且開放的貿易和投資」目標。[46]上述茂物宣言的目標，展現了「開放式區域主義」（open regionalism）的原則：亦即鼓勵 21 個經濟體會員授予 APEC 外其他國家自由化利益，此本質與具有歧視性的區域主義有所相異。[47]雖然東協和 APEC 兩者的規範架構不同，但這兩個組織儼然成為亞洲區域主義的兩大動力來源。

B、第三波區域主義之特色

本書稱最近的區域整合發展為「第三波區域主義」，與自 2001 年開始談判的 WTO 杜哈回合同步發展。新亞洲區域主義的新面向與第三波區域主義的經濟與地緣政治變化緊密連結，奠定新區域經濟秩序的規範性基礎。自 2008 年起，各國對農業市場開放及補貼議題無法達成共識，造成 WTO 陷入僵局，也迫使各國從多邊主義轉向雙邊或複邊主義，[48]貿易協定也因此如雨後春筍般出現。[49]

民粹政治的發展，大幅削弱了以美國為主的霸權穩定局面，以及二次世界大戰後由「鑲嵌式自由主義」（embedded

liberalism）主導的國際秩序。[50]中國大陸在習近平的主政下，採取結合重商主義與列寧主義的政策，並透過一帶一路倡議等方式，在全球規則制訂中尋求其穩固的地位，也因而帶來前所未見的挑戰。[51]在華府，承認過去美國對中國政策的失誤，成為美國國內兩黨之間少有的共識。[52]隨著拜登政府將「專制的中國」視為「最強勁的對手」，源於川普時代的中美衝突，勢將難以緩解。[53]

歐盟方面，保護主義也隨著歐洲債務危機和英國脫歐逐漸壯大。過去 20 年間，歐盟在全球貿易的占比減少，加上歐盟在區域外的軍力有限，在在削弱其規範性權力。[54]新冠肺炎危機造成大西洋周遭國家蒙受打擊，相較於亞太國家如新加坡、臺灣和紐西蘭的成功對抗疫情，歐盟與美國政府的反應怠慢，亦加劇開發中國家對於西方治理模型的疑慮。[55]

為因應 WTO 的僵局和國際政治的不穩定，各國紛紛加速貿易協定的簽訂。在第三波區域主義所簽訂的 FTA，大致上具有四項特徵，使它們與前兩波全球區域主義中產生的協定有所不同。第一，南南 FTA 的數量超越了 1990 年代的北北 FTA，並占目前全球貿易協定總數的三分之二。[56]南北

FTA 及北北 FTA 的占比，則分別是目前所有 FTA 的 20％與 10％。[57] 這種趨勢象徵開發中國家的貿易政策趨於積極，而且偏好南南 FTA。

第二，第三波區域主義見證了巨型 FTA 的崛起。以 CPTPP、RCEP 及非洲大陸自由貿易區（African Continental Free Trade Area, AfCFTA）為例，巨型協定參與的國家數量多，且涵括了許多具規模的經濟體。[58] 以 GDP 來看，全球前四大貿易聯盟是 RCEP、USMCA、歐盟及 CPTPP。[59] 其中，由東協所領導的 RCEP 就占了全球 GDP 的 30％。[60] 此外，AfCFTA、南方共同市場及太平洋聯盟（Pacific Alliance）的成員都是開發中國家，因而皆為典型的南南 FTA。未來這些巨型 FTA 將會逐漸提升對全球貿易議程設定和規範制定的影響力。

第三，區域間 FTA 展現經濟協定的新特色。政治學者對區域間主義加以分類化，[61]「東協加一」FTA、CPTPP 和 RCEP 這三者因為連結了東亞、南亞和太平洋等國家，因此可算是區域間的協定。根據漢吉（Heiner Hänggi）的定義，未來歐盟與南方共同市場或東協簽署的貿易協定，也將成為

跨區域 FTA 的典型案例。[62]值得注意的是，新的東協與歐盟戰略夥伴關係重申雙邊 FTA 的目標，且這個目標將會透過堆積木（building-block）的策略，逐漸實施，歐盟與新加坡和越南的雙邊貿易與投資協定即是堆積木策略的成果。[63]上開協定顯示區域間主義是第三波區域主義的關鍵要素。

最後，全面性的 FTA 已成為常態，貿易協定不再只著重於關稅和服務自由化。FTA 的全面性可由其超過 WTO 規則及承諾的條文加以判斷。[64]相較於南南 FTA，北北及南北 FTA 會包括較多所謂 WTO-plus 的內容，而且包括更多具有法律執行力的條文。[65]

由於當代的 FTA 經常包含投資章節，使得 FTA 與雙邊投資協定（bilateral investment treaties, BITs）之間的界線也變得模糊。投資人與地主國爭端解決機制（Investor-state dispute settlement, ISDS）有著不同程度的改革，例如歐盟提出的投資法庭制度（Investment Court System），不管對於 FTA 還是 BIT 而言，都是熱烈爭論中的議題。[66]各國政府也加強 FTA 中關於管制國營事業和保護環境與勞工之永續發展等規範。此外，封城和社交距離措施促使電子商務急速成長，

也使得資料流與在地化的規範成為貿易協定的新常態。[67]

C、亞洲以東協為中心的機制

　　新興 FTA 的特徵，豐富了亞洲的經濟整合經驗。隨著東協加六架構的同步發展，新亞洲區域主義成為一種典範式的規範整合。以歐盟來說，其成立是奠基在德法的合作，亞洲的整合，則是因為中日對抗促使東協推動。自 1990 年代始，即有東協加三（中國大陸、南韓與日本）高峰會此類的互動以促進區域整合。[68]

　　1997 年的亞洲金融風暴是重要分水嶺，亞洲國家當時對美國領導的國際金融機構普遍感到失望，許多國家因而在 2000 年簽署了清邁倡議（Chiang Mai Initiative），也就是東協加三的貨幣互換協議。[69]此協議後來擴張為東協加六的架構，納入澳洲、印度及紐西蘭等成員。在第三波區域主義中，這個 16 國架構即為亞太地區經濟和安全合作的核心。

　　東協的憲法來自於會員通過的《東協憲章》（ASEAN Charter），其將組織內慣例明文化，並授予東協成為「政

府間」組織的法人格。[70]2015 年，東協進一步將其組織由「協會」進化為「共同體」。東協共同體（ASEAN Community）奠定在三大支柱之上，包含東協安全共同體（ASEAN Security Community）、東協社會文化共同體（ASEAN Socio-Cultural Community）及東協經濟共同體（ASEAN Economic Community, AEC）組成。[71]根據東協經濟共同體 2025 年藍圖設定的「全球東協」目標，升級與合併各個東協加一的 FTA，將可使東協經濟共同體融入全球經濟，並在區域架構中鞏固東協中心性（ASEAN Centrality）。[72]東協加一 FTA 是東協及 6 個對話夥伴國（中國大陸、日本、印度、南韓、澳洲及紐西蘭）個別簽訂的協定，[73]東協經濟共同體與這些 FTA 共同形成東協加六架構，並在貿易領域組成以東協為主的機制。

如下圖 1.1 所示，包括 CPTPP 及 RCEP 在內的巨型 FTA 更加充實新亞洲區域主義的法律機制。原先的《跨太平洋夥伴協定》（Trans-Pacific Partnership, TPP）是美國總統歐巴馬推動重返亞洲戰略的關鍵。後來川普決定讓美國退出 TPP，此舉使得亞洲盟友感到無比失望。到了 2018 年，澳洲、加拿大與日本領導其餘成員國在 TPP 既有內容上簽訂了 CPTPP，但停止適用 TPP 中 22 條條文。[74]CPTPP 包含了 4 個東協成員國，

以及 7 個同為 APEC 及 RCEP 之會員。雖然 CPTPP 不屬於東協構成的巨型協定，但會影響東協內外部的各項協定。未來可能有更多的東協國家成為 CPTPP 的新成員。

2020 年由 15 個國家簽訂的 RCEP，是最新的巨型 FTA。RCEP 協商雖然在「東協加六」架構下進行，但印度因為擔心此協定將加劇貿易逆差，且無法使其進入其他國家的服務業市場，故而決定退出談判。[75] 從圖 1.1 可知，印度目前並不屬於任何一個重要的區域貿易機制。值得注意的是，RCEP 開啟協商之後也終結了對於中國大陸偏好的「東協加三」與日本支持的「東協加六」二方案的論戰。[76] 所有成員國都肯認 RCEP 是由東協發起並領導的協定，並且進一步強化亞太貿易協定的東協中心性。[77]

圖 1.1 亞太地區主要貿易倡議

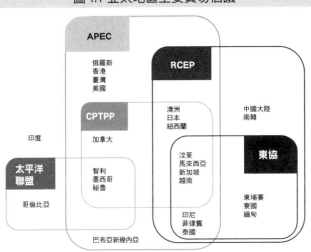

　　CPTPP 和 RCEP 同時存在競爭與互補的關係。以「茂物目標」為基礎所推出的「APEC 太子城 2040 年願景」（APEC Putrajaya Vision 2040），重新強調了 APEC 對於未來由 21 個經濟體組成的「亞太自由貿易區」（Free Trade Area of the Asia-Pacific, FTAAP），具有「培育者」（incubator）的角色。[78] CPTPP 和 RCEP 這兩項巨型 FTA，作為通往亞太自由貿易區的途徑，可望減緩因為重疊 FTA 所產生的「亞洲麵碗」效應（noodle bowl syndrome）。[79] 此外，CPTPP 和 RCEP 也是亞洲對於西方民粹主義以及促進疫情後復甦的回應。這兩

個協定都採用開放進入條款，允許其他國家及獨立關稅區能加入協定。[80] 無論是英國申請加入 CPTPP，還是香港申請加入 RCEP，皆體現新亞洲區域主義的全球影響力。[81]

III 理論面向與規範解釋

依據實證分析結果，本書認為新亞洲區域主義造就了「新區域經濟秩序」（NREO），強化開發中國家在第三波區域主義中形塑國際貿易規範的能力。為了彌補國際關係與法律學門在區域主義研究的討論落差，本書將介紹相關理論論述，並探討 NREO 如何作為規範性框架，以協助讀者理解南北國家在國際關係的演變。

A、傳統區域主義理論的挑戰與限制

想要從跨領域的觀點理解新亞洲區域主義，必須先介紹在第一波區域主義後演化的區域主義理論。[82] 現實主義是古老

的政治學理論，早在 1950 年代歐洲整合之際，就被用來分析區域主義。[83] 古典現實主義或者近期的新現實主義都認為，以國家為中心的國際體系是一種無政府狀態，國家若要生存就必須自救。[84] 國家身為理性的決策者，會在霸權世界中根據自身利益追求權力。

依現實主義觀之，貿易關係是一個零和遊戲，迫使國家將經濟利益最大化。受到現實主義影響的國際政治經濟中，[85] 經濟區域主義被解釋成新重商主義下的競爭策略。[86] 雖然現實主義研究多著重於強權的政策，亦有學者認為區域主義是形成聯盟以對抗或限制霸權的影響。[87] 以東協為中心的機制即展現，開發中國家利用多種抗衡、從眾與規避等不同策略，鞏固他們在亞洲的地位。[88]

與現實主義同步發展的其他國際關係理論，也在其後百花齊放。功能主義認為國家間越相互依存，越能促進整合。[89] 超國家組織強化了「外溢」效應，使國家間的合作從低政治性的技術層面，轉變成高政治性的參與。[90] 根據制度主義，區域架構會產生一套規範和行為，從而提升了效率，並使得國家行為易於預測。[91] 雖然制度主義與現實主義有類似無政府、

以國家中心為國際體系的前提，但兩者對區域合作則提出不同的觀點。[92]

政治學者同意，目前理論的缺陷是過度以歐洲為中心的偏見，因為理論強調歐洲經驗，卻缺少討論其他區域整合案例。[93]在第二波區域主義中，學者開始挑戰既有的理論假說與觀點，他們認為根據歐洲發展而來的理論無法解釋亞洲區域主義，因為亞洲區域整合演化的假設，無法契合現行理論的預測。[94]學者表示，把歐盟制度視為標準，然後拿來衡量亞洲主義，將會得到亞洲的區域整合屬於低程度及低標準的結論。[95]需要注意的是，學者們的重點並非是要棄歐洲經驗於不顧，而是要加強其他區域的理論及實證調查。

這些省思使得建構主義在 1990 年代崛起，以用來理解區域整合。[96]建構主義從本體論的觀點認為區域認同或認知會促進區域主義。[97]建構主義學者提出，國家之間的關係並非建立在國家單純追求物質權力進而行動的結果，而是國家試圖爭取彼此的身分認同，因而產生身分主體間的互動關係。[98]所以在將亞洲的區域主義理論化時，東協（相較於歐盟）就是一個建構主義的顯著案例。[99]

為了凸顯理論的不足，赫特（Björn Hettne）與索特伯姆（Federick Söderbaum）提出「新區域主義研究方法」。[100] 這個研究方法的目的是想改善過度依賴單一理論的問題，同時拓展實證考察的範疇。因此，該方法著重「區域整合的多面向過程」，涵括「經濟、政治、社會及文化等層面」。[101] 雖然新區域主義研究方法頗具影響力，卻被批評包含過多的文獻，無法發展為一套理論。[102] 再者，此研究方法在某種程度上仍以歐盟為中心，因其強調歐洲為「最進步的」區域主義，推動著其他地區的經濟整合。[103]

B、規範性框架：「新區域經濟秩序」（NREO）

在第三波區域主義中，政治學者極力主張相關研究要超越新區域主義研究方法，而將注意力放在比較區域主義，以反映後霸權世界的多極現實。[104] 本書為第一本有系統地探討新亞洲區域主義法律機制的專書，並透過回應國際關係研究的理論挑戰，以促進跨領域的交流。由於學科之間的分歧，政治學者難以填補現行文獻的缺陷，然實證的討論可藉由分析法律的發展，達成此目的。

　　本書提出 NREO 作為規範性框架，以解釋當代亞太貿易和投資協定的發展及因而形塑出的新亞洲區域主義。NREO 與新國際經濟秩序（New International Economic Order, NIEO）並不相同。在 1970 年代，新國際經濟秩序凝聚了開發中國家對於聯合國及 GATT 體制下「非互惠待遇」的呼求，因為此種非互惠待遇對於國家發展至關重要。[105] 然而，NIEO 以失敗告終。NREO 則不同，它強化了開發中國家的集體力量，並推動南方為主的貿易發展。新亞洲區域主義不但標誌著且鞏固了 NREO。

　　傳統理論的辯論大多圍繞在國家對權力或身分認同的需求，較少關注到區域主義中「發展」的角色以及區域主義對南北關係的影響。為了在全球脈絡中進一步詮釋新亞洲區域主義，本書採用新依賴理論作為 NREO 的理論基礎，因為此一新的理論觀點可解決國際關係學者之前所注意到理論和實證的盲點。依賴學派雖然與現實主義均重視國家利益，但不同之處，是依賴學派從南方為主的立場解釋國際體系。[106] 根據提倡 NIEO 的多斯桑托斯（Theotonio Dos Santos）及普雷維什（Raúl Prebisch）的觀點，經濟體之間存在主從關係的新殖民式貿易關係會造成開發中國家的發展困境。[107]

　　考慮到拉丁美洲的發展情形，古典依賴理論學者主張外部的不平等會使南方的發展途徑屈居於北方的自身利益之下。[108] 全球貿易加速了由南向北的貿易順差，也使得南方的依賴狀況日漸惡化，[109] 這種固有結構造成「中心」與「邊陲」國家間不平等的關係。[110] 若要跳脫依賴結構，學者建議南方國家需斬斷與北方國家的經濟連結，專注於發展南南貿易，並實行進口替代的貿易政策。[111] 然而，這些古典依賴理論學者的新馬克斯主義觀點，實際上不符合許多亞洲國家的經濟軌跡。

　　為了解決古典依賴理論的缺失，新依賴理論學者開始探究依賴與發展共存的可能性。[112] 研究發現，依賴的本質可以是動態的，因為開發中國家可以從依賴型的資本主義模式，轉型為出口導向的經濟體。[113] 新依賴理論不再執著於不平等的外在關係，轉而強調南方國家內在結構的轉變以及重塑與北方國家的新殖民關係。[114] 亞洲四小龍的發展經驗，恰好驗證了此項理論假說。東協和 RCEP 也證明，現代的南南 FTA 簡化了區域供應鏈、提升了成本效益，使得開發中國家得以扭轉原先認為不公平的南北結構，也因此，新依賴理論強化了 NREO 的理論基礎。

　　NIEO 到 NREO 的轉變，徹底影響了全球與亞洲的貿易秩序。早在東協誕生以前，亞洲區域主義的概念就已在印尼主辦的萬隆會議（Bandung Conference）浮上檯面。當時支持反殖民民族主義的亞非國家提倡不結盟運動。[115] 這些國家強調政治團結的立場，與古典依賴主義學者的觀點相似。因此，當時南南合作的經濟層面侷限於民族主義的自救面向，藉此降低對北方的依賴。[116]

　　到了 1970 年代，不結盟運動成員國加入了「77 國集團」，共同推動聯合國通過支持 NIEO 的決議，並要求國際貿易規範加入保障絕對主權原則及平權措施。[117] 他們努力透過聯合國貿易與發展會議（UN Conference on Trade and Development, UNCTAD），影響 GATT 關於強化貿易與發展之規範。[118] 更具體地說，UNCTAD 推動 GATT 納入特殊與差別待遇（special and differential treatment）的核心條款，包括最惠國待遇原則的例外以及 1979 年授權條款，藉此使北方國家授予南方國家較為優惠的市場准入待遇，或是促成南方國家間的貿易合作。[119]

　　然而，隨著開發中國家的債務危機，各國對於北方國家

的立場產生分歧，加上時任英國首相柴契爾與美國總統雷根兩人聯手，拒絕了南方提出的額外要求，因而導致 NIEO 運動在烏拉圭回合迅速式微。[120] 1980 年代末期出現的「華盛頓共識」（Washington Consensus），因為得力於布列敦森林體制，使之成為經濟改革的黃金法則，迫使南方屈服於由北方定義的自由貿易秩序。[121] 儘管後來 WTO 納入更多包含技術協助和延長過渡期的特殊與差別待遇規定，貿易規範仍被抨擊忽視了開發中國家的發展需求。[122]

諷刺的是，新自由主義下的華盛頓共識，原本就不是開發中國家發展的萬靈丹。事實上，華盛頓共識提倡的貿易與投資自由化、民營化、法規鬆綁等政策改革，反而延長了拉丁美洲國家的低度發展，且加劇對北方國家的依賴。[123] 相較之下，以國家主導的工業政策、進行出口補貼和逐步推動進口機制自由化等的發展型國家模式，則使東亞國家得以飛速成長。[124]

C、亞洲尋求全新共識

當全球進入第三波區域主義，WTO 杜哈發展議程（Doha Development Agenda）和聯合國永續發展目標（Sustainable

Development Goals）促使開發中國家重新思考自身發展的貿易策略。[125]NREO 一方面反映出開發中國家對 NIEO 及華盛頓共識的失望，一方面也強化他們想要「重新建立一個強調發展的經濟秩序」的決心。更重要的是，三個相互交織的法律規範層次形成新亞洲區域主義的內涵。APEC 依然是產生軟法規範且形成亞太地區「普通法」的主要論壇。[126]雙邊 FTA，尤其是美韓 FTA 和歐越 FTA 這類與北方國家締結的 FTA，提升政治敏感性議題（包括永續發展和人權）的硬法規範。至於建立於東協加六架構的東協中心機制，處於上述兩個規範層次之間，構成 NREO 的核心驅動力。

　　NREO 的本質是亞洲國家尋求有別於華盛頓共識的貿易發展模型的過程。與 NIEO 不同的地方在於，NREO 試圖轉型，而不是斷絕與北方的貿易連結。中國大陸的崛起，激起了大眾對「北京共識」（Beijing Consensus）的興趣。[127]此種中國模式，高度倚賴國營事業以推行極權政府的經濟目標，且著重大量投資基礎建設。[128]然而，近期有越來越多人憂心中國大陸在一帶一路倡議下的「債務陷阱外交」，還有它掩蓋新冠病毒的事實，在在都削弱北京共識。[129]

相較於中國大陸的黨國體制，亞洲的民主體制提供了不一樣的經驗。隨著科技發展，這些亞洲國家逐漸改變了世界中心與邊陲的關係，而且超越新依賴主義學者的論述。舉例來說，新冠肺炎疫情期間全球半導體晶片缺貨，嚴重影響科技業製造及居家工作必備的 5G 手機和筆電。也因為自動駕駛和電動車需要更多的晶片，原物料短缺迫使德國和美國停止生產汽車。[130] 臺灣和南韓完全宰制了全球晶片市場，製造出全球近 80％的晶片量，[131] 臺韓在高科技工業的先進程度，使得北方在關鍵產業必須依靠他們。拜登總統 2021 年頒布的行政命令要求保衛重要供應鏈，其中將半導體晶片列為「必要產品」，即呈現了南北依賴關係的新變化。[132]

對 NREO 來說，更重要的是東協加六架構在亞洲產生新的「東協共識」（ASEAN Consensus）。華盛頓共識或北京共識的目的，都是企圖建立霸權為主的國際秩序，但東協共識則從建構主義的觀點，形塑出亞洲的身分認同，重新打造相互依賴且可預期的區域結構。東協共識的發展也符合功能主義和制度主義提出的觀點。亞洲國家在法律和經濟改革依循務實漸進主義，在華盛頓共識及北京共識中尋找政策的平衡點。東協共識雖然參考了亞洲四小龍的經驗，不過它更依

賴區域結盟機制,使該聯盟更能掌握新的貿易動態。[133]東協共識彙集了東協加六國的立場,如中國和日本;也受到美國和歐盟的認可,保證「支持東協中心性,肯定區域架構中東協領導的機制」。[134]

　　東協共識代表的是東協加六架構下「東協方式」(ASEAN way)的多邊化。東協方式體現了印尼提倡的 musyawarah 與 mufakat(協商與共識)概念,是構成東協運作的基礎。[135]東協方式強調共識、主權平等與不干涉內政原則。因此,東協方式既是一種行為準則,也是一種決策的過程。[136]它是經過非正式協商之後達到共識的獨特方法,既與多數決體制不同,亦不可視為是全體一致的決定。[137]

　　本書並非主張東協方式是最完美的模式,但對於南方世界來說,東協方式是絕對可行的模式。不可否認的是,東協成立之後,東協方式創造了一個舒適圈,讓該聯盟的成員們能夠緩慢但堅定地前進,同時又獲得顯著的進展。[138]現在我們已不能把東協方式視為純粹的政治或軟法的概念。實際上,東協方式透過《東協憲章》和「東協經濟共同體」的法制化,將其範疇納入條約執行的硬法義務,卻同時保有結構上的

彈性。[139]

因為東協方式的核心價值呼應了東亞儒家式的法律文化，讓它可以成為新亞洲區域主義的共識。孔子強調禮勝於法，因而大眾較不願意訴諸正式的爭端解決機制，[140]這種特色不只盛行於中國古代，也被運用在 19 世紀清朝與英國、美國解決爭端問題的協定之中，強調以和平方式解決爭端。[141]偏好非訴訟的作風使得亞洲的仲裁機構大增，也增強貿易及投資協定、《新加坡調解公約》（Singapore Convention on Mediation）等協定中的調解機制。[142]

東協方式建立類似於人與人之間信任的儒家關係，儒家價值也影響了契約和條約的協商。一般認為協定是建立關係或信心的過程。如中國大陸、韓國等亞洲國家，他們的協定是先建立在共識而非提出詳盡的內容，並保留實施上的彈性。[143]這種做法促使這些國家容易接受東協的整合方式，先以架構協定當起點，接著才進入關稅、服務、投資和爭端解決等具體協定，[144]而這些協定成為最終貿易協定不可或缺的一環。大多數的東協加一協定都具有此種標誌性的特色——務實漸進主義，此方式也影響兩岸貿易協定的協商模式。[145]雖然這些規

範性特徵與西方觀點的法制化有很大不同，但這些特徵完善
了新亞洲區域主義的法律架構。[146]

IV 本書架構與目標

　　本書將新亞洲區域主義作為國際經濟法中典範轉移的案
例。透過系統性檢視法律機制，以實例證明新亞洲區域主義
發跡於第三波區域主義，並造就了 NREO，強化了開發中國
家塑造全球貿易規範的角色。本書著重於東協加六架構的獨
特結構和原則，以及亞洲主要的經濟組織和協定。為了強調
本書內容的國際重要性，書中也對亞太地區協定內部與外部
的影響提供全面性的見解。也因此，新亞洲區域主義相關的
法律分析，能有助於全球區域主義理論和實證的辯論。

　　在本章中介紹了理論和規範概念之後，第二章將探討
東協架構的起源以及影響東協方式法制化的內部和外部的
FTA。除了仔細描述在東協經濟共同體 2025 年藍圖之下，

東協經濟整合的發展過程，本章也挑戰「東協是不完整歐盟」的假設，指出這兩個聯盟在區域條約的法律地位以及締約權限的主要差異。本章亦討論東協經濟共同體協定如何應用務實漸進主義，例如給予柬埔寨、寮國、緬甸和越南在關稅自由化的彈性，以及服務自由化的「套案」結構（package structure）。東協運用了美國模式的投資人與地主國爭端解決機制、參考 WTO 的國與國間爭端解決機制、以及電子商務和發展的構想，提供開發中國家寶貴的經驗。總結來說，東協經濟共同體的協定與承諾形塑了亞太 FTA 以東協為中心的機制。

　　RCEP 是在東協加六架構下協商並締結的協定，代表新亞洲區域主義的里程碑。第三章延續第二章的分析，解釋了 RCEP 下東協方式的多邊化現象。本章首先澄清 RCEP 談判是由中國大陸主導的普遍誤解，事實上，RCEP 是由東協發起並領導談判。再者，針對 RCEP 開放程度與目標論證，也往往忽略亞洲方式的務實漸進主義。雖然 RCEP 會與既有的貿易與投資協定共存，但東協經濟共同體與東協加一 FTA 的原產地規則一致化，可帶來立即且實質的商業利益。

　　本章更進一步評估 RCEP 對東協中心性與中國貿易策略的影響，以及印度決定退出 RCEP 協商的考量。本章也比較了 RCEP 與 CPTPP、其他東協協定的差異，比較重點放在 RCEP 的關稅自由化、混合式服務承諾及未納入投資人與地主國爭端解決機制和國營事業的規範。此外，本章解釋 RCEP 對區域和全球貿易體系的意義，例如法庭選擇問題和未來 RCEP 秘書處的制度化。

　　第四章轉為探討歐盟對新亞洲區域主義的影響，目前該面向的討論仍然不多。學術研究大多聚焦在歐盟與日本、南韓簽訂的協定以及中國大陸與歐盟全面投資協定（Comprehensive Agreement on Investment）。然而，歐盟與新加坡、越南簽署的貿易及投資協定，則是奠定了未來東協與歐盟 FTA 的基礎架構。由於該些協定亦符合歐盟法院「2/15 意見書」（Court of Justice of the EU's Opinion 2/15），對於歐盟與亞洲國家都具有重大意義。東協與歐盟最新的發展所帶動的「第三波區域間主義」（Third Interregionalism），與本書提出的第三波區域主義是同步發展，而東協與歐盟也於 2020 年將雙邊關係提升到新型戰略夥伴關係。[147]

本章重點為比較歐盟與新加坡、越南的協定，這些協定將成為東協與歐盟 FTA 的開路者協定。本章探討了「東協累積」的原產地規則概念，以及歐盟對於此二東協國家關於亞洲食品的特殊條款。本章亦指出 FTA 在服務自由化和數位貿易領域的潛在弱點，並分析非關稅壁壘及地理標示相關的重要條文。至於投資保障協定（Investment Protection Agreement, IPA）方面，本章解釋了兩階式投資法庭制度，以及投資人與地主國爭端的調解規範。本章也討論若違反人權和永續發展規定——也就是具執行力的環境和勞工標準——如何導致雙邊夥伴合作協定（Partnership and Cooperation Agreements, PCA）終止 FTA。目前面對柬埔寨與緬甸的狀況，包括羅興亞族人面臨的危機和軍事政變，歐盟的制裁可能導致東協與歐盟關係惡化。儘管如此，雙邊法律架構依然讓區域間主義的規範蓬勃發展。

為補充第四章對於外在影響的分析，第五章闡述了歐巴馬、川普和拜登政府的貿易政策改變，以及美國對亞洲貿易及投資協定的影響。具體而言，本章解釋了中美貿易戰面臨的法律挑戰，包括 GATT 第 21 條的國家安全例外，以及中國大陸與美國第一階段（Phase One）協議的執行。為了瞭解

東協與美國的戰略夥伴關係在印太戰略脈絡下的定位，本章
檢視美國 FTA 以及其與東協國家簽訂之貿易暨投資架構協定
（Trade and Investment Framework Agreements）的協商狀況。
倘若美國總統拜登想要進一步重建美國的信譽，並與亞洲盟
友重修舊好，本書強烈建議華府重新評估加入 CPTPP 的可能
性，並思考東協與美國 FTA 的策略。本章另外檢視目前 TPP
被擱置的條款和涉及 ISDS 與智慧財產的附屬文件，以及東
協與歐盟模式未來對於東協與美國協商 FTA 的影響，以強化
本書上述論點。

　　除了蓬勃發展的經濟協定外，第六章主張我們不應低估
APEC 在賦予新亞洲區域主義活力的地位。本章詳述 APEC
的決策過程與其自 1980 年代起經歷的三階段演進。法律和政
治戰略上的重要利益關係者，例如東協、澳洲、中國大陸、
日本和美國都影響了 APEC 的發展方向和運作方式。APEC
作為跨太平洋論壇，匯集了貿易和投資議題的共識，促成模
範規則、非拘束性原則與貿易便捷化合作。本書與傳統見解
持不同立場，認為 APEC 縮小對於「主權成本」的疑慮，反
而讓亞太地區國家更願意給予額外且創新的承諾。[148]

　　APEC 也透過推動 WTO 訂立《資訊科技經濟協定》（Information Technology Agreement）以及開啟《環境商品協定》（Environmental Goods Agreement）的談判，顯示從軟法承諾轉型為硬法義務的模式。為了達成「APEC 太子城 2040 年願景」，本書建議 APEC 應將其秘書處專業化，並加強同儕檢視機制。展望未來，APEC 在推動如 CPTPP 及 RCEP 巨型協定的擴張之際，其培育者的角色將對亞太自由貿易區有所貢獻。

　　第七章為本書作結。亞洲在戰後已有巨幅的改變與進步，完善的法律架構對於增強經濟組織和新興協定是不可或缺的。依據研究實證結果，本書希望對企業和政府提出的建議，能強化新亞洲區域主義的法律機制，並為多邊貿易體系提供寶貴的經驗。

貳

東協經濟
共同體的發展

I 簡介

亞洲的崛起，為區域主義理論和國際經濟法帶來重大影響。東協是亞洲第一個制度化的國際組織，它的出現促使政治學者在全球區域主義的脈絡下，重新評估以歐洲研究為中心的理論。部分學者在建構主義的前提下，認為應該透過逐漸形成的區域身分認同來理解東協的區域主義。[01] 另有學者跳脫現實主義看待權力平衡的觀點，主張東協創造了一種制度，讓競爭勢力轉化為以規範為基礎的區域結構。[02]

學者大多接受東協架構是新亞洲區域主義的源頭，且為其必要支柱。[03] 而欲瞭解東協的法律結構，必須要從以南方為主的區域主義觀之，且必須解釋東協對於新區域經濟秩序（NREO）的意義。隨著保護主義興起和WTO協商停滯不前，東協從 1967 至 2021 年間的結構變化，對於增強貿易與發展的連結和全球供應鏈重組相當重要。

東協成立的動機主要是政治而非經濟上的考量。根據曼谷宣言（Bangkok Declaration），印尼、馬來西亞、菲律賓、

新加坡和泰國於 1967 年成立了東協，最初的目的是成立一個鬆散的安全聯盟，以圍堵大幅擴散的共產主義。[04] 由於冷戰期間的對峙以及持續的軍事衝突，東南亞被稱為亞洲的巴爾幹半島，當時還有人認為東協「註定會失敗」。[05] 接著，在汶萊加入東協，並納入 4 個低度開發成員國——柬埔寨、寮國、緬甸和越南——之後，東協在 1999 年成為包含 10 個成員國的組織。早期加入的 6 個成員國與柬寮緬越 4 國之間的發展差距極大，導致東協難以進行有效整合。

雖然東協有諸多先天上的缺陷，但它逐漸成長為新興的貿易勢力，而在多極世界中展現出南方世界的集體力量。東協是僅次於中國和印度的亞洲第三大經濟體，並預期在 2030 年成為全球第四大經濟體。[06] 正值杜哈回合談判開始之後出現的第三波全球區域主義，東協也在 2015 年間成立東協經濟共同體，成為東協的一個重要里程碑。從「協會」轉型為「共同體」，象徵著東協整合程度的提升，也強化東協建構在其內部與外部協定上的法制。[07] 有別於歐洲的經驗，東協經濟共同體的法制化和逐漸形成的東協法（ASEAN law），充實了 NREO 的規範性結構，亦為開發中國家提供一個不同於西方的整合模式。

面對北方世界的民粹主義，東協轉型為鞏固亞太地區經濟體透過 FTA 追求自由化的樞紐。從 2002 到 2017 年，東協陸續與中國、日本、印度、南韓、澳洲、紐西蘭與香港簽署「東協加一」FTA。以東協為中心的機制也包括「區域全面經濟夥伴協定」（RCEP），其中 10 個東協國與 5 位夥伴國在 2019 年完成協定內容的談判，並在 2020 年完成簽署。[08]儘管印度決定退出 RCEP 的談判，RCEP 這個巨型的 FTA，已成為全球經濟規模最大的貿易協定，東協影響力也隨之升高。東協中心性是東協憲章強調的概念，用以維持東協在新亞洲區域主義中「擔當駕駛」的主導地位，而前述東協簽訂的貿易協定與發起的安全倡議（例如東協區域論壇），也都支持東協中心性的概念。[09]

本章將檢視東協經濟共同體的法制化過程，並探討東協經濟共同體 2025 年藍圖的主要特色，以及其「東協方式」（ASEAN way）的本質變化如何共同影響亞洲的區域整合。其次，本章將分析東協法律架構的演變，包含貨品貿易、服務貿易、投資保障和自由化、以及爭端解決的各項協定。本章亦會討論如銀行服務、電子商務和發展協助等新興領域。值得注意的是，東協的經濟體整合軌跡有別於以華盛頓共識

為前提的新自由主義方式。本章將解釋東協如何以務實漸進主義的原則,助益南方世界的發展。最後,有鑑於東協的外部協定是區域經濟架構的基礎,本章將在此基礎上檢視東協方式的外部化。

II 建構東協經濟共同體

曼谷宣言是東協的憲法文件,其內容顯示 1960 年代東協成員國的承諾相當有限,僅針對經濟合作,而非經濟整合。[10] 原因是當時這些國家仍保持著後殖民民族主義和保護主義的思維,並採取進口替代的發展策略,只有新加坡是唯一採取出口導向成長模式的國家。[11] 為了確保大型工業計劃能夠擁有足夠的市場及有效分配區域資源,東協成員國在 1977 年簽署第一份經濟協定。[12] 雖然這份協定要求各國實施優惠貿易政策,但各國高居不下的關稅稅率以及冗長的例外清單,導致該協定無法增加東協內部的貿易量。當時在貨品逐項協商之下,出現一些對自由化毫無意義的品項,例如在熱帶地

區極少使用的雪橇。[13]

面對全球區域主義以及中國、印度的崛起，東協各國因而將重點轉向貿易自由化，並於 1992 年決定建立東協自由貿易區。[14] 然而，優惠關稅與一般關稅的差距過小、繁瑣的原產地規則程序等因素，導致貿易區機制使用率低，結果差強人意。[15] 為了解決 1997 年的亞洲金融風暴所帶來的負面衝擊，且認知到需要強化關稅以外的合作，新加坡總理吳作棟於 2002 年提出了東協經濟共同體的構想。[16] 隔年，東協領袖簽訂「峇里第二協議」（Bali Concord II），計劃建立「涵蓋三大支柱」的東協共同體，[17] 東協共同體的支柱包括東協經濟共同體、東協安全共同體及東協社會文化共同體。

2007 年，東協國家決定將 2020 年成立東協共同體的期限提早到 2015 年，並通過東協經濟共同體 2015 年藍圖，其中提及的具體作為包含「成為單一市場及生產基地」的規劃。[18] 東協經濟共同體目標遠大，希望達成區域內貨品、服務、投資、技術勞工的自由流動，並使資金流動更自由化。[19] 同年，藉著東協憲章問世，東協 10 國重申東協經濟共同體的原則，並賦予東協這個組織作為「政府間組織」的法人格。[20] 東協憲章不

僅將慣例明文化，更建立了履行東協協定的制度化機制與爭端解決機制。

A、「東協經濟共同體 2025 年藍圖」

東協在 2015 年 12 月正式成立東協經濟共同體，並通過「東協經濟共同體 2025 年藍圖」作為 2015 年之後的願景。新的 2025 年藍圖取代了先前提到的 2015 年藍圖，且併入「東協 2025 年藍圖：攜手前行」（ASEAN 2025: Forging Ahead Together）的指引文件之中，描繪了東協共同體未來的發展，[21]

東協經濟共同體 2025 年藍圖具有五項關鍵特徵。首先，最重要的特點為「高度整合且團結之區域經濟體」[22]。主要目標是透過促進「無縫的貨品、服務、投資、資金和技術勞工移動」，用來「強化東協的貿易和生產網路」，並建立「更加整合的單一市場」[23]。其中「更加整合的單一市場」取代了東協經濟共同體 2015 年藍圖中建立「單一市場及生產基礎」的目標，反映出東協不同於歐盟單一市場的整合方式。有關無縫移動新條款的目的，在於使貨品、服務、投資和技術勞工自由流動，亦增加資金流通自由化。

　　東協經濟共同體 2025 年藍圖的第二項特點為「**具競爭力、創新、且活躍積極之共同體**」，聚焦在競爭法律和政策、消費者保障以及智慧財產權機制的協調合作。[24]隨著全球重視區域及國家層面的永續經濟發展，東協國家也承諾遵守「聯合國 2030 年永續發展議程」。[25]第三項特點為「**促進連結與產業部門合作**」，目標在於支持以基礎建設為主的「東協連結總體規劃」（Master Plan on ASEAN Connectivity）[26]，此項特徵對於數位貿易至關重要，因為各國將透過調和消費者權利和資料保護的法律架構，以促進電子商務。[27]

　　「**穩健強韌、兼容並蓄、以人民為導向、以人民為中心之共同體**」為東協經濟共同體 2025 年藍圖的第四項特點。[28]有別於先前藍圖的重點都放在發展中小型企業，東協經濟共同體 2025 年藍圖將涵蓋範圍擴及至微型企業，具體的作法包括協助出口商適用 FTA 的原產地規則以及使用「東協自行驗證機制」（ASEAN self-certification scheme）。此外，另有縮小東協發展差距的倡議，加強援助柬寮緬越。第五項特點是「**全球化的東協**」的目標，旨在將東協作為新亞洲區域主義的軸心，藉此強化東協中心性。[29]東協已完成了 RCEP 協商以及與香港締結協定等兩項預定目標。由於有效率的機制對東協的

經濟發展相當重要，因此新的 2025 年藍圖明訂東協經濟共同
體理事會應「監督並確保履行所有措施」[30]，亦要求東協秘書
處發展出更嚴密的監管機制。

B、東協法律的演變

　　傳統上，學者多由經濟和政治的角度分析東協整合，鮮
少探討區域主義發展過程中法律扮演的角色。相關論述雖然
常提及「東協方式」，但對其本質並無共識。東協經濟共同
體法制化帶來了東協方式的轉型，使之結合政治和法律的概
念。因此，我們不能再僅從非拘束性的軟法來解釋東協方式。
第三波區域主義中，東協方式展現出它具有硬法的義務，又
具有結構上的彈性。由務實漸進原則領導的變革，使東協法
律與歐盟法律呈現不同的樣貌[31]。

　　事實上，早在東協創立前，東協方式可溯源至 1955 年
的萬隆會議，當時高漲的反殖民民族主義促使亞洲與非洲國
家齊聚一堂[32]。以印尼傳統的「協商與共識」概念為基礎，東
協方式象徵維護主權、不干涉、共識決等原則；[33]東協方式
也是國家間互動的行為準則，以及透過諮商達到共識的決策
過程。[34]雖然當時印尼總統蘇卡諾認為馬來西亞聯邦受到英國

帝國主義的影響，而對其採取對抗策略，但隨著印尼放棄對抗馬來西亞聯邦的外交政策，東協方式使東協國家得以建立信任，造就了東協於 1967 年誕生。[35] 東協憲章加強了東協方式的法制化，強調東協方式的運作原則，並要求藉由在共識之下訂定的「彈性參與方式」，實現經濟自由化的承諾。[36]

東協方式提供成員國規範性基礎，使國家較容易在敏感領域達成合作，而無須擔心「主權成本」會妨礙政府的規範主權。[37] 若依據西方對法制化的理解，東協方式會被認為是非法律或是軟法方式。[38] 主流西方學說認為歐洲和北美的經驗才算是「真正的」整合，因此低估了東協的成就。但經驗老道的外交官則發現，東協的進步並非線性發展，反而更像是蟹行移動。[39] 縱使短期內並無顯著的進步，但長期來看卻極為可觀。東協自 1967 年以來逐漸成長為亞洲中樞輻射結構的中心，更加證實了這項觀察結果。

然而，本書並不認為東協是區域主義的完美模型。本書所欲強調的是，東協經驗對於開發中國家的價值，特別是考慮到歐盟的內部問題導致歐元危機和英國脫歐更是如此。法律學者和政治學者經常將歐盟與東協相互比較，但是若把東

協經濟共同體視為不完整的歐盟，那就是過度簡化觀察結果。雖然歐盟整合可以當作參考案例，但東協從來不曾打算複製歐盟模式。東協經濟共同體的目標是 FTA 增強型協議，而非追求共同市場或關稅聯盟。東協方式不管從結構面或是運作面，在在影響了東協經濟共同體和東協法律的演變，提出不同於歐盟的模式。以下針對歐盟與東協進行幾項比較分析。

　　首先，東協與歐盟的法律地位有著根本上的不同：歐盟是超國家機構，而東協是政府間組織。至於法律的施行，歐盟採由上而下的作法，亦即歐盟法律具有「直接效力」，凌駕於國家法律之上。但是東協區域主義是採取水平整合，《東協憲章》僅規範成員國將「盡其所能」地施行東協協定。[40]一般認為，根據東協各國的憲法，區域性協定不會在其國內「自動履行」。[41]儘管東協協定並無直接效力，但不表示東協法律對於成員國的國內法律沒有影響。東協各國的法官可以採取類似於美國法發展出國際禮讓原則（Charming Betsy principle），運用司法裁量權將國內法做出符合東協協定義務的解釋。[42]因此，區域性層面的東協法律可以延伸至國內法領域。

　　第二，東協方式包括了「東協減 X」（ASEAN Minus X）
模式，此種模式的應用最早可溯至 1992 年的《加強東協經濟
合作架構協議議定書》（Framework Agreement on Enhancing
ASEAN Economic Cooperation）。[43] 此模式不僅被納入服務協
定中，《東協憲章》也再次強調「東協減 X」模式是彈性參
與的重要機制。[44] 東協減 X 模式是履行東協協定的捷徑，因
為由 10 個成員國「同意」的協定，可在沒有所有東協國家
都參與的情況下「執行」。兩個或兩個以上的成員國亦可彼
此進行協商，將特定產業自由化，並開放給其他國家。[45] 為避
免搭便車問題，相關優惠只會建立在互惠的基礎上。因此，
東協整合不會被不配合的國家拖累進度，貿易自由化的好處
也能鼓勵參與成員國給出更多的承諾。有些東協加一 FTA
內生效的條文，也採用了東協減 X 的模式。[46] 例如《東協—
澳洲—紐西蘭 FTA》（ASEAN-Australia-New Zealand FTA,
AANZTA）僅要求「澳洲、紐西蘭和至少 4 個東協成員國」
批准及通知，不需要所有國家的參與，能使協定施行變得更
有效率。[47]

　　最後，《東協憲章》涉及到東協締結協定權力的條文，
不等於歐盟法律中成員國讓渡權限給歐盟的概念。根據歐盟

法律，有些事務屬於歐盟的專屬權限，亦即歐盟本身可以就這些事務直接締結國際條約，而且締結的條約對歐盟成員國具有拘束力。但東協的締結權力較為受限，因為東協的權限並未延伸至可對於個別會員國課予義務的條約締結[48]。在東協憲章之下，成員國的法律義務僅限於「盡力形成共同立場，追求共同行為」[49]。換言之，由東協 10 國共同締結外部協定的方式並未改變，各成員國代表經常在與外部夥伴談判貿易協定前召集東協協調會議（ASEAN Caucus meetings），使成員國們的立場趨於一致。

III 東協經濟共同體的法律架構

東協經濟共同體的成立，推進了新亞洲區域主義下東協法制化的進程，也強化了 NREO 的規範基礎。如下圖 2.1 所示，東協經濟共同體 2025 年藍圖之中 3 個相互關連的協定，建構出「無縫貿易流通」的新經濟共同體架構[50]。具體而言，《東協貨品貿易協定》（ASEAN Trade in Goods Agreement,

ATIGA）旨在促進貨品自由流通；《東協服務貿易架構協定》（ASEAN Trade in Services Agreement, ATISA）是針對服務貿易；《東協全面投資協定》（ASEAN Comprehensive Investment Agreement, ACIA）則是加強投資自由化與保障。三個協定的發展歷程與獨特架構，反映出以南方國家為主區域主義的發展過程。本節將進一步詳述東協經濟共同體協定的法律挑戰及未來的改革面向。

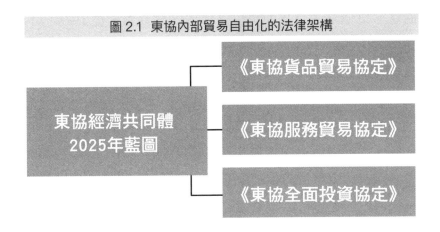

圖 2.1 東協內部貿易自由化的法律架構

《東協貨品貿易協定》

東協經濟共同體 2025年藍圖

《東協服務貿易協定》

《東協全面投資協定》

A、貨品貿易

從某方面來說，關稅是貨品貿易最大的障礙，故取消關

稅是經濟整合帶來最直接的好處。但另一方面，削減關稅涉及全面性的「大議價」（Grand Bargains），可能會傷害國內特定產業。因此，關稅減讓常常會導致貿易協定談判破局。[51] 在東協，1992 年的「共同有效優惠關稅機制」（Common Effective Preferential Tariff scheme）促成了東協自由貿易區的出現，也就是東協經濟共同體的前身。為了解決東協自由貿易區使用率過低的問題，2009 年通過的《東協貨品貿易協定》（ATIGA）整合且簡化了先前的貨品與貿易便捷化的協定。[52] 這個法律架構使東協區域內的貿易量，從 1970 年的 15％，增加到 2010 年代的 24％，僅低於歐盟及北美地區的區域內貿易比例。[53]

1、取消關稅及原產地規則

當年的東協自由貿易區，促成東協的開發中國家及低度發展國家跨出整合的第一步。東協自由貿易區底下的減讓關稅政策，並不是激進地驟然施行零稅率，而是納入許多例外，允許柬寮緬越 4 國和敏感性產品（如農產品）有較長的過渡期，以達成 5％或 0％的關稅稅率。[54] 這種漸進式的作法可以讓成員國減低國內反對聲浪以促進整合。

　　《東協貨品貿易協定》承襲了東協自由貿易區的特色，強調「國家特定、產品特定」的減讓關稅計劃，而且為柬寮緬越等國設計特殊及差別待遇，如安排較長的過渡期。產品也依據不同的類別，有著不同的關稅減讓時程。產品類別包含了資訊與通訊科技產品、優先部門產品（如汽車與紡織）和未加工農產品。[55] 依照現行《東協貨品貿易協定》的關稅計劃，開發程度較高的 6 個東協成員國已調降 99.3％的關稅，柬寮緬越調降 97.7％的關稅。[56] 東協的關稅減讓，展現南南區域主義的顯著成果。

　　從企業經營的觀點來看，FTA 關稅自由化只有在其貨物可適用的前提下，才能享受實質益處。FTA 中的原產地規則即是在避免搭便車現象，使關稅優惠只提供給 FTA 簽署國的製造業者。由於亞洲 FTA 的原產地規則相當複雜且分歧，造成所謂的「亞洲麵碗」效應，大幅降低了 FTA 使用率。因此，東協經濟共同體 2025 年藍圖的主要目標就是簡化這些分歧且複雜的原產地規則。[57] 常見的原產地規則包括稅則分類變更（Change in Tariff Classification, CTC）和區域產值含量（Regional Value Content, RVC）。前者是評估原物料和出口產品的關稅產品號別是否不同；後者則是檢視產品是否符合

FTA 附加價值的門檻。

根據 1977 年東協優惠貿易安排的規定，後續協定的原產地規則，皆沿用以區域產值含量為 40％的門檻。[58] 亦即，如果能證明該產品 40％的價值來自於東協國家，即能取得優惠關稅待遇。然而，企業為了符合該標準，取得相關文件過於費時與費力，因此東協自由貿易區理事會更改了東協的原產地規則，也採用稅則分類變更方式。東協自由貿易區除了採用這種彈性的原產地規則，[59] 亦採納「累計」規則，使計算區域產值含量時會考慮到來自所有東協國家的貨品。[60] 這項規則使得貨品的製造地可以橫跨於整個東南亞。由於歐盟—新加坡FTA等外部協定亦採用類似規則，因而強化了東協的整合。

2、非關稅及貿易便捷化措施

雖然削減關稅促使東協成員國間的貿易量大幅成長，但非關稅措施的激增卻阻礙了區域整合。需釐清的是，非關稅「措施」不等於非關稅「障礙」。非關稅措施指的是「對國際貨品貿易具有潛在經濟影響、改變貿易量或價格或兩者的政策措施」。[61] 儘管採用標示或衛生規範等非關稅措施可能具有正當目的，一旦這些措施的施行具歧視性或含有實施保護

主義的目的，該措施就可能變成非關稅障礙。[62]

非關稅措施影響了亞太地區 58％的貿易量。[63]近期數據顯示，在過去 20 年間，東協成員間關稅從 8.9％逐步調降到 4.2％，但非關稅措施的數量反而激增 360％。[64]光是食品安全檢驗暨動植物防疫檢疫措施（sanitary and phytosanitary, SPS）和技術性貿易障礙（technical barriers to trade, TBT）就占了整體非關稅措施的 75％。[65]泰國、菲律賓和馬來西亞是最常使用非關稅措施的東協國家，反觀柬寮緬越 4 國則較少使用此類措施。[66]

根據「東協經濟共同體 2025 年藍圖」，《東協貨品貿易協定》的目標係希望能將非關稅措施減到最少。[67]不過這個政策所面臨的挑戰是，因為國家規範的權力將受到侵害，以至於全面廢除非關稅措施恐將遭致反彈。值得注意的是，《東協貨品貿易協定》結合了硬法與軟法的規定，並要求東協國家在東協貿易資訊庫（ASEAN Trade Repository）納入非關稅措施，以實現貿易措施透明化。[68]此資訊庫已於 2016 年上線，由於資料庫網頁可連結到各成員國內資訊庫，並提供關稅與其他貿易相關資訊的入口路徑，使得該資訊庫也成為貿易便

捷化的重要機制。[69]

　　《東協貨品貿易協定》另外要求區域間機構應列出非關稅障礙，因為不同國家的非關稅障礙有其各自的取消時程。[70]該協定在「技術性貿易障礙」和「食品安全檢驗暨動植物防疫檢疫措施」的章節中，也提供相關政策指引，以鼓勵各國合作並參考國際標準。[71]東協秘書處不同於歐盟執行委員會之處在於，前者的能力不足，大幅削弱其在監督非關稅措施及落實相關規範所扮演的角色。因此，《東協貨品貿易協定》對非關稅措施的影響，仍有待觀察。

　　除了東協貿易資訊庫之外，其他貿易便捷化措施亦具有重要意義。2019 年間，東協成員國修正了《東協貨品貿易協定》，用以實施自行認證機制。[72]在舊的規範架構下，企業為了能適用《東協貨品貿易協定》的優惠關稅，需要向關務機關遞交紙本文件以申請原產地證書（稱為表格 D），這個程序既昂貴且費時。新的認證機制免去了證書申請的行政程序，讓已取得認證的出口商可以在商業發票上自行註明原產地，使中小型企業可省下一筆不小的開銷。

此外，東協成立了「東協單一窗口」（ASEAN Single Window），使必要資訊可以利用電子方式傳輸，藉以加速通關程序。隨著汶萊和柬埔寨於 2019 年加入，目前已有 7 個東協成員國使用電子版表格 D 即時交換資訊。不僅如此，有 6 個東協國家已在 2020 年實施東協海關過境系統（ASEAN Customs Transit System）。[73] 這些貿易便捷化機制採用「東協減 X」的加入方式，讓較為先進的成員可以試行新的貿易便捷化倡議，並使這些較先進的成員可在後續階段協助其餘成員建構相關能力。

B、服務貿易

服務貿易的重要性並不亞於關稅減讓。服務自由化對於東協實現聯合國永續發展目標也是不可或缺的。以往國家的發展政策都著重在製造業，而且認為國家只有到了高度開發階段，才須重視服務業。其實，包容性發展及經濟現代化都十分仰賴服務業。[74] 服務貿易成長 10％，就可提升貨品貿易成長 6％，顯示這兩種主要貿易模式之間的緊密相關。[75] 藉助了數位科技之後，服務貿易也可以協助國家脫離「中等收入陷阱」，這種現象經常發生於如馬來西亞和泰國的中等收入開

發中國家。[76]

　　在許多資源不足的社區，服務貿易更是已超越農礦業，成為該地區民生福利的主要支柱。[77]最好的範例就是健康服務自由化之後，健康照護可擴及到更多需要的人；占了觀光支出近 25％的觀光服務，也直接幫助低度開發國家中收入較低的人民。[78]相較於其他開發中國家，現在東協外人直接投資金額中，有 60.7％與服務產業相關，有助於藉由創造就業機會達成減貧目的。[79]再者，服務貿易的發展也可促進性別平等。汶萊和新加坡境內，分別有 90.5％和 88％的女性就業者集中於服務產業，即可證明這項論點。[80]

1、服務承諾之包裹式（package structure）談判

　　有鑑於服務自由化的諸多實益，東協經濟共同體 2025年藍圖希望能夠「更加拓寬並深化東協內的服務整合」，以加速「融入全球供應鏈」。[81]東協對於服務貿易的法律架構也是採取與《東協貨品貿易協定》相同的模式，建立於務實漸進主義之上。2019 年通過的《東協服務貿易協定》（ATISA）整合了之前依據《東協服務業架構協定》（ASEAN Framework Agreement on Services, AFAS）協商出來的 10 項

服務承諾「包裹」。[82]

　　東協國家的服務貿易談判始於 1995 年簽訂的《東協服務業架構協定》，目標是成為超越 WTO《服務貿易總協定》（GATS）水準的「服務自由貿易區」。[83]在《東協服務業架構協定》之下，東協獨特的漸進包裹式架構有利於成員國逐步進行國內改革，避免政治反彈而妨礙服務貿易自由化。

　　諸多回合協商後定案的服務承諾包裹，在經過不斷累加之下，構築了《東協服務業架構協定》不可或缺的內容。[84]由於《東協服務業架構協定》的本質不屬於自動履行的協定，各成員國必須先簽訂記載詳細承諾的議定書，每項承諾的包裹要等到國內批准程序完成後方能生效。東協各國在 2018 年簽訂了最新的議定書，以實行第 10 項包裹的承諾。

　　東協的作法是否真的能實現超越 WTO《服務貿易總協定》的承諾，或甚至超越東協加一 FTA 的服務承諾？答案是肯定的。《東協―澳洲―紐西蘭 FTA》常被視為是東協外部 FTA 中服務自由化程度最高的協定。實證研究則證實《東協服務業架構協定》第 7 項包裹的承諾，首度超越了《東協―

澳洲—紐西蘭 FTA》[85]，這個結果也驗證了之前提出的觀點，東協的發展是蟹行移動模式，長期來看更為顯著。

　　由《東協服務業架構協定》推展的服務協商模式演變，為新亞洲區域主義的開發中國家，提供法律和政策的參考模式。《東協服務業架構協定》參考 WTO《服務貿易總協定》，服務貿易也涵蓋了四種貿易模式。模式一是跨境提供服務，模式二是國外消費，模式三是商業據點呈現，模式四則是自然人移動[86]。WTO 成員對模式三及模式四的承諾最少，且通常保留較多的貿易限制[87]。《東協服務業架構協定》的談判方式，雖然不同於 WTO，但成員國大致依循較為保守且類似於《服務貿易總協定》的正面表列方式[88]。在「提出請求並做出回應」的談判模式之下，迫使成員國必須明確載明預計開放自由化的部門及貿易模式，且必須遵守它們所提出的自由化時間表。2003 年完成的第三回合《東協服務業架構協定》協商中，亦採納了彈性參與的東協減 X 原則[89]。在 2012 年通過的《東協自然人移動協定》（ASEAN Agreement on the Movement of Natural Persons），則是考量了專業人員流動的重要性與政策敏感度。該協定於 2016 年生效，並指示未來關於模式四的談判[90]。

　　雖然《東協服務業架構協定》的談判大都由東協各國的經濟部長負責，唯獨金融服務和航空運輸服務是由財政及交通部長負責談判，這兩個服務項目的相關承諾，亦列為獨立的服務承諾包裹。2015 年成立的東協銀行整合架構（ASEAN Banking Integration Framework）標誌著金融服務談判的重要成果，[91]東協成員國國內符合「合格東協銀行」（Qualified ASEAN Bank, QAB）標準的銀行，在其他成員國家境內也將獲得同等待遇。不過，東協架構與歐盟「單一護照」機制提供的跨境銀行服務有所不同。[92]東協架構主要是提供平台，使參與的國家利用此平台磋商雙邊互惠協定，且國內的主管機關對於合格東協銀行的標準仍保有相當控制權。例如，在印尼與馬來西亞兩國簽署協定之後，印尼的曼迪利銀行（Bank Mandiri）即成為馬來西亞國內第一間合格的東協銀行，且擁有與當地放款銀行相同的待遇。[93]根據東協的經驗，基於服務業類別基礎上進行各自且漸進式的談判，雖然存在有最終承諾不一致的風險，卻可避免受高度監管服務部門阻礙整體服務貿易的談判。

　　根據「東協經濟共同體 2025 年藍圖」，《東協服務貿易協定》的重要性在於整合了《東協服務框架協議》在不同階

段做出的承諾，[94]且未來將把協商模式由正面表列模式，轉換為開放程度更高的負面表列模式。也就是說，除非在承諾表有另行規定，所有服務業部門都必須自由化。負面表列模式的開放程度之所以較高，是因為在此模式下，原則上所有服務業部門都必須做出自由化承諾，除非在承諾表有另外約定。目前全球 FTA 中有近 6 成採用負面表列模式，其中包括 4 個東協國家加入的《跨太平洋夥伴全面進步協定》（CPTPP）。[95]此外，《東協服務貿易協定》改為負面表列模式，亦可避免目前「含金量不高」的承諾問題。[96]舉例來說，某國可能承諾特定部門允許外資比例上限調高到 70％，但實際上，該國早在加入貿易協定之前已經實施該措施，而類似的「承諾」，將會降低協定中服務貿易承諾的價值。

東協的超越 FTA 模式（FTA-plus path）有別於歐盟由上而下的策略，為南方國家提供一個替代模型。為使東協能實現「東協經濟共同體 2025 年藍圖」的強化服務貿易整合，本書建議東協可以採取下列幾個關鍵步驟。首先，東協經濟共同體 2025 年藍圖仍繼續沿用東協減 X 原則，且允許成員國豁免服務業自由化的部門別，比例最高可達整體服務產業的 15％。[97]這些特殊與差別待遇的目的在於，減少國內保護主義

的影響，並且激勵東協國家開啟自由化進程。這種東協減 X
原則，可見於新加坡與寮國訂立的教育服務協定，以及新加
坡與汶萊簽訂的電信服務協定。

　　然而，這些雙邊協定的實踐顯示，東協減 X 原則允許
成員國對承諾內容設定不同的實施時程，將加速承諾內容的
破裂化。在此之下，假若某國在實施階段無法實現最初同意
的承諾，將難以釐清該國是否符合可以自行選擇退出承諾的
情事[98]。再者，提供最高 15％豁免自由化的整體彈性原則，如
此的例外規定得以讓成員國把具有政策敏感的服務業部門排
除在自由化承諾外。除此之外，東協相關協定和「東協經濟
共同體 2025 年藍圖」都沒有對「整體彈性」有所定義，進而
加深東協國家履行服務貿易承諾的操作困難。因此，如果要
能有效地執行《東協服務貿易協定》，應限縮例外情況，並
提供可茲判斷的客觀標準。

　　第二個關鍵步驟是，東協經濟共同體的高度整合必須仰
賴模式三和模式四（商業據點呈現與自然人流動）的自由化。
雖然東協經濟共同體藍圖最初將外資投資比例上限設定為
70％，但多數東協國家早已單方面提高了此上限[99]。舉例來說，

已經有 7 個東協國家承諾允許在醫療服務產業的外資股權比例可達到 100％，而印尼、緬甸和泰國則依然維持 70％的標準。[100] 倘若仔細檢視東協國家國內有關企業及投資之法規，亦可發現對外資的限制規定阻礙了諸多與農業、礦業、電信及新聞媒體相關的服務業發展。[101] 因此《東協服務貿易協定》的談判，應該將模式三的市場准入和國民待遇的貿易限制減至最低，且避免國內法規影響協定中有關外資投資上限承諾的實效。

最後，由於外勞匯款和技能轉移具有的正面效果，可以促進跨境勞工移動的模式四自由化，對於東協國家的發展將具有相當大的潛力。在 WTO 之下，會員國普遍針對模式四做出的水平承諾，大多與企業內員工因為調任產生的跨境移動以及商務旅客相關。[102] 東協國家在《東協服務貿易協定》的承諾，也存在相同趨勢。此外，東協區域內勞工移動與商業據點密切相關。值得注意的是，CPTPP 要求會員對於跨境提供的服務，不可以服務提供者在該國設立「辦事處或任何形式的企業」為前提。[103] 東協經濟共同體也應採用 CPTPP 的規定，使模式四的承諾能夠與模式三脫鉤，為獨立專業人士創造更多機會。

2、專業移動與相互承認協定

「東協經濟共同體2025年藍圖」的目標之一是推動「技術勞工」自由移動，但這一點與歐洲的「移動自由」概念有別。具體而言，歐盟法律給予所有「工作者」在區域內自由移動和居住的基本權利，而東協法律則將自由化範疇限縮在專業人士。[104]《東協自然人移動協定》作為東協經濟共同體區域內專業移動的法律基礎，取代了過去在《東協服務業架構協定》下談判模式四的承諾。然而，該協定的適用範圍卻僅限於技術勞工，而非所有「自然人」。[105] 主要原因是《東協自然人移動協定》的目的是加速企業內調任者、商務旅客、履約服務人員及其他東協各國承諾表定義的專業人士的移動。[106]

需要特別注意的是，《東協自然人移動協定》的適用範圍僅限於服務業部門。[107] 舉例來說，在新加坡工作的業務經理，假若其所屬公司是總部設在越南的農業或製造業的工廠，當此人被公司派任到其他東協國家，該調職行為不受到《東協自然人移動協定》的規範，因為農業和製造業皆不屬於服務業。不過，該名業務經理若到越南或其他東協國家出差，此時則受到《東協全面投資協定》的保障，因為該協定的適用範圍觸及非服務業部門的「附隨服務」。[108]

　　《東協自然人移動協定》與 WTO 的《服務貿易總協定》
十分相似，對於服務提供的定義與規範，都是以非永久性提
供為前提。因此，不會像歐盟般，因為英國脫歐導致區域內
的勞工移動成為涉及到歐盟會員國移民政策的政治議題。由
於《東協自然人移動協定》的目標是讓服務提供者能「暫時
性」進入或停留在其他東協國家境內，[109] 它未妨礙東協國家政
府採取「影響自然人尋求進入就業市場的措施」與「和公民
權、永久居住或就業相關的措施」。[110] 換言之，該協定使東協
國家的政府可繼續維持基於公共目的實施的簽證規定。

　　除了《東協自然人移動協定》承諾表中模式四的承
諾內容外，東協的《相互承認協定》（Mutual Recognition
Arrangements, MRA）也能促進專業資格的認證及專業人員
的流動。由於相互承認協定會要求締約國進行大幅度的國內
法律調整，使國內就業市場可以接受外籍專業人士，WTO 的
《服務貿易總協定》第 7 條有關相互承認認定的規定相當寬
鬆，且此議題鮮少納入 FTA 的規範內容。歐盟的《資歷指令》
（Qualifications Directive）為超過 800 種專業之證照資格的
自動承認提供法律基礎，但是《東協相互承認協定》沒有如
同歐盟《資歷指令》般直接承認的效力。[111] 東協的相互承認協

定只是提供區域合作機制，使東協國家可以調和各專業相關的國內法規。[112] 東協方式形成了以特定職業為基礎的調和機制，讓各國的國內主管機關能在此區域架構下依然保有行政裁量權。

　　東協自 2005 年訂定有關工程服務的第一個相互承認協定，迄今已為 8 種專業完成相互承認協定，[113] 且每個相互承認協定也各自採用不同的執行方式。例如為了使東協國家對相互承認協定建立起共識，會計服務和顧問服務的架構安排著重於推動資訊交流和訂出評量標準。2009 年的《會計服務架構協定》最終促成了 2014 年的《會計服務相互承認協定》。

　　為管理牙醫、醫師和護理師的醫療照護相關相互承認協定，表面上看起來可以簡化相關程序，亦即只要經原籍國認證後，合格且未違反職業倫理規範的醫師即可在地主國註冊為外籍執業醫師。[114] 然而由於相互承認協定中保留國家規範權，使各國的國內主管機關對受到高度監管的業者依然可有管制權，導致醫療照護相關的相互承認協定的實際成效，遭到大幅限縮。[115]

　　會計、建築和工程服務的相互承認協定採取不同的實施
方式。該協定不但為這些專業領域成立區域性組織，[116]也讓東
協的專業機構及各國國內的管理單位共同發展出三階段的註
冊程序。舉例而言，工程師倘若符合《工程師服務相互承認
協定》規定的教育及實務經驗條件，需要先取得國內管理單
位的認證，再由此單位向東協委員會提交申請認可。[117]一旦經
認可為東協特許專業工程師，該工程師即可向東協國家申請
成為外籍工程師。工程服務相互承認協定是東協相互承認協
定中成效最好的，目前透過此協定取得東協特許專業工程師
資格並註冊的工程師人數，已超過 3,700 人。[118]

　　對東協國家來說，觀光專業的相互承認協定，對國內觀
光發展具有極大影響。例如菲律賓國內觀光業的從業人員，
就占了其整體就業人口的 12.8％。[119]觀光領域的相互承認協定
有不同於其他專業的特殊之處，主要原因是觀光屬於一個未
受管制的職業類別，目前也沒有觀光業人員的國際標準可供
參考。[120]因此，觀光專業的相互承認協定需要為 32 種職位（例
如洗衣服務經理、旅遊顧問等）發展出共通課程及能力標準，
藉此有效提升區域內的觀光產業。[121]該協定亦建立網頁版資料
庫，使得已註冊的觀光專業人士能更加方便地尋找其他東協

國家的就業機會。[122]

　　正如本書先前的說明，東協透過服務貿易的模式四承諾和相互承認機制，發展出以技術勞工為中心的跨境移動政策。但是，自然人移動方面仍有相當大的進步空間。目前東協的相互承認協定只涵蓋了東協區域內整體勞動力的 1.5％，且區域內有高達 87％的就業人口都不具備專業技能，無法受益於相互承認協定。[123] 此外，相互承認協定的實施在法律與實務層面的諸多障礙，特別是相互承認協定中規定至少要具備 3 至 10 年不等的經驗，更加限縮了符合資格專業人士的人數。[124]

　　此外，東協各國也有制定額外規定，導致專業人士即使符合相互承認協定的標準，也不能保證能在其他東協國家成功就業。例如，勞動市場測驗就是東協國家對於外籍專業人士的常見阻礙。舉例來說，一間馬來西亞公司若想要招募外籍工程師，需要證明馬來西亞國內沒有工程師可勝任特定工作。[125] 其他的障礙還包括國籍、住所和語言要求等限制。相較於相互承認協定給予外籍專業人士的福利，東協各國國內法中更根本的「漏洞」，是未讓東協國民可以享受到額外的優惠待遇。任何國家的工程師都可以在馬來西亞註冊為臨時工

程師，外籍護理師也可以到印尼擔任顧問[126]，在這樣的情況下，東協各國國內規範反而減損了相互承認協定對於東協專業人士的實益。

　　東協必須進一步使各國的國內法律和相關規範一致化，才能解決目前存在的問題。在共同標準的基礎上，東協國家應當減少相互承認協定內「參照國內法律及規範」的適用範圍，提升專業人士獨立作業的權利。[127] 各國也應該給予東協專業人士更多優惠待遇，以擴大其與非東協外籍專業人士之間的優惠落差。雖然東協的勞工移動僅限於技術勞工，但促進半技術或無技術勞工移動可降低國內的貧窮問題，還能弭平東協內部各國發展差異過大的落差。東協亦可參考觀光專業的《相互承認協定》，藉由採行過渡期措施，將相互承認協定的範圍觸及其他未受規範的專業領域。

C、投資自由化及投資人與地主國爭端：《東協全面投資協定》

　　完整的投資法律和政策對於外人直接投資（Foreign Direct Investment, FDI）的流入至關重要，推動著南方國家的發展。東協的快速成長以及印尼、緬甸等新興市場的崛起，

使得東協已經成為極具吸引力的投資場域。在過去 20 年間，東協的外人直接投資成長超過 6 倍，且投資金額目前占全球所有開發中國家海外直接投資整體數額的 21％。[128]

值得注意的是，因為中國大陸的經濟發展趨緩，東協於 2013 年首度在吸引外人直接投資的排名超越中國。[129] 除了東協國家之內的相互投資以外，東協的前 5 名投資國為日本、中國大陸、香港、美國和荷蘭。[130] 外人直接投資加速整併外籍投資人的生產網路，也為東協帶來超過 450 件的跨境收購案。[131]

依「東協經濟共同體 2025 年藍圖」內容，《東協全面投資協定》目的是對現有的限制採取「漸進式自由化」，並增強投資保障及強化投資規範的透明度。[132] 2009 年訂定的《東協全面投資協定》整合了 1987 年的《投資促進及保障協定》及 1998 年的《東協投資區域架構協定》。上述兩個協定雖然是《東協全面投資協定》的前身，但是這兩個協定與後續修訂的協議並未能產生預期的影響。原因是 1987 年的協定與傳統的「雙邊投資協定」（BIT）大同小異，且未涵蓋投資自由化議題。[133] 1998 年的《架構協定》則因為排除清單，導致該協定的規範進展不足以使東協從亞洲金融風暴中復甦。[134]

1、超越雙邊投資協定的投資機制

《東協全面投資協定》（ACIA）改進了先前兩個協定的內容，納入投資自由化、保障、促進和便捷化等不同面向。雖然《東協全面投資協定》對於東協國家的國內法無直接效力，但它對新興東協國家提供最佳範例。例如，近期生效的寮國與緬甸投資法規，即證明了《東協全面投資協定》對國內法改革的影響力。[135] 展望未來，《東協全面投資協定》的重點之一是如何與其他東協經濟共同體的協定完美接軌。例如，《東協全面投資協定》承諾關於企業的商業據點呈現，很可能會因為《東協自然人移動協定》關於模式四的承諾內容有限，使其適用上受到限制。

《東協全面投資協定》有幾個規範重點。首先，該協定的適用範圍僅限於東協的投資人及投資。由於「投資人」包含自然人與法人，若有非東協的企業依據東協國家的法律設立，且在該國具有「實質業務經營」，該企業即可享有《東協全面投資協定》提供的權益及保障。[136] 其次，《東協全面投資協定》採取類似於美國的《雙邊投資協定模範法》的定義方式，對於投資是以較為寬鬆且以資產為基礎的定義，亦即動產、不動產或智慧財產權等「任何類型的資產」，都屬於

該協定定義的投資。[137] 為了避免定義模糊而增加投資爭端的可能性，《東協全面投資協定》排除了不具有「投資特性」的資產。[138]

對投資人來說，《東協全面投資協定》的跨境投資自由化極為重要。目前跨境投資自由化的範圍延伸至 5 個主要領域（農、漁、林、製造及礦採），以及和這些領域相關的附帶服務。[139]《東協全面投資協定》於 2019 年進行第四次修訂，擴大與強化了自由化內容。原先《東協全面投資協定》只有附加單一負面表列清單，包含記載東協國家對自由化領域現有和未來的非一致性措施。[140] 第四次修訂則跟隨國際趨勢，將負面表列清單從單一附錄方式改為雙附錄。[141] 東協國家會在第一項附錄中，詳列國內現有的非一致性措施，並在第二項附錄中為未來的措施保留政策規制空間。[142] 這種新的模式為潛在投資人提供投資所需的規範透明度。

除了國民待遇和最惠國待遇條文外，《東協全面投資協定》也禁止實施績效要求。值得注意的是，第四次的修訂更動了原先類似於 WTO 的《貿易有關之投資措施》（Trade-Related Investment Measures, TRIMs）協定的規範。[143] 修改後

的適用範圍延伸至投資設立前與設立後階段，使《東協全面投資協定》的禁止績效要求的規範程度高於 WTO 的 TRIMs 及東協加一的協定。[144]

至於投資保障標準部份，常見的法律爭議是關於公平與公正待遇原則（fair and equitable treatment）規定的解釋與適用。《東協全面投資協定》的規定避免地主國的恣意裁決，並提供投資人正當法律程序（例如法律陳述及上訴的權利）。[145]由於投資人很可能訴諸雙邊投資協定，以尋求徵收的補償，《東協全面投資協定》也釐清了備受爭議的間接徵收概念。《東協全面投資協定》將間接徵收定義為「雖無形式上轉移所有權或直接徵收，但效果等同於直接徵收」的行為。[146]此定義意味著間接徵收的判斷將「依照個案和基於事實的調查」，且考量如公共措施的經濟影響等因素。[147]

2、投資人與地主國爭端解決機制（ISDS機制）的新挑戰

在新亞洲區域主義中，反對 ISDS 的浪潮是一個重要的發展；ISDS 也成為經貿談判中極具爭議的議題。原先設置 ISDS 的目的是為了解決地主國法院可能的立場偏頗，以及投

資人母國可能無法執行外交保護的障礙。ISDS 讓外籍投資人可利用國際司法機構控告地主國，解決其與地主國之間的紛爭。《國家與他國國民之間國際投資爭端解決公約》（ICSID）是集結了多國努力，在世界銀行體系下設立解決投資人與地主國爭端的國際機制。[148] 由於目前尚有 3 個東協國家（寮國、緬甸和越南）沒有加入 ICSID 公約，所以《東協全面投資協定》對於解決東協區域內投資人與地主國爭端，扮演重要角色。

由於《東協全面投資協定》受到了《美國雙邊投資協定》模範法和《北美自由貿易協定》的影響，使其規範內容不僅超越了傳統的雙邊投資協定，且比 ICSID 公約涵蓋更多關於仲裁程序的細節事項。[149] 依據《東協全面投資協定》的規定，東協的投資人可根據區域仲裁中心的程序或 ICSID 公約對地主國提出索賠。[150] 部份東協國家的國內法院（如新加坡國際商事法庭）若對投資人提出的索賠案件具有管轄權，亦可審理投資人依《東協全面投資協定》提起的 ISDS 案件。[151]

《東協全面投資協定》的目標是平衡國家和投資人兩者的權利。具體而言，在 ISDS 程序中，透過釐清公平與公正待遇定義和排除最惠國待遇的適用，可以避免投資人提起的

爭端削弱地主國的規範主權。[152] 不可否認的是，《東協全面投資協定》未來仍需要補充其他規定，例如協定現行第 41 條存在一項規範瑕疵。《東協全面投資協定》第 41 條規定仲裁庭有權對具有爭議的《東協全面投資協定》條文，「請求提出共同的法律解釋」，[153] 卻沒有說明仲裁庭提出請求應需具備的格式，以及應向東協哪個單位提出。[154] 申請格式與程序的欠缺，是第 41 條未來需要加以補充的內容。

國際間目前已經有超過 3,200 項國際投資協定及 1,000 多件 ISDS 爭端。[155] 然而自 2012 年《東協全面投資協定》生效後，卻沒有任何投資人和東協國家利用該協定解決相關的投資爭端。唯一一件依據東協協定提出的 ISDS 案件是「楊志歐貿易公司訴緬甸仲裁案」（Yaung Chi Oo v. Myanmar）。此案件起因於一間新加坡籍公司控告緬甸政府徵收該公司在緬甸的合資酒廠。[156] 仲裁庭在檢視了《東協全面投資協定》之前的投資協定之後，在沒有進入實體審查的情況下，就以欠缺管轄權為由裁決不受理此案。[157] 目前《東協全面投資協定》利用率過低的問題，可能是因為東協方式偏好以非訴訟機制解決爭端，且投資人也會擔心仲裁案件的提出將破壞其與政府的長期關係。

　　之後，「菲利普莫里斯國際公司訴澳洲」（Philip Morris v. Australia）一案則引起了大眾對於 ISDS 規定的疑慮。此案件是由菸草商菲利普莫里斯國際公司，依據澳洲與香港的雙邊投資協定，主張澳洲政府推出的「菸品素面包裝」法案侵害其投資權益，儘管該法案的目的是為了減少吸菸人口。[158] 雖然仲裁庭最後做出對澳洲有利的判決，但 ISDS 已被普遍抨擊為對國家造成「管制寒蟬效應」，亦即使公共政策和相關措施難以抵抗外籍投資人對於國內法律的挑戰。另外，ISDS 使得外籍企業得以不受國內法院的管轄，也被認為違反民主原則。「菲利普莫里斯國際公司訴澳洲」隨後也促使 TPP 與《澳洲—新加坡 FTA》紛紛納入菸草措施除外條款。[159] CPTPP 更進一步透過暫停 TPP 的部分條款，以限制 ISDS 的適用範圍。[160]

　　印尼因為已經身陷數個依據雙邊投資協定對其提出國際投資仲裁的案件，成為東協中最大力反對 ISDS 的國家。印尼政府也於 2014 年單方面廢除與荷蘭的雙邊投資協定，並隨後終止了 17 個具有類似機制的協定。[161] 換言之，如果外籍投資人要對印尼政府提起投資索賠，主要的管道將只有《東協全面投資協定》和各項東協加一的協定。自 2017 年起，聯合國已開始討論如何改良 ISDS 機制，目前約有 75％的投資協

定都含有改良 ISDS 的內容。[162] 特別是歐盟與新加坡、越南簽訂的投資協定，即納入歐盟提出的投資法庭制度，藉由二階式的法庭制度處理投資人與地主國的爭端。[163] 但此種新制度似乎還無法撼動《東協全面投資協定》，因為東協國家在與非歐盟國家簽訂的協定中，都不願意使用該制度。

D、國與國爭端的解決機制及新興領域

以上我們討論了《東協貨品貿易協定》、《東協服務貿易協定》和《東協全面投資協定》，這 3 個建構「東協經濟共同體」法律架構的重要協定。當這些協定的解釋與適用出現了爭議，東協國家該如何解決？此時有效的爭端解決機制將可對區域整合有所貢獻。《東協憲章》強化了解決東協內部爭端的三種不同的機制，為東協法制化過程樹立重要的里程碑。這些不同的爭端解決機制，分別規定於下列協定：1976 年《東南亞友好合作條約》（Treaty of Amity and Cooperation in Southeast Asia, TAC）、2004 年《東協強化爭端解決機制議定書》（ASEAN Protocol on Enhanced Dispute Settlement Mechanism, EDSM）及 2010 年《東協憲章爭端解決機制議定書》（Protocol to the ASEAN Charter on

DSMs）。[164] 雖然《東協全面投資協定》納入了投資人與地主國爭端解決的規定，但因為該協定在解釋與適用上產生國家與國家之間的爭端，仍需仰賴 2004 年《東協強化爭端解決機制議定書》來解決。

1、解決經濟與非經濟性質的爭端

《東南亞友好合作條約》包含所有東協成員國以及如中、美、歐等強權國家，並從條約本身反映出參與國對於非對抗性的「東協方式」的偏好。雖然由外交部長組成之高階會議（High Council）也可解決彼此的爭端，但是《東南亞友好合作條約》明文要求成員國，必須「秉持避免引發爭端的決心與信念」。[165] 倘若爭端不屬於《東南亞友好合作條約》處理的事務，可視爭議內容另行選擇《東協強化爭端解決機制議定書》或是《東協憲章爭端解決機制議定書》的解決機制。前者是處理因經濟協定引起的爭端，後者則是解決非經濟協議所導致的爭端。

儘管東協擁有上述 3 種處理國與國爭端的解決機制，但目前尚未有東協成員國使用過這些機制。具體而言，東協成員之間關於領土與貿易的爭端，雖然曾有東協國家向國際法

院和 WTO 提出訴訟,但從未向《東南亞友好合作條約》內的高階會議和《東協強化爭端解決機制議定書》提出案件。[166] 此現象顯示,當東協內部的機制出現管轄權重疊的時候,東協成員國偏好國際仲裁,這也凸顯出《東南亞友好合作條約》的先天弱點。主要原因是《東南亞友好合作條約》處理的事務極具政治性,且該協定缺乏強制管轄權規範和詳細的程序性事項。[167] 東協成員國唯一一次考慮利用東協爭端解決機制的案例,發生於印尼及馬來西亞針對西巴丹島和利吉丹島的爭端。當時的印尼政府欲將該爭端提交給《東南亞友好合作條約》解決。[168] 然而,由於馬來西亞與其他鄰國也有發生領土爭端,且擔心東協成員國的公正性,因而拒絕印尼的提議。[169] 印尼和馬來西亞之後同意將案件提交至國際法院解決。

不同於《東南亞友好合作條約》具有的政治本質,《東協強化爭端解決機制議定書》是為了解決東協內部因為東協經濟共同體協議所產生之經濟爭端。此議定書不但具有詳細的程序規範,也將 WTO 體系作為爭端解決機制藍本,建立了爭端解決小組及上訴機構。[170] 此外,《東協強化爭端解決機制議定書》也採用 WTO 模式,使資深經濟官員會議具備類似於 WTO 爭端解決機構的功能,以負面共識決方式採認東

協爭端解決小組及上訴機構的報告。[171]WTO 的爭端解決機制和《東協強化爭端解決機制議定書》兩者的主要差異在於，判決程序各個階段所需的時間不同。[172]

2019 年時，東協國家同意將非違反協定的控訴，排除於《東協強化爭端解決機制議定書》的適用範圍，以確保體系的可預測性。[173]這項改變使得《東協強化爭端解決機制議定書》與東協加一協定的相關規定趨於一致，卻與 WTO 爭端解決產生了實質差異。[174]目前 WTO 協定允許提出非違反協定的控訴，WTO 會員只要能證明一項措施的利益無效或受到損害，即可提出開啟爭端解決程序，質疑系爭未違反協定的措施之正當性。[175]

雖然《東協強化爭端解決機制議定書》比起 WTO 的爭端解決機制，可能較節省成本且地點更為便利，但東協國家卻仍偏好後者。第一宗東協成員國的 WTO 控訴案，即是由新加坡對馬來西亞提起的案件，該案件也在諮商階段就順利獲得解決。[176]後來菲律賓和泰國之間的菸草案件，則一路上訴到 WTO 的上訴機構。[177]一般認為，東協國家的行為顯示出其較信任 WTO 的組織架構和法律體系；亦有學者認為這種趨

勢可能顯示出東協區域主義法制化的弱點。但是本書持不同
看法。本書認為,《東協強化爭端解決機制議定書》被視為
爭端解決的「備案」,實則強化了不同層面爭端解決機制的
實質整合,進而鞏固了國際經濟法的穩定性。

　　值得注意的是,民粹式的孤立主義正威脅著 WTO 體系。
有鑑於當今 WTO 上訴機構處於危機之中,未來《東協強化
爭端解決機制議定書》將可能成為東協國家更願意選擇使用
的爭端解決機制。由於美國川普政府杯葛上訴機構任命成員
(法官),導致 2020 年最後一位法官卸任後,[178] 無法滿足在
審理訴訟時至少有 3 位成員做成決議的要求,使得上訴機構
的實質功能被凍結。在如此情況下,WTO 成員可以僅透過上
訴,以「抵制」對其不利的小組決議。因此,在「東協經濟
共同體 2025 年藍圖」之下,《東協強化爭端解決機制議定書》
可以「促進以規則為基礎的共同體」。[179]

2、數位貿易及電子商務

　　在新亞洲區域主義中,數位貿易對於跨國企業和微型
及中小型企業皆不可或缺。對開發中國家而言,工業化不能
再僅僅依靠勞力密集的製造業,因為先進國家的科技發展可

以使它們的產品更有價格競爭力。[180] 電子商務現在是經濟成長的關鍵要素,並同時涉及跨境資料傳輸和資料保護的多方要求。歐盟的《一般資料保護規範》(General Data Protection Regulation, GDPR)和 CPTPP 都強調資訊規範的重要性。[181] 2019 年,WTO 成員(包括 6 個東協國家)亦共同支持開啟電子商務相關的 WTO 貿易談判。[182]

目前東協具有 3 億 6,000 萬名網路使用者,其網路經濟在 2019 年已達到 1,000 億美元的規模,並預期至 2025 年成長 3 倍。[183] 東協經濟共同體把強化連結性的重點放在電子商務,視數位整合為全球第四次工業革命的第一順位。[184] 東協在電商機制上亦遵守漸進整合的策略,以架構方式為低度開發國家保留了政策空間。東協國家於 2020 年制定的《東協電子商務架構協定》(2020 e-ASEAN Framework Agreement),旨在鼓勵東協成員國通過相關國內法律來促進電子商務活動。[185]

根據該架構協定及「東協經濟共同體 2025 年藍圖」的策略性措施,東協領袖們於 2018 年訂立了《東協電子商務協定》(ASEAN Agreement on Electronic Commerce),要求成員國拓展無紙化貿易、認可電子簽章的效力,並提供電子商務中消

費者權益及個資的保護。[186] 不過,《東協電子商務協定》並未針對幾個較有爭議的規範提出強制性要求。例如關於電子資訊傳輸及限制資訊服務設備在地化的要求,該協議准許成員國在基於「正當公共政策」及「符合(國家的)相關法律和規範」不予適用的例外。[187] 此外,金融服務亦不在適用範圍內。[188]

在 2019 年 11 月柬埔寨通過電子商務法律後,所有東協國家現在都已完成相關立法工作。[189] 由於各國國內法律的保障程度十分分歧,東協成員們應進一步調和彼此國內規範,使國家能履行其在不同貿易協定下應盡的義務。[190] 我們也需要留意到《東協電子商務協定》僅授予柬埔寨、寮國和緬甸有較長的實施期間。[191] 亦即在這項協議中,越南已從可適用特殊及差別待遇的低度開發國家中「畢業」。

3、縮短發展差距

除了電子商務對發展極為關鍵以外,東協處理其內部各成員國發展落差的作法,也可以成為南方區域主義的寶貴借鏡。東協中 6 個發展程度較高的成員國與柬寮緬越之間的經濟差距,依然是東協經濟共同體在整合時面臨的挑戰。「東協經濟共同體 2025 年藍圖」即強調《東協整合倡議》(Initiative

for ASEAN Integration, IAI）對於縮短發展差距的重要性。[192]
《東協整合倡議》第 3 階段的工作計畫，是建立於先前的
IAI 計畫之上，涵蓋 2016 到 2020 年的行動與策略領域。
其中，貿易便捷化更是實施東協經濟共同體協定的關鍵。[193]
該倡議目前已進入下個 5 年的第四階段工作計畫。

　　新加坡身為東協內最先進的經濟體，已透過向柬寮緬越
提供英語訓練課程和貿易便捷化，來推動《東協整合倡議》
計畫。[194] 其他能力建構方案包括歐盟對於東協貿易儲存庫提供
的協助、美國的東協單一窗口計畫，及日本提供柬寮緬越財
務支援以增加這些國家官員在東協秘書處的相關工作經驗。[195]
這些國家的參與代表了他們對東協的承諾。然而，未能有效
整合的《東協整合倡議》計畫，其實際效果受到質疑。主要
問題是外國單方面實施計畫，且計畫主持人僅有舉辦非正式
會議以交換資訊，卻未與其他計畫進行協調，以減少各項計
畫疊床架屋的情況。[196]

　　為了彌補上開不足並提供高於 WTO 標準的發展協助，
本書建議可以根據《巴黎援助成效宣言》（Paris Declaration
on Aid Effectiveness）合併《東協整合倡議》下的計畫，減少

計畫的成本，並提供需求導向的諮詢性協助，以利於東協經濟共同體的運作。另外，必須透過整合東協及其他國家提供的發展援助，以納入東協中心性原則，而東協秘書處也應協調並監督各項計畫的執行。整合措施可幫助東協實現聯合國永續發展目標，強化「南北、南南及三方合作」，藉此重振全球夥伴關係。[197] 加強東協經濟共同體架構中的貿易及發展的連結，亦可形塑 NREO 的法律發展。

IV 全球東協議程下的外部協定

東協經濟共同體法制化及東協法律的發展，包括了東協的內部協定和外部協定，這些協定也鞏固了新亞洲區域主義的法律基礎。「東協經濟共同體 2025 年藍圖」的目標是透過強化東協加一協定與 RCEP，達成東協全球經濟議程，以此確保東協在新亞洲區域主義的中心地位。[198] 由於這些協定都具有類似的規範及結構，不僅可加強全球生產網路，並可作為其他 FTA 的參考模型。

表 2.1 東協的外部經濟協定[199]

外部參與國	· 東協加一協定
中國	· 架構協定（2002） · 貨品貿易協定（2004） · 爭端解決機制協定（2004） · 服務貿易協定（2007） · 投資協定（2009）
日本	· 架構協定（2003） · 全面經濟夥伴協定（2009） · 第一議定書，修正協定以納入服務貿易、自然人移動及 　投資章節（2019）
印度	· 架構協定（2003） · 貨品貿易協定（2009） · 爭端解決機制協定（2009） · 服務貿易協定（2014） · 投資協定（2014）
南韓	· 架構協定（2005） · 爭端解決機制協定（2005） · 貨品貿易協定（2006） · 服務貿易協定（2007） · 投資協定（2009）
澳洲及紐西蘭	· 自由貿易協定（2009）
香港	· 自由貿易協定（2017） · 投資協定（2017）
中國、日本、 南韓、澳洲及 紐西蘭	· 區域全面經濟夥伴協定（RCEP，2020）

　　如表 2.1 所示，東協已與 7 個亞太地區經濟體締結了 6 個東協加一協定。除了東協與澳洲、紐西蘭和香港的協定之外，其他東協加一 FTA 都反映了務實漸進主義，並採行逐步整合的策略。西方國家習慣將新自由主義的內容全部涵括於單一協定之中，但是大多數的東協加一協定並非如此，而是採用「堆積木」（building blocks）架構逐漸形成共識。此種方式為具有高度政治敏感的貿易協定提供了範本，例如海峽兩岸的貿易協定。[200]

　　雖然澳洲和紐西蘭很早就與東協展開 FTA 談判，但中國大陸在 2002 年成為第一個與東協訂定協定的國家。[201] 東協與中國大陸、日本、印度及南韓的協定都採取相似模式，亦即將協定建立在雙邊架構協定之上。在 WTO 法律之下，架構協定可以理解成「過渡協定」（interim agreement），目的是為日後完成完整的 FTA。[202] GATT 第 24 條規定過渡協定「須包含計劃和時程，並在合理的期間內完成 FTA」。[203] 至於完成的期間，WTO 規定「只有在特殊情況下可以超過 10 年」，[204] 但是 WTO 並未定義何種情況可以構成「特殊情況」，且亦未規範 FTA 的全面性程度。

　　東協與中國大陸的 FTA，可說是亞洲最重要的南南協定。過去 10 年間，雙邊貿易量成長了 3 倍，且於 2019 年，東協首度取代美國，成為中國的第二大貿易夥伴。[205] 由東協與中國的協定可以看出，架構協定不僅要求在 10 年內建立完整的 FTA，更需要納入具體執行議程以完成其他協定的簽署。[206] 該架構協定也包含了立即開放貨品貿易的「早期收穫計劃」（early harvest program），使參與國家可以在完成其他協定的談判前，即享有貿易優惠。[207] 當中國與東協陸續簽訂了貨品貿易、爭端解決機制、服務及投資等雙邊協定後，全面性的東協與中國 FTA 終於 2010 年正式上路。

　　東協加一協定類似於東協經濟共同體協定，自由化過程也考慮了柬寮緬越的發展需求，使一般性及敏感性類別的貨品能有不同的關稅減讓或取消時程。[208] 例如東協加一 FTA 的關稅取消時程，提供柬寮緬越 4 國自協定簽署後 10 至 18 年不等的過渡期。[209] 東協外部 FTA 的原產地規則，亦與《東協貨品貿易協定》的原產地規則達成一致。東協與中國的 FTA《升級協議》（Upgrading Protocol）修改了原本的原產地規則並於 2016 年生效。[210] 目前除了東協與印度 FTA 保留最多的原產地規則限制外，所有東協加一協定的原產地規則都與

《東協貨品貿易協定》一致，採取彈性的「相互平等規則」（co-equal rule），業者可選擇遵守 40％的稅則分類變更（CTC）或區域產值含量（RVC）。[211] 統一原產地規則大幅解決了亞洲麵碗效應，並促進新亞洲區域主義中商業友善的 FTA 發展。

對於東協經濟共同體協定遵循漸進整合的方法，認同支持歐美貿易協定談判模式和新自由主義觀念的論者，可能會認為東協方式僅帶來不完整、碎裂化以及自由化承諾程度較低的協定。但是東協內部和外部協定的發展，推翻了這樣的假設。規範服務自由化的法律架構就是個明顯的例子。

東協與中國、南韓的協定類似於《東協服務業架構協定》，皆針對服務貿易的承諾採用漸進包裹的方式處理。東協與中國 FTA 的第一項包裹，包含部分低於 WTO 的《服務貿易總協定》承諾標準，但第二項包裹就大幅將承諾標準提升至高於 WTO 承諾。[212] 架構協定的方式促進雙方共識的形成，使東協加一 FTA 成為「有生命力」的協定。在 2019 年議定書修正了東協與日本 FTA，藉此納入服務及投資的條款後，所有東協加一的協定皆具有完備的內容。下一章將會詳盡分

析東協協定的演進，以及如何促成 RCEP 的簽訂。

V 結論

1967 年東協的建立，預示了亞洲整合的世代；2015 年東協經濟共同體的成立，更進一步象徵自杜哈回合之後，新亞洲區域主義發展的里程碑。本章檢視了東協經濟共同體法律架構的最新狀態，並解釋以務實漸進主義為基礎的東協方式法制化，以及其如何發展為異於歐盟經驗的 NREO，建立起規範性架構。

本章特別闡述了東協協定下逐步漸進的機制，包括了《東協貨品貿易協定》、《東協服務貿易協定》和《東協全面投資協定》以及東協加一協定。整體而言，這些協定使得東協方式從政治概念，轉型為法律概念，同時施加軟法及硬法義務。此外，協定的發展也展現出在水平合作的基礎上，促成承諾的逐步整合。因此，東協經濟共同體為南方世界整

　　合提供可資參考的模式，而東協中心的機制則為新亞洲區域
主義奠定必要的法律基礎。

參

簽署
RCEP 之里程碑

I 簡介

2020 年 11 月，15 個亞太地區國家在線上高峰會締結了《區域全面經濟夥伴協定》（RCEP），成為全球經濟規模最大的自由貿易協定[01]。如圖 3.1 所示，RCEP 的國內生產毛額，占了全球的 30％，超越所有現存的貿易協定，如《美墨加協定》（USMCA）和「太平洋聯盟」（Pacific Alliance）[02]。RCEP 覆蓋了 22 億人口與全球 40％的併購與收購案，經濟規模相當於歐盟加上《跨太平洋夥伴全面進步協定》（CPTPP）的總和[03]。RCEP 突顯出南方世界勢力在全球貿易治理中的關鍵角色。這個巨型的 FTA 也標誌著新亞洲區域主義在歷史上的里程碑，展現了亞洲國家對西方民粹式保護主義的集體回應，並加速亞洲於後新冠肺炎疫情時代的經濟復甦。

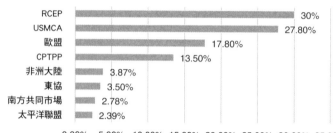

圖 3.1 貿易集團：全球 GDP 占比 [04]

RCEP	30%
USMCA	27.80%
歐盟	17.80%
CPTPP	13.50%
非洲大陸	3.87%
東協	3.50%
南方共同市場	2.78%
太平洋聯盟	2.39%

0.00%　5.00%　10.00%　15.00%　20.00%　25.00%　30.00%　35.00%

　　從規範的角度來看，RCEP 在第三波區域主義中形塑了「新區域經濟秩序」（NREO）的樣貌。NREO 有別於 1970 年代南方國家主導的「新國際經濟秩序」（NIEO），並相當程度取代了戰後主導經濟秩序且代表北方霸權的華盛頓共識。透過新依賴理論的觀點，將更能理解 RCEP 的意義。影響 NIEO 的古典依賴理論認為，北方與南方間的新殖民關係造成開發中國家的發展程度低落[05]，古典依賴理論還預測南方會永久處於開發程度不足的狀態，原因是國際貿易只會加劇南方對北方的依賴[06]。然而亞洲四小龍和中國大陸的經濟發展情形，早已否定了這種預測。

　　為補強前人理論的缺失，新依賴主義學者主張依賴和發展是可以同時併存[07]。更具體來說，依賴狀態是動態的，例如

部分開發中國家即利用依賴型的資本主義追求出口導向的成長，改變了自己與北方國家之間的關係。[08] 雖然新依賴理論主要以第二波區域主義中臺灣和南韓的發展為例，但該理論亦可應用到第三波區域主義。其中東協是最值得研究的案例。「東協加六」的架構為新依賴理論帶來新的實證價值，尤其是簽訂 RCEP 後，亞洲開發中國家的經濟和規範制定能力獲得有效提升，這些國家的集體力量可使他們跳脫發展不足的困境。在世界貿易組織（WTO）陷入僵局和美國影響力消退之際，RCEP 更賦予這些國家機會，藉以填補美國日益式微的領導地位，並引領 NREO 成長。

　　因此，我們應客觀地解讀 RCEP，不應盲目套用美歐中心觀點的區域主義。[09] 在本章中，本書首先澄清有關 RCEP 巨型自由貿易協定的三大迷思。第一，RCEP 一直被誤解為是由中國大陸領導的貿易協定。[10] 這個狹隘的看法，多來自於西方媒體及學者將 RCEP 放在中美對峙的脈絡下解讀，而忽略了 RCEP 對區域和多邊貿易體系的影響。事實上，RCEP 是由東協 10 國發起並領導談判的。[11] 雖然我們不能忽略中國在其中扮演的角色，但包括中國在內的 RCEP 成員，都認同 RCEP 的目的在加強「區域架構內的東協中心性」。[12] 歐盟的

規範性權力常被稱為「布魯塞爾效應」（Brussel Effect），而推動新亞洲區域主義的則是以「東協加六架構」為基礎的「東協效應」（ASEAN Effect）。[13]RCEP 促成「東協方式」從軟法義務轉型為硬法規範，同時又兼具有結構上的彈性。

第二，自 RCEP 開啟談判以來，RCEP 就被認為是低品質的 FTA。[14]在 RCEP 談判完成後，RCEP 會員國領袖們公開宣告 RCEP「是現代、全面、高品質且雙邊互惠的協定」時，外界大多把這樣的宣示當作是政治術語。[15]大部份對於 RCEP 的批評，都是根據和《跨太平洋夥伴協定》（TPP）或 CPTPP 相互比較而來的結果，因為這兩項協定都納入了高標準規範，以及與勞工、環境保護等以價值為基礎的相關承諾。對於 RCEP 的負面評價，忽略了區域主義中兩種互補的策略：垂直策略追求創新且高標準的規範，但較少國家願意接受；而水平策略強調將超越 WTO 標準的規則加以多邊化，使更多開發中國家願意遵守這些規範。CPTPP 依循著垂直策略，而 RCEP 是水平策略的代表。根據預測，CPTPP 及 RCEP 到 2030 年時，將分別使全球年收入增加 1,470 億及 1,860 億美元。[16]因此，我們不應小覷任何一種區域主義策略。

　　本書認為 RCEP 是現行貿易規則遵循者，它不追求「發明」歐美 FTA 中沒有的規則。然而，RCEP 的成員組成和經濟規模將會使「西方」規則轉換為「亞洲」規則，並且對全球帶來重大影響。舉例來說，光是 RCEP 整合原產地規則，就能立即對亞洲企業產生實質效益。東協發展內部及外部 FTA 所依據的務實漸進主義，亦可使 RCEP 規定不斷演進，讓它成為「有生命力的協定」。

　　最後，儘管 RCEP 鞏固了成員間的 FTA 網路，但也可能加劇貿易破碎化。從締結 FTA 的觀點來說，RCEP 讓日本成為贏家，因為日本目前並沒有和中國、南韓與紐西蘭簽訂任何雙邊 FTA。[17]RCEP 填補了這個空缺，並且成為如中日韓 FTA 等後續協定的談判基準。儘管 RCEP 有這些優點，評論者仍直言亞洲整合被「亞洲麵碗」效應拖累，因為不同 FTA 間複雜且分歧的原產地規則，將限制協定的使用率。[18]在實務上，亞洲麵碗效應亦影響到其他領域，包含服務、投資法規與爭端解決機制。

　　理想的解決方式是讓 RCEP 取代成員內部的 FTA 和雙邊投資協定（BIT）。澳洲、紐西蘭和新加坡在 TPP 的協商中

都倡導這種重新開始的方式。[19] 然而不論是 CPTPP 或 RCEP，都無法取代成員國之間的現存協定。RCEP 亦不斷重申，參與國希望 RCEP 能與其他已生效的協定並存。[20] 雖然 RCEP 無法在法律上徹底解決亞洲麵碗效應，但可以在實務上降低貿易碎裂性的問題，亦即企業可優先採用 RCEP，而非其他的協定。

本章將說明 RCEP 的演進過程，並解釋為何該巨型 FTA 是新亞洲區域主義的里程碑。本章亦將檢視 RCEP 如何整合東協和中國的法律及政治議程，以及解釋印度在 2019 年退出 RCEP 談判的原因。[21] 本章也將說明 RCEP 在整合原產地規則、服務承諾以及較無強制力的條文（如投資保障、政府採購和電子商務）中扮演的角色，並將 RCEP 與如東協加一 FTA 和 CPTPP 等當代協定，進行比較分析。最後，本章會評估 RCEP 對區域和全球貿易體系的整體影響，特別是協定重疊造成的規範性衝突和 RCEP 秘書處的制度化，對於國際貿易法的發展具有重要意義。

II 亞洲國家之法律及政治議程

　　經濟重心轉移至亞洲是第三波區域主義最顯著的特色。預計到 2050 年，亞洲將佔全球 GDP 的 52％，屆時亞洲將再次擁有 18 世紀工業革命前曾經擁有的強勢經濟地位。[22] 中國大陸、日本、東協和印度現在已名列世界前 6 大經濟體。[23] 中國大陸若從新冠肺炎疫情復甦，其將可能在 2028 年取代美國第一大經濟體的地位，[24] 印度和東協也會分別成為全球第 3 和第 4 大經濟體。[25]

　　在 1990 年代，「亞太經濟合作會議」（APEC）的發展增強了亞洲區域主義的發展。然而由於 APEC 在制度上的缺陷，自「茂物目標」設定在 2020 年達成「亞太地區自由且開放的貿易及投資」後，即缺乏更多重要的突破。[26] 亞洲金融風暴讓亞洲領袖對美國主導的全球金融機構失望之餘，促使他們建立「東協加三」架構以維持貨幣穩定。[27] 往後的全球金融風暴更進一步加速了亞洲整合，以東協為主的架構發展為「東協加六結構」，形成亞洲 FTA 網絡的規範性基礎。

A、東協中心性

　　東協並不被視為傳統意義的強權。歐洲整合是起因於法國和德國的合作，但東協中心性卻是因為中國和日本的相互對峙，使東協為主的架構成為新亞洲區域主義的共識。自明治維新以後，中日一直是亞洲的區域強權，從第三波區域主義開始，兩國也競爭著亞洲的經濟領袖地位。當 2001 年東亞願景團體（East Asian Vision Group）提出「東亞自由貿易區」（East Asian Free Trade Area, EAFTA）的概念，[28] 因為此構想建立於「東協加三架構」之上，故中國偏好此提案

　　日本則在 2006 年提出替代方案，稱為《東亞全面經濟夥伴協定》（Comprehensive Economic Partnership for East Asia, CEPEA），將之前 EAFTA 的成員國延伸至東協加六的參與國。[29] 日本支持 CEPEA，是因為印度、澳洲和紐西蘭可以制衡中國的影響力，且可透過此協定強化日本的福田主義（Fukuda Doctrine）政策，深化與東協的聯繫。[30] 同一時間，APEC 的「亞太自由貿易區」（FTAAP）提案以及歐巴馬政府預計加入 TPP 談判，在在使得亞洲區域主義的路徑更趨複雜。[31]

2009 年，東亞高峰會的領袖要求各國官員評估 EAFTA 和 CEPEA 兩提案，而這兩個提案也隨後併入一項中日聯合「倡議」之中。[32]到了 2011 年，東協為了加強東協中心性，避免被邊緣化，提出東協版本的 FTA 模式，此模式就是 RCEP，並成為通往 FTAAP 的可能路徑之一。[33]東協的 RCEP 架構強調，這個巨型 FTA 是由東協所主導。[34]東協亦列出 RCEP 的主要原則，包括納入「開放性條款」和提供給東寮緬越的「特殊與差別待遇」。[35]

依據後續的「RCEP 談判指導原則與目標」（Guiding Principles and Objectives for the RCEP），東協加六的各國領袖同意合併 EAFTA 和 CEPEA 兩倡議，並利用 RCEP 改進現存的各項東協加一 FTA。[36]16 位領袖於東亞高峰會公布 RCEP 計劃之後，談判隨即自 2013 年啟動。[37]然而在 2015 年由於成員的發展程度分歧，且各國優先考慮事項相互衝突，無法在原先預定的期限內簽訂 RCEP。[38]TPP 反而在美國領導下快速發展，使 RCEP 相形見絀。當 2016 年締結 TPP 時，RCEP 參與國的進度還在討論市場准入承諾，還未起草協定內容。[39]

川普總統的「美國優先」政策卻改變了整個局勢，他在

2017 年決定讓美國退出 TPP，使亞太地區國家的重心再次回歸 RCEP。新的 CPTPP 談判和中美貿易戰加速了 RCEP 進程，在經歷 30 回合的談判和多次部長與領袖會議後，RCEP 參與國終於在 2020 年簽訂這個含有 20 個章節及相關附錄的巨型 FTA。[40] 面對新冠肺炎造成的嚴重經濟衰退，RCEP 代表了亞洲國家對重振貿易的制度性回應。

對東協來說，透過 RCEP 可將東協經濟共同體更融入於全球經濟，以達到「東協經濟共同體 2025 年藍圖」設定的「全球東協」目標。[41] 從 2002 到 2017 年間，東協與中國、日本、印度、南韓、香港、澳洲及紐西蘭簽訂了六項東協加一 FTA。[42] 東協加一 FTA 的修訂及升級版談判，呈現出東協方式的務實漸進主義。[43] 這些 FTA 發展的經驗也意味著 RCEP 將會持續進步，我們不應依其現況而低估它的發展。

RCEP 提供了整合亞太 FTA 以及在區域架構中提升東協中心性的法律基礎，並為新亞洲區域主義提供「東協共識」，而非一昧遵循華盛頓共識或北京共識。依照新依賴理論的推定，RCEP 將使南方國家在強化貿易與發展的連結和重塑南北新關係上，取得一定的集體領導地位。

B、中國大陸：RCEP最龐大的經濟體

自鄧小平的經濟改革開始，中國大陸已在國際舞台上躍升為新興強權[44]。現在美歐將中國視為「強勁的競爭者」或「全面性對手」，不僅是因為中國的經濟和工業表現突出，更是因為中國在發展上提倡重商主義和列寧主義模式[45]。北京的作法挑戰了西方在開發中國家的主導地位，且有別於新自由主義以民營企業為本的市場經濟，中國大陸的策略是結合極權治理與國營事業的大規模基礎建設投資[46]。而 RCEP 和中國 FTA 的發展，都顯示中國大陸對於許多如人權、永續發展等與價值相關的考量，是與其貿易協定和經濟政策「脫鉤」的。

中國大陸身為最大的 RCEP 經濟體，法律和政治的考量使其對此巨型 FTA 大力支持。首先，因為「政權正當性的首要考量為治理的權力」，中國共產黨的權力並非來自民主授權，而是來自於中國大陸的經濟表現[47]。中國領導階層追求的是一種「雙層賽局」——如同中國大陸加入 WTO 的原因，中共當局傾向將 FTA 的國際承諾內化到國內，如此可以確保國內經濟改革的成功[48]。RCEP 可讓中國的中央政府逐步加強對國內產業的外部壓力。儘管 RCEP 受到的批評聲浪不少，但

我們也不應忽略一個事實，亦即 RCEP 是中國首次採納較自由的負面表列投資承諾，且同意資料跨境傳輸並禁止資料在地化的規範。[49]

中國的「十四五規劃」（2021 至 25 年）及 2035 年願景，都提倡「雙循環」的發展策略。[50]依照中國國家主席習近平的說法，所謂的「雙循環」發展策略，就是中國大陸將利用「超大規模市場優勢和內需潛力，構建國內國際雙循環相互促進的新發展格局」。[51]雙循環策略的目的是為了刺激國內消費和需求，彌補當前出口導向經濟的弱勢，以及應對由中美貿易戰和新冠肺炎疫情造成的經濟衰退。RCEP 將成為中國國內重建的動力，對於振興國內生產力與消費力至關重要。

其次，中國在全球法規制定中，已從被動參與轉為主動參與的國家。習近平為毛澤東後世代最具權力的領袖，將鄧小平的「中國特色社會主義」觀念發揮到極致。根據習近平「中華民族偉大復興的中國夢」，中國將建設「優於資本主義的社會主義」，並在全球追求「主導地位」。[52]2013 年開始實施的一帶一路倡議即是最為人知以實現中國夢的政策。[53]一帶一路倡議主要指絲綢之路經濟帶和 21 世紀海上絲綢之路。

「一帶一路倡議」的法律基礎並非硬性的條約，主要是以軟法為本的機制。[54]

實施一帶一路倡議需要更多制度性支持以及硬法協定，中國領導的亞洲基礎設施投資銀行（Asian Infrastructure Investment Bank, AIIB）即是以一帶一路倡議為中心所成立的組織。AIIB 提供建造基礎建設使用的優惠利率貸款，促進中國產品、資金和勞工的出口，藉此滿足亞洲國家的基建需求，這也是美國主導的國際金融機構尚未做到的事。由於 AIIB 成員國包含除了日本以外的所有 RCEP 成員國，因此該銀行將成為一帶一路倡議和促進 RCEP 金融的奠基石。[55]

在 2015 年，中國國務院採用一帶一路倡議作為中國 FTA 的指導原則。[56]十四五規劃也宣示追求以一帶一路倡議為主的發展計劃和「高標準的 FTA 網絡」。[57]除了 FTA 之外，中國近期的雙邊投資協定也加入更多如投資保障的全面性規範。[58]RCEP 和《中歐全面投資協定》於 2020 年完成談判，也代表一帶一路倡議的實質成果。特別是 RCEP 加強了中國在國際立法中的話語權，並透過展現多邊主義和自由貿易的方式反對美國的保護主義。[59]

最後，RCEP 加深中國與東協的合作，同時削弱美國在亞洲的霸權。RCEP 在本質上可說是中國版的門羅主義（Monroe Doctrine），可用以對抗美國印太戰略，並使東協國家在中美對抗的格局下傾向北京。值得留意的是，中國是第一個締結東協加一 FTA 的東協對話夥伴，且於 2019 年升級該協定內容。[60] 東協和中國作為亞洲經濟體的龍頭，目前也是彼此最大的貿易夥伴。[61] 持續進步的東協與中國 FTA 既是現今最關鍵的南南 FTA，也將提供 RCEP 寶貴的經驗。中美衝突預期在拜登總統任期內仍會持續，而東協與中國 FTA 和 RCEP，可鞏固中國在亞太區域內的政經勢力。

C、印度退出 RCEP

印度曾是 RCEP 的談判參與國，但在 2019 年決定退出談判，退出的決定表徵著「最高層級的政治表態」。[62] 印度莫迪總理表示，「不論依照甘地的自力更生政策或是他自己的想法」都不支持印度參與 RCEP。[63] 實際上，印度對 WTO、東協和中國的態度影響了其對 RCEP 的政策。自 2017 年起，印度每年的貨品貿易逆差超過 1,600 億美元，[64] 強韌的服務業雖為印度貢獻了服務盈餘，但僅能彌補貨品貿易中 53.9％的逆差。[65]

　　為保護國內農業，印度在其 WTO 關稅減讓承諾當中，針對農產品進口採取極高的「約束關稅稅率」，目前對進口農產品的平均關稅稅率高達 32.7％。[66] 印度在 WTO 提倡勞工移動自由化，也就是深化各會員在 WTO《服務貿易總協定》中模式四的承諾，[67] 藉此促進輸出印度資訊科技相關的專業服務。對於印度退出 RCEP 談判的決定，不應將其視為反對東協的政策。事實上，印度是東協的第 6 大貿易夥伴，且相當支持東協中心性，並強調雙邊經濟關係的重要性。[68]「東協印太展望」（ASEAN Outlook on the Indo-Pacific）也象徵著東協想要進一步與印度合作的意願。[69]

　　1990 年代印度的「東望政策」，旨在強化與東亞的經濟連結，以彌補印度政府之前所忽略的區塊。此政策因此促成了 2003 年東協與印度的《架構協定》，以及印度與泰國、新加坡和馬來西亞簽訂的 FTA。[70] 然而在東協與印度的貿易協定中，印度的農產品大多仍未自由化，不是被排除承諾就是列入敏感清單。[71] 一直到《架構協定》簽訂的 11 年後，也就是 2014 年才進一步簽訂雙邊服務與投資協定。這些發展都表明了印度的保守立場。[72] 實際上，印度雙邊協定的服務承諾無法達成超過其在 WTO《服務貿易總協定》的承諾標準，相

互承認協定的進展也很有限。[73] 目前印度僅占東協貿易總量的 2.9％，[74] 隨著 FTA 使貿易赤字加劇，加上有限的服務貿易出口量，莫迪政府因此誓言不再於 RCEP 談判中「重蹈覆轍」。[75]

莫迪於 2014 年宣布新的「東進政策」，目標是採取更多具體行動，以重振印度與亞洲夥伴的經濟關係。事實上 RCEP 對於印度政府的東進政策是利大於弊，[76] 特別是可協助推動「印度製造」的經濟戰略，使印度轉型為全球製造樞紐。[77] 有別於印度領袖悲觀的看法，實證研究指出 RCEP 可為印度帶來驚人的所得效果。印度加入 RCEP 的獲益高達 600 億美元，然而退出該協定則會造成 60 億美元的損失。[78]

除了上述原因外，另有其他原因造成印度反對 RCEP。若扣除柬埔寨、寮國、緬甸和菲律賓，印度對所有 RCEP 參與國的貿易逆差超過 1,000 億美元。[79] 印度主要的顧慮，可能是來自澳洲和紐西蘭的低價乳製品及中國的工業產品。[80] 目前印度對中國存在 530 億美元的貿易逆差，且邊境爭端造成印度士兵死亡，使得印度在政治上更難以接受與中國同時成為 RCEP 會員國。[81]

　　印度根據它在 WTO 及東協與印度 FTA 所獲得的經驗，有意透過關稅減讓以換取印度進入其他國家服務市場的機會，可是 RCEP 成員的服務承諾卻使印度感到失望。在談判過程中，印度提議根據三種國家類型，分別承諾給予 RCEP 成員 42.5％至 80％不等的關稅減讓，[82] 但 RCEP 參與國拒絕此項提議。RCEP 參與國另外拒絕了兩項印度提出的要求：印度不適用投資的最惠國待遇規定、以及印度將啟動「自動觸發機制」以因應超乎預期的貨物進口量。[83]

　　對澳洲、中國和紐西蘭來說，莫迪的決定代表這些國家喪失與印度建立 FTA 的機會。在 2020 年簽訂 RCEP 時，RCEP 成員國的部長們寫入一項宣言，表示「他們具有強烈的決心，要讓印度重新參與 RCEP」，並授權印度可在加入之前先以觀察員身分參與 RCEP 會議。[84] 儘管做了這些努力，但目前看來，印度在短期內不會改變對於 RCEP 的保守態度。

III RCEP 之優勢及劣勢

目前 RCEP 成員國之間共訂立了 30 項 FTA，覆蓋彼此國際貿易量的 83％。[85] 通常評估 RCEP 對於亞洲整合的效益的方式，是將其與「高標準」的 TPP 或 CPTPP 相比較。但這種比較方法並不適當，因為所得出的結論往往忽視了 RCEP 的重要性，特別是忽略 RCEP 的經濟規模對於 FTA 發展的影響。舉例來說，RCEP 在競爭、電子商務、政府採購及智慧財產權等四個領域，相當程度地改善了東協加一 FTA 的規範。[86]

由於 15 個參與國的經濟狀況各不相同，RCEP 追求的是實用主義而非完美主義。如下表 3.1 所示，CPTPP 對國營事業、勞工和環境保護、反貪污及投資人與地主國爭端解決（ISDS）等領域的重要規範，在 RCEP 皆付之闕如。RCEP略過這些敏感領域，反映出它需要在「全面性」以及「國家的規範主權」之間求取平衡。這點和當代歐美的 FTA 相當不同。RCEP 採取「先簽約再談細節」的策略，其實已深植於亞洲的法律文化內，與西方的法律文化大相徑庭。

表 3.1 RCEP 與 CPTPP 之比較[87]

	RCEP	CPTPP	備註
狀態	2020 年簽訂	2018 年簽訂並生效	2016 年簽訂 12 國 TPP
成員國數量	15 個 印度於 2019 年 退出	11 個 美國於 2017 年退出	7 個共同成員國： 澳洲、汶萊、日本、 馬來西亞、紐西蘭、 新加坡、越南
全球貿易占比	28%	15%	
全球人口占比	30%	7%	
協定內容	20 個章節	30 個章節	RCEP 未涵蓋的 CPTPP 領域：國營 事業、勞工、環境、 反貪汙、ISDS
欲加入之國家 ／經濟體	香港	英國、中國大陸、 臺灣、厄瓜多	

A、漸進關稅自由化及貿易便捷化

關稅稅率減讓的程度，為 RCEP 的品質提供關鍵參考指標。CPTPP 預期最終會導向 99％的關稅取消，而 RCEP 的目標是讓成員國間 92％的貨品貿易免稅。[88] 目前東協與日本 FTA、東協與南韓 FTA、東協與中國 FTA 和東協與澳紐的 FTA 的平均關稅取消範圍介於 92.8％至 95.7％，由此可見 RCEP 的關稅減讓並不如這些東協加一 FTA 顯著。[89]

1、排除適用及延長逐步適用期限

RCEP 談判過程中，農業和汽車產品一直是最困難的議題。[90]為此，RCEP 透過排除這些敏感貨品或延長這些貨品降稅期限的折衷作法，取得了妥協。東協出口的食品中有 39％仍適用關稅，日本亦將保有目前針對牛肉、乳製品、糖、豬肉、米和小麥的關稅，而這些產品在 CPTPP 中皆已免稅。[91]關稅減讓的逐步適用期限，可以使各國的國內產業更容易採取必要的調整和升級措施。前述 4 個東協加一 FTA 就給予柬寮緬越等國額外的彈性，讓特定產品自協定批准日起，有 10 至 18 年的關稅取消緩衝期。[92]RCEP 的彈性更大，逐步適用期限可延長到 20 年或以上，且適用於柬寮緬越以外的參與國。[93]

從企業的角度來看，RCEP 成員國對進口商品免稅待遇的關稅承諾和時程極為重要。對日韓的汽車製造商而言，中國大陸的市場非常關鍵，但中國在承諾表上註明了「U」，代表它對目前大多數進口汽車實施的 25％關稅沒有做任何承諾。而汽車零件部份，中國僅承諾從第一年開始逐步調降關稅，直到第 16 年降至零。[94]這個例子顯示，RCEP 的貿易轉移效應，對於非締約國產生的負面效應，可能只有在長期才顯著。例如臺灣可能會因為被排除在 RCEP 外，損失達 30 億美

元。[95]但短期而言，RCEP 對臺灣出口至東協的貨品影響有限，因為目前出口貨品中 70％都是適用 WTO《資訊科技協定》（Information Technology Agreement, ITA）免稅待遇的資訊科技產品。[96]

值得注意的是，儘管有排除或逐步適用期限的彈性措施，RCEP 將可能會改變區域供應鏈，使 RCEP 成為關鍵產業的來源樞紐，並降低區域外國家的影響力。等到 RCEP 全面施行後，日本出口至中國大陸的貨品關稅取消的範圍會從 8％提升至 87％，且該協定將取消銷往中國大陸的汽車零件中高達價值 500 億美元的關稅。[97]一旦取消關稅之後，會使東協成為中國汽車製造商在海外最大的二手車市場。[98]

2、東協加一 FTA 之原產地規則一致化

RCEP 是達成貿易便捷化的關鍵協定，將有效整合東協經濟共同體和 4 個東協加一 FTA 間的原產地規則。原產地規則一致化可對供應鏈產生顯著且立即的影響，並減輕亞洲麵碗效應的影響。在東協 FTA 中，稅則分類變更（CTC）和區域產值含量（RVC）為最常見的原產地規則，使來自 FTA 會員國的貨品受益於 FTA 的優惠關稅或免關稅待遇。

　　東協與中國 FTA 的升級協定實施後，所有東協內部和外部 FTA 都依循彈性的相互平等規則，原產地規則可選擇以稅則分類變更作為適用基準。[99]RCEP 亦採用相同作法，將區域產值含量標準設定為 40％。[100] 換句話說，若要達到 RCEP 產品原產地標準，最終產品的製造過程中，產品價值中至多 60% 可使用來自非 RCEP 成員國的材料。[101]比起《美墨加協定》將區域產值含量標準訂為 60% 的「保護主義」作風，RCEP 的區域產值含量 40％標準顯得相當「寬容」。[102]

　　實務上，根據 RCEP 的「累積」（cumulation）規定，可以將 15 個成員國的原料相加達到區域產值含量 40％標準，以享有 RCEP 的關稅優惠。[103] 也因此，RCEP 可以解決目前東協內部與外部 FTA「脫節」的情況。例如中國汽車公司可以在曼谷進行生產作業，於當地進口中國製造的所有零件，組裝後完成的整車就可銷售到東協和澳洲市場。

　　《東協貨品貿易協定》（ATIGA）及東協分別與中國和澳洲的 FTA，其中規定汽車零件及車輛的區域產值含量規則為 40％。[104] 但是出口至澳洲的汽車可能無法適用優惠關稅，因為《東協─澳洲─紐西蘭 FTA》的區域產值含量累積條文不

算入中國製汽車零件在區域產值含量規則計算中的價值。因此，RCEP 的累積規則即可彌補 FTA 之間存在的規則疏漏，促進商業營運。

在「根據不同出口市場需求而選擇適用不同 FTA」的作法之下，RCEP 也能降低準備不同 FTA 原產地證明書的商業和法律上成本。例如，若欲適用《東協貨品貿易協定》，東協內出口產品需要使用「表格 D」，而相同產品若由東協出口澳洲和日本，則根據各自的東協加一 FTA，準備「表格 AANZ」和「表格 AJ」以符合原產地規則。[105] 準備證明符合原產地規則所需的文件需要耗費大量時間和資源，往往阻礙了 FTA 的實際使用率。舉例來說，亞洲 FTA 的使用率其實只有 28％。可用來享有關稅優惠的表格 AANZ 和 AJ，實際上出口商的利用率甚至低於 5.5％。[106] 當 RCEP 有了一致的原產地規則和原產地證明書格式，可解決東協 FTA 過於碎裂的缺點。

相較於當代 FTA，RCEP 參與國的減讓時程較為複雜。有些國家如澳洲和汶萊，對所有成員國都採用單一時程，但印尼和越南等國家則對不同參與國使用了 6 種不同的時程。[107] 因此，政府對於關稅優惠的宣傳和分析就非常關鍵。其

他貿易便捷化條文，像是讓出口商自行聲明產品的原產地，以及在 6 小時內放行易腐產品的通關程序，都將進一步提升 RCEP 的使用率。[108] 這些條文亦可加速 RCEP 成員履行《WTO 貿易便捷化協定》，包括貨品通關及應用資訊科技的規範。[109]

B、混合式的服務業承諾表

服務貿易自由化可促進實現「WTO 杜哈發展議程」以及「聯合國永續發展目標」。對開發中國家來說，服務貿易占國內外人直接投資的 65%，可協助這些國家脫離「中產收入陷阱」。[110] RCEP 的主要影響包括增加柬埔寨和泰國的觀光服務收入，以及印尼和菲律賓海外勞工的匯兌。至於運輸、金融和數位服務亦為貨品貿易的支柱，且在新冠肺炎危機中變得更加重要。

在服務業承諾表方面，《東協服務架構協定》及東協加一 FTA 採取類似 WTO 的《服務貿易總協定》所使用的正面表列方式，而 CPTPP 則採用負面表列方式。正面表列方式讓國家可保有較多的規範主權，因為國家僅有義務開放在承諾表中記載的服務業別。負面表列的方式則開放程度較大，除了承諾表中有另行規定的產業以外，其餘所有服務業別皆須

自由化，且會自動涵蓋新發展的業別。RCEP 則採取混合式的作法，8 個成員國於附錄二中使用正面表列，另有 7 個成員國則採用負面表列，將他們欲保留和不一致的措施列於附錄三。[111]

　　要確切瞭解服務貿易自由化的程度，亦須詳細檢視自由化的時程。各國服務承諾的內容相當複雜，例如南韓和馬來西亞的負面表列清單即超過 100 頁。[112] 此外國內憲法的限制也會削弱 RCEP 成員國的服務自由化程度，如菲律賓和緬甸的憲法即規定天然資源為國有財產，[113] 此類條文造成這些國家對於「礦採」和其相關服務的外人投資，無法適用國民待遇。[114]

　　RCEP 在服務貿易方面的條文，呼應本書有關以東協方式為本之務實漸進主義的觀察。RCEP 的服務和投資設有不倒退機制（ratchet mechanism），亦即成員國承諾未來和他國簽訂協議的利益，將自動延伸至其他 RCEP 國家。[115] 有了這種機制，RCEP 將永遠會是企業的最佳選擇。此外，根據第 8.12 條規定，最初採取正面表列方式的 RCEP 參與國，需在 RCEP 生效後 6 年內，轉換成負面表列。[116] 該條文同樣允許柬埔寨、寮國和緬甸擁有 15 年的過渡期，延續 RCEP 重視開發

中國家發展的特色。[117]

從目前的服務承諾看來，RCEP成員國會將電腦及物流服務等產業的外資股權限制，提高到65%。[118]《東協—澳洲—紐西蘭 FTA》是目前東協加一 FTA 中服務自由化程度最高者，[119]未來若 RCEP 新增及額外的服務承諾超越了《東協—澳洲—紐西蘭 FTA》和其他 RCEP 內部的 FTA，可促使這些協定形成實質化整合。[120] 此外，金融、資通訊和專業服務相關的附錄將成為服務法規一致化和相互承認的基礎。[121] RCEP 也採取類似於《東協—澳洲—紐西蘭 FTA》的方式，具有模式四（自然人移動）承諾的額外附錄，[122] 未來延長商務旅客和企業內調任者的停留期限，將使亞太跨國企業的經營更為活躍。

C、投資議題以及缺乏投資人與地主國爭端解決機制（ISDS）

全球外人直接投資中，有36%來自 15 個 RCEP 成員國，金額達 6.5 兆美元。[123] RCEP 的服務和投資章節皆有國民待遇和最惠國待遇條文，因此更能調和東協加一 FTA，以改善投資環境。[124] 徵收及禁止績效要求的規定，諸如收購的附加條件

或當地成分的特定比重，都對外籍投資人影響很大。[125] 許多有關經貿協定的學術討論都集中在 ISDS 制度的改革，例如歐盟提出的投資法庭制度。目前東協內部和外部協定主要採取美國模式的 ISDS 機制，並提供仲裁相關的詳細規範。雖然東協與香港的投資協定不設有 ISDS 機制，但協定將 ISDS 相關規定列為未來工作計劃的一部分。[126] RCEP 採取相同的作法，在 RCEP 生效後兩年內協商 ISDS 機制。[127]

毫無疑問，ISDS 鞏固了投資保障，也就是 RCEP 談判指導原則與目標中所謂投資的支柱之一。[128] 在 2015 年，RCEP 參與國曾經同意寫入 ISDS 條文，[129] 但為什麼 RCEP 的最終版內容卻違背了當時的共識？原因在 RCEP 談判過程中，儘管日本和南韓要求加入詳盡的 ISDS 規則，但其他國家卻改變立場，且之後出現的 CPTPP，促使了 RCEP 省略 ISDS 相關條文。[130] 特別是 2017 年間，紐西蘭新政府宣布拒絕在任何 FTA 中納入 ISDS 條文。[131] 除了 CPTPP 限縮了原本 TPP 的 ISDS 適用範圍，紐西蘭與其他 5 國的附屬文件更是完全摒除 ISDS 機制。[132]

為避免在其他協定下運用 ISDS 機制而出現「鑽漏洞」

的情形，RCEP 的最惠國待遇不適用於「任何國際爭端解決程序或機制」，投資人無法訴諸其他含有 ISDS 條文的協定。不過，只要爭端不涉及設立前的權利，投資人的母國仍可利用 RCEP 的國家間爭端解決機制來行使外交保護。[133] 此外，地主國可依 WTO 之《關稅暨貿易總協定》第 20 條或《服務貿易總協定》第 14 條的一般例外規定，作為抗辯。[134] 在安全例外方面，RCEP 的範疇也較《關稅暨貿易總協定》第 21 條更廣。RCEP 第 17 條將安全例外的範圍延伸至保護「國有或私有重要公共基礎建設」的措施，以及「在國家緊急情況採取」時的行為。[135] 根據「俄羅斯—過境轉運」（Russia – Traffic in Transit）一案中，WTO 爭端解決機制小組的解釋，「緊急」係指無法預期且緊急的危險、衝突或災難。[136]

值得一提的是，RCEP 在「低度開發國家」成員涉及爭端解決程序時，對其授予特殊與差別待遇。[137] 東協的外部 FTA（如與紐澳的 FTA 和東協與香港之投資協定）將特殊與差別待遇延伸至「新加入的東協成員國」，也就是柬寮緬越諸國。[138] 但 RCEP 考量到現今聯合國已不認為越南是低度開發國家，故採取不同於東協的作法，將特殊與差別待遇侷限於柬寮緬 3 國。[139] RCEP 要求參與國對這 3 個國家提出訴訟時須「適當

克制」（exercise due restraint），且爭端解決機制小組需要
明確指出，程序中會如何採用特殊及差別待遇。[140]

D、政府採購及電子商務的軟法性質規範

CPTPP 比 RCEP 多出來的 4 個章節，分別是國營事
業、勞工和環境保護及反貪污。[141] RCEP 第 17.10 條是唯一與
環境義務相關的條文，僅要求參與國遵守《生物多樣性公
約》（Convention on Biological Diversity）。[142] 由於 RCEP 缺
乏 CPTPP 的這些章節，導致它遭抨擊為品質水準不佳。不
過部分 RCEP 國家已在新的協定中納入這些領域，代表未來
這些領域也可能寫入 RCEP。舉例來說，有 4 個東協國家在
CPTPP 下同意達成這些領域的相關承諾，《中歐全面投資協
定》亦涵蓋國營事業規範。[143] 考慮到低度開發國家國內的反對
聲浪，RCEP 省略了 CPTPP 內較敏感的章節，可視為完成全
球最巨型的 FTA 的必要折衷措施。

以政府採購及電子商務條文為例，部分 RCEP 的承諾無
法透過第 19 章的爭端解決機制加以執行。[144] 由於這些軟法規
範是後續硬法義務的基礎，不應視為是法律漏洞。政府採購
市場對於 RCEP 國家的企業極為重要：至 2021 年止，僅有 5

個 RCEP 成員國加入了 WTO《政府採購協定》（Agreement on Government Procurement, GPA）。[145] 由於所有東協加一 FTA 都沒有政府採購的相關章節，因此 RCEP 可協助加強政府採購規則的透明度，並促進未來合作。[146] 目前 RCEP 的爭端解決機制排除適用這些條文，加上 RCEP 並未納入具體的政府採購承諾，參與國可在後續談判時再加入相關承諾。[147]

各國企業亦特別關注 RCEP 的電子商務規範。在當代經濟協定中，數位化議題已不可或缺，因為電子商務透過像是亞馬遜或阿里巴巴這類的數位平台，促進了全球 12％的貨品貿易。[148] 在亞太地區，因應新冠肺炎的封城和安全社交距離等措施，使電子商務下單量增加 70％，並對中小型企業發展幫助甚大。[149] 此外，數位化亦使開發中國家不需要經歷製造業的傳統工業化過程，就能轉型為服務經濟體，使這些國家的發展模式有別於亞洲四小龍和中國大陸的經驗。[150] 因此，RCEP 整合電子商務和資料保護的規則可增進新區域經濟秩序中貿易與發展的連結。

考量到如柬埔寨、印尼和越南等國都採取保護主義式的數據資料政策，RCEP 採用軟法性質的電子商務條文，[151] 且這

些條文亦不適用於政府採購和金融服務業者。[152]值得一提的是，RCEP 的參與國有義務「維持」目前的措施，亦即遵照 WTO 決議不對電子商務徵收關稅，[153]換句話說，如果 WTO 會員決定不延展電子商務免課徵關稅的規定，這項免稅措施就可能改變。RCEP 也禁止資料在地化或對跨境資料傳輸設限。[154]在特殊及差別待遇規範之下，越南具有額外 5 年的時間以實行這些規則，而柬埔寨、寮國和緬甸則有 8 年的過渡期。[155]

最後，RCEP 國家都有權主張電子商務規則的例外規定。特別是允許政府為「達到合法的公共政策目標所必須」或「為保護必要安全利益」，可採取與電子商務規則不一致措施的規定。[156]RCEP 國家更可單方面決定「該合法公共政策的必要性」，其他國家也不可對該國保護必要安全利益的措施提出爭端。[157]一方面，「自行判斷」和「排除適用爭端條款」的規定，為 RCEP 國家保留很大的政策空間。另一方面，RCEP 則是《東協電子商務協議》的「升級版」，因為 RCEP 不再含有模糊的「參照其各國法律及規範」的條款。[158]

IV、對區域及多邊貿易體系之意義

務實主義是驅使 RCEP 這項巨型 FTA 完成談判的關鍵，而非完美主義；而東協 FTA 的經驗將持續引領著 RCEP 的發展過程。RCEP 是規則依循者，尚非規則制定者。但是 RCEP 採用的規則卻將成為新亞洲區域主義的規範標準，因此將對區域及多邊貿易體系帶來重要影響。

A、多層次的 FTA 及雙邊投資協定

根據 RCEP 談判指導原則與目標，四項東協加一 FTA 及其他 RCEP 成員國之間的協定將「持續存在，且 RCEP 協定的條文皆不會減損這些協定的條款及條件」。[159] RCEP 第 20.2 條確認了 15 個參與國讓 RCEP「與其現存國際協定共存」的意願，[160] 因此，RCEP 未設想在法律上整合 RCEP 內的 FTA 與雙邊投資協定（bilateral investment treaties, BITs）。

然而重疊的 FTA 可能會引起規範性衝突。舉例來說，中國大陸和新加坡之間多層次的 FTA 就可能造成法庭選擇（fourm shopping）問題，因為 RCEP、東協與中國 FTA 和

中星 FTA 的爭端解決機制皆可適用於同一爭端。投資人亦可以訴諸於 RCEP、東協加一 FTA 和各項 BIT 的 ISDS 條文，更加劇了法律衝突程度。[161] 本書以下依據 WTO 案例與《維也納條約法公約》（Vienna Convention on the Law of Treaties, VCLT），將 RCEP 與其他協定之關係加以分析，以說明第三波區域主義的亞洲麵碗效應。

1、WTO與RCEP之衝突

貿易法學者和律師對於 WTO 與 FTA 之間的管轄權衝突問題一點都不陌生。WTO 法庭已經清楚表示，各國間簽訂的 FTA 幾乎不可能排除 WTO 的管轄權。在「墨西哥軟性飲料」（Mexico–Soft Drinks）一案中，美國在 WTO 控告墨西哥的稅務措施時，墨西哥援引《美墨加協定》前身《北美自由貿易協定》（NAFTA）的法庭排除條款，作為抗辯。[162] 墨西哥堅稱，這個 WTO 控訴案屬於墨西哥依《北美自由貿易協定》程序中對美國提起之爭端的一部分，依據管轄排除條款，《北美自由貿易協定》應是系爭爭端的唯一法庭。[163] 然而，WTO 上訴機構駁回了墨西哥的這項主張，認為若 WTO 爭端解決小組限縮自己的管轄權，將會損害會員在 WTO《爭端解決規則與程序瞭解書》（Dispute Settlement Understanding，

DSU）下的權利。[164] 雖然「法律上的障礙」可能排除 WTO 的管轄權，但是上訴機構並未在該案中發現存在如此障礙。[165]

　　之後的「秘魯農產品」一案（Peru–Agricultural Product），涉及到瓜地馬拉控告秘魯的價格平準制度違反 WTO《農業協定》和《關稅暨貿易總協定》。[166] 秘魯則抗辯瓜地馬拉違反《爭端解決規則與程序瞭解書》規定的「誠信」義務，因為瓜地馬拉在兩國簽訂的雙邊 FTA 中，已經同意放棄將貿易爭端向 WTO 提起控訴的權利。[167] WTO 上訴機構檢視了該 FTA 附錄 2.3 第 9 項，認為放棄「爭端解決規則與程序瞭解書」權利之行為「須明確表示」，且「不能輕率加以揣測」，[168] 故當事國雙方的 FTA 規定，不構成上訴機構在墨西哥軟性飲料案當中所述「法律上的障礙」。[169]

　　根據 RCEP 規定，在 WTO 或其他適用的 FTA 下，「求助於爭端解決程序不影響一方的實體權利」。[170] 根據 RCEP 的合意選擇管轄法院規定，控訴方一旦選擇了法庭，要求成立爭端解決小組，則該法庭「應排除其他法庭」的適用。[171] 然而，根據 WTO 案例，RCEP 的管轄排除條款既不會限縮 WTO 會員在《爭端解決規則與程序瞭解書》下的權利，也不

會排除 WTO 的管轄權。RCEP 雖然缺乏至上條款（Supremacy Clause），無法在 WTO 協定與 FTA 競合時優先採用 WTO 協定，但這不影響 WTO 法庭的管轄權。[172]

2、RCEP 與 FTA／雙邊投資協定之衝突

RCEP 既然與四項東協加一 FTA、RCEP 參與國之間的雙邊 FTA 及 BIT 等協定共存，[173] 那麼參與國如何調和多層次協定不同造成的規則差異？RCEP 規定反映了東協外部 FTA 常用的策略，例如《東協—澳洲—紐西蘭 FTA》及《東協與日本 FTA》所使用的條文。[174] RCEP 首先肯定其他 FTA「現存的權利與義務」，[175] 在一方提出請求後，相關參與國必須參與諮詢，以達成「雙方滿意的解決方式」。[176] RCEP 亦闡明，該協定提供的優惠待遇「不代表存在規範不一致性」。[177]

東協與日本的 FTA 本來就內含「國際法一般法律原則」，要求雙方在解決協定間不一致的情況時，應參考該原則。[178] 雖然 RCEP 缺乏類似的條文，但《維也納條約法公約》已是國際習慣法，當然亦適用於 RCEP 參與國。《維也納條約法公約》第 30.3 條關於當事國先後簽訂的條約的適用關係，明定「先訂的條約僅在其條文與後訂條約的規定相容的範圍內適

用之」。[179] 根據這條規定的後法優於前法原則，RCEP 之後的適用範圍應侷限於有規範相同議題的條約。不過，亦有論者認為，RCEP 的第 20.2 條屬於特別法，不應適用《維也納條約法公約》第 30.3 條的一般規則，故應以 RCEP 的管轄排除條款為準。[180]

由於大多數 RCEP 成員間的 FTA 和雙邊投資協定都設有投資人與地主國爭端解決機制，所以 RCEP 未來納入相關爭端解決條文時，可能會造成參與國在適用協定之間出現法庭選擇問題。要特別留意的是，新加坡、越南分別與歐盟簽訂的投資協定，將終止其與個別歐盟國家先前所簽訂的雙邊投資協定。[181] 這種終止既有協定的作法並不常見，舉例來說，中國大陸與新加坡締結 FTA 之後，原先的《中星雙邊投資協定》依然有效。由於《中星 FTA》的投資章節適用東協與中國的投資協定，因此造成 ISDS 的管轄權重疊。[182] 實務上，RCEP 參與國的雙邊投資協定與後續簽訂的 FTA，兩者在適用範圍和例外規定通常會有所不同，因此法律上難以適用《維也納條約法公約》第 30.3 條。

有別於傳統的認知，RCEP 參與國甚至可以「故意」

使具有 ISDS 條款的協定同時存在。東協唯一的 ISDS 案件「楊志歐貿易公司訴緬甸仲裁案」（Yaung Chi Oo v. Myanmar），即清楚展現後續條約的法律問題。本案涉及 1987 年及 1998 年的東協內部投資協定，[183] 根據東協法庭表示，與系爭爭端有關的兩項協定，其對於投資範圍的規定並不相同，且東協國家亦無整合此二協定的意願。[184]

1998 年協定第 12 條明定，若協定「可提供較優化及標準更高的條文」，則應「以該條文為準」。[185] 根據東協的慣例，東協法庭認為不應將第 12 條解釋為對 1987 年協定的修正，因為兩協定「顯然有意各自單獨運作」。[186] 因此，RCEP 第 20.2 條可理解為將東協 FTA 的慣例成文化，以藉此確認參與國支持並存方案的意向。[187] 有鑒於《維也納條約法公約》的適用及重疊協定情況的複雜性，RCEP 僅會推動亞太地區協定在事實上整合，而非法律上整合。

B、RCEP秘書處制度化

RCEP 仍然在持續演進中，RCEP 的發展揭示了自由貿易協定的制度化發展與擴張，並促進以複邊貿易的方式實行

永續發展目標。RCEP 代表了東協加一 FTA 的整合，且此整合是建立在東協法制化經驗之上。這點優勢是 CPTPP 和其他協定所沒有的。

東協加一 FTA 通常會授權參與國組成聯合委員會，並要求東協秘書處提供行政與技術的支援。[188] RCEP 則更為積極，除了建立資深官員層級的聯合委員會以外，也成立「RCEP 秘書處」以支援聯合委員會。[189] 相較之下，CPTPP 僅建立了「跨太平洋夥伴委員會」，但未規劃設立常設秘書處。[190] 此外，東協秘書長被指定負責 RCEP 的條約寄存，CPTPP 的條約寄存則是由紐西蘭擔任。[191]

東協秘書處的發展為未來的 RCEP 秘書處提供了寶貴經驗。東協成立於 1967 年，但直到 1976 年才於雅加達設立東協秘書處，且當時印尼的國內法律幾乎不認可其法律行為能力。[192]《東協憲章》授予東協作為國際組織的法律人格；[193] 依照《東協憲章》規範，將會以另外的協定詳述東協的法律行為能力、東協秘書長與秘書處職員的特權與豁免等事項。[194] 這些條文皆對東協秘書處及 RCEP 秘書處的運作，均缺一不可。

　　秘書處制度化可使 RCEP 成為全球規範制定者，也印證本書對於新依賴理論的分析，認為開發中國家的集體力量會改變傳統的南北關係。雖然美國和歐盟的標準仍然深具影響力，但 RCEP 參與國批准的協定以及 RCEP 秘書處採用之法規，將成為適用於亞洲地區的規範。這對於亞洲國家所擅長的新領域尤其重要，例如人工智慧、無人機或新冠肺炎疫情後出現的旅遊泡泡機制。RCEP 建立於東協 FTA 架構之上，其規範性權力將因此提升。

　　為維持東協中心性並加速工作效率，本書建議 RCEP 秘書處與東協秘書處建立密切的制度聯繫。東協內部與外部協定的經驗，在在與 RCEP 的發展密不可分，舉例來說，從關稅自由化到爭端解決，RCEP 適用於低度開發國家的特殊及差別待遇條文將遵循東協 FTA 的作法。

　　執行 RCEP 經濟與技術合作活動時，亦需要有監督機制並分配 RCEP 夥伴（如澳洲和日本）依據個別東協加一 FTA 提供的資源。[195] 合併財務與技術支援亦將有助於實施「聯合國永續發展目標」及「東協整合倡議第四階段工作計畫」（2021 至 2025 年）。[196] RCEP 秘書處在整合管控外國援助及設定貿易

與發展目標的角色，將為世界帶來新南方觀點。

　　為拓展 RCEP 這項巨型 FTA 並使其規則多邊化，RCEP 秘書處必須加速新成員國的加入程序。新的「APEC 太子城 2040 年願景」建立於「茂物目標」之上，重申「亞太自由貿易區」（FTAAP）議程的重要性。[197] 而 RCEP 及 CPTPP 作為通往「亞太自由貿易區」的路徑，採用開放加入條款，使國家及獨立關稅領域皆有機會加入成為新成員。[198] RCEP 的慣例亦顯示東協加一 FTA 的夥伴可取得優先加入權。

　　為因應印度退出 RCEP 談判，RCEP 各國領導人強調他們有意願與印度交涉，並給予該國觀察員身分。[199] 除了印度以外，香港是唯一身為東協加一 FTA 夥伴但未加入 RCEP 的地區，有了北京的支持，香港極有可能成為 RCEP 未來的新成員。[200] 無論是 RCEP 和 CPTPP 的擴張皆會對全球新區域經濟秩序的發展有所助益。

V 結論

自 2012 年東協宣告 RCEP 架構以來，15 個參與國已經在 2020 年締結這項巨型 FTA。以經濟規模和人口計算，RCEP 是全球最大的 FTA。有別於西方見解，RCEP 談判實際上是由東協領導而非中國主宰的程序。RCEP 的條文反映出東協方式，是基於務實漸進主義完成的協定。RCEP 的立即成效，則是將東協內外 FTA 的原產地規則予以一致化，且促進了各個 FTA 的實質整合。

本章指出 RCEP 匯集了亞洲強權的法律及政治議程，特別是東協中心性和中國大陸的「一帶一路倡議」與「雙循環策略」。雖然 RCEP 關稅及服務自由化會是個冗長的過程，但它考量了低度開發國家的發展需求，並將貿易轉移效應降到最低。至於 RCEP 省略投資人與地主國爭端解決機制，且以軟法的方式來規範政府採購及電子商務，也反映出 RCEP 必須在各國不同的經濟發展程度中做出取捨。

對國際經濟法來說，RCEP 與其內部貿易和投資協定的

規範性衝突將提供寶貴的經驗。RCEP 秘書處制度化以及它協助新會員國加入程序、設定貿易發展議程的角色，可強化 RCEP 作為全球規範制定者的地位。因此，RCEP 不但可加強開發中國家的集體力量，並成為新亞洲區域主義的法律基礎。

肆

歐盟的
新亞洲戰略

I 簡介

自從歐盟於 1994 年發表「新亞洲戰略」（New Asia Strategy）以來，歐洲與亞洲的關係進入最為動盪的時代。[01]民粹式保護主義興起、世界貿易組織（WTO）談判停滯不前，加上新冠肺炎危機等，都阻礙了歐亞經濟體之間的聯繫。為因應疫情復甦後全球貿易扮演的關鍵角色，在 2020 年，歐盟執委會在主席烏蘇拉・馮德萊恩（Ursula von der Leyen）的領導下提出「開放式戰略自主的政策」，[02]要求歐盟形塑「全球經濟治理的全新體系」，[03]並深化雙邊連結以鞏固全球價值鏈。

歐盟執委會強調，「積極參與亞太地區事務」對歐盟的經濟利益相當關鍵，[04]其中更要與中國、日本、南韓以及東協進行貿易談判。對於亞洲國家來說，擁有歐盟這個貿易和投資夥伴也很重要，尤其是現在美國孤立主義興起，又面臨嚴重的經濟衰退。因此歐亞快速發展的法律架構將豐富區域間主義的概念，亦可增進新亞洲區域主義的外部影響力，塑造新區域經濟秩序（NREO）。

　　歐盟分別在 2010 和 2018 年與南韓和日本簽訂了自由貿易協定（FTA）[05]，另與中國在 2020 年完成《全面投資協定》原則性的協商，而其他可能的貿易與投資協定夥伴還包括了澳洲、紐西蘭和臺灣[06]。歐盟於 2015 年提出「共享貿易」（Trade for All）戰略，主張「以個別協定為出發點的東協戰略」，導向「區域對區域」的架構[07]。歐盟在 2019 年與 2020 年，與新加坡和越南簽訂的 FTA 正式上路，再次強化這種堆積木的策略，並引導未來的東協與歐盟 FTA[08]。

　　東協是快速成長的新興市場，因此成為歐盟在亞洲政策中優先考量的對象，加上東協是主要的區域整合倡議，被視為是具有「共同基因」的歐盟夥伴[09]。在經濟上，東協是布魯塞爾「在歐洲之外的第三大貿易夥伴」，也是亞洲第三大貿易強權，且預期在 2030 年成為全球第 4 大經濟體[10]。在政治上，歐盟承認「亞洲世紀已經到來」，又因為歐盟對中國的看法已轉變為「系統性競爭對手」（systemic rival），使得歐盟更想要鞏固與其他亞洲國家的關係[11]。對歐盟領袖來說，2020 年與東協從「對話夥伴升級為戰略夥伴」，可使歐盟透過「東協領導的程序」來參與亞洲事務，並實行具安全和經濟考量的全新印太戰略[12]。

　　在這樣的背景之下，歐盟與新加坡、越南所簽訂最新的貿易與投資協定就顯得更為重要。這兩個協定代表了歐盟在《里斯本條約》後的亞洲戰略，亦是區域對區域 FTA 的「開路者」（pathfinder），象徵東協和歐盟關係的全新階段，並可成為區域間主義的法律基礎[13]。其次，這兩個協定的架構和承諾，為未來歐盟及脫歐後的英國與亞洲各國間的貿易協定，提供了範本及標準。根據《英國脫歐協議》，歐盟與新加坡和越南的 FTA，在 2020 年年底前的過渡期間內皆繼續適用於英國[14]。以歐盟的經驗看來，英國很有可能會選定東協國家作為優先簽訂 FTA 的夥伴。

　　儘管新加坡和越南存在極大的經濟差異，但歐盟選擇這兩個國家簽署協定是合理的選擇，因為他們是歐盟在東協內的前兩大貿易夥伴[15]。新加坡是最先進的東協國家，人均國內生產毛額（GDP）超過 64,000 美元，越南的 GDP 則低於 2,400 美元[16]。新加坡是自由港，更是歐洲企業的區域中心，具有免稅機制又不出口農產品，使其成為熱門的 FTA 夥伴。新加坡也是亞洲經濟體中擁有最多 FTA 的國家[17]，且對東協經濟共同體（AEC）和亞歐會議（Asia-Europe Meeting, ASEM）的成立貢獻良多[18]。

　　有別於新加坡，越南是社會主義共和國。越南自從 1986
年的改革開放（Doi Moi）後迅速成長，貧窮率下降了 70％。[19]
該國也成為中美貿易戰的主要受益國，因為不少製造商為了
要逃避美國對「中國製造」產品課徵的關稅，紛紛將工廠遷
移至越南。[20] 新加坡和越南皆為《跨太平洋夥伴全面進步協定》
（CPTPP）和《區域全面經濟夥伴協定》（RCEP）這兩項巨
型區域貿易協定的締約國，因此歐盟與這兩個東協國家簽署
的協定，就成為歐盟出口業者進入新區域供應鏈的入口。

　　歐盟與新加坡、越南之貿易與投資協定的內容差異，代
表著因應不同的發展階段而出現的不同策略。從法律的觀點
看來，歐盟跟這兩個東協國家的 FTA 應該要與投資保障協
定（Investment Protection Agreement, IPA）和夥伴合作協定
（Partnership and Cooperation Agreement, PCA）一同檢視。
IPA 主要涉及投資事務，例如投資人與地主國爭端（ISDS）
機制；PCA 則是與人權和其他非經濟議題的合作有關，主
要作為歐盟 FTA 的「先決條件」。[21] 歐星 FTA 原先寫入了投
資保障條文，卻引發對於歐盟運作條約下「共同商業政策」
適用範圍的爭議。[22] 2017 年，歐盟法院（Court of Justice of the
EU）在「2/15 意見書」中裁定，原始歐星 FTA 的大部份內

容都在歐盟的專屬權限之內[23]。但是，間接投資以及投資人與地主國爭端解決相關的條文，卻不屬於共同商業政策的範圍。由於這些規定涉及到歐盟和其成員國間的共享權限[24]，必須經由歐盟及其成員國批准，才能生效。

　　為因應歐盟法院的「2/15 意見書」，歐星 FTA 被切割為 FTA 和 IPA 兩個不同協定[25]。2019 年，歐洲議會批准歐星 FTA、IPA 及 PCA 等三個協定，但後兩者的條文要等到歐盟 27 個國家議會批准後方能生效[26]。也就是說，修訂後的歐星 FTA 可視為是「歐盟專屬」的協定，而 IPA 和 PCA 則是「混合型」協定[27]。2012 年簽訂歐盟與越南 PCA 之後，歐越 FTA 也遵照前述作法分為 FTA 和 IPA，FTA 並經歐洲議會於 2020 年批准[28]。實際上，這種分流作法加速了 FTA 的通過，可避免單一歐盟成員杯葛，例如比利時在 2016 年就曾拒絕接受《歐盟與加拿大全面經濟貿易協定》（EU-Canada Comprehensive Economic and Trade Agreement, CETA），荷蘭也在 2020 年反對歐盟與南方共同市場的協定[29]。

　　本章將以現今貿易策略及各國國內法律改革為框架，全面地解釋歐盟與新加坡、越南的 FTA。這兩個 FTA 的創新設計，搭配雙邊 IPA 和 PCA，可在後疫情時代形塑東協與歐盟的區域間主義。本章將進一步根據其他亞洲、歐盟和美國協定中的最佳範例，點出新加坡和越南協定中的缺失，並為未來談判提供法律和政策建議。

　　為證實上述論點，本章首先檢視跨領域的區域間主義理論，以及其與最新一波全球區域主義間的關係。本章將評估東協「累積」的原產地規則和針對亞洲食物產品的獨特原產地規則，[30]亦會比較分析對銀行業、汽車業、製藥業和再生能源產業不可或缺的服務承諾和非關稅措施。最後，本章將評估「新世代」議題，例如地理標示（GI）、國營事業（SOE）、投資人與地主國爭端仲裁以及 IPA 的調解機制。[31]此外，還會探討 FTA 和 PCA 的關係，並深入討論反映歐洲價值的人權和永續發展條款。整體來說，這些條文造就了歐亞經濟協定的新階段，並推動新區域間主義的發展。

II 歐亞關係新階段

1980 年代，東協和中國分別首度與歐洲經濟共同體（EEC）簽署了合作協定，各自建立起雙邊法律架構。[32] 歐亞關係這 40 年的發展，為國際法和國際關係相關的區域間主義，提供了豐富經驗。歐盟與新加坡、越南的 FTA，象徵歐盟最近試圖強化它在亞洲的影響力，以推動歐盟執委會的「全球領導」目標。[33] 本章將重點放在東協，點出了歐盟與其關鍵成員國之間在印太策略的匯合。由於過往的殖民關係，英國傳統上對歐盟的亞洲政策影響甚大。英國脫歐之後，德國展現出對亞洲事務的企圖心。德國於 2020 年首度發布的「印太地區政策準則」，強調歐盟 FTA 和德國的主要目標，皆是要強化與東協的合作。[34]

本章的內容，可以填補現存理論與實證文獻的空缺。以下將分析區域間主義最新的規範性發展，並檢視東協、新加坡和越南的法律及政治策略。此種方式避免區域主義研究常被批評的「歐洲中心視角」。[35] 東協和歐盟的協定，亦解釋了這「兩個最先進的區域整合倡議」，如何從核心與邊陲的關

係轉型為平等的夥伴關係。[36]

A、區域間主義的概念和演變

多數法律學者並未區分區域間主義（interregionalism）和區域主義（regionalism）的概念，因為對法律學者而言，兩者皆著重在貿易協定和 WTO 法律相容性。法律論述大多圍繞著《關稅暨貿易總協定》（GATT）第 24 條、《服務貿易總協定》（GATS）第 5 條以及授權條款（Enabling Clause）[37]。有別於法律的狹隘觀點，政治學者發展出區域間主義的不同理論和類型，超過區域主義的傳統範疇。對政治學者而言，區域間主義是由國家領導的程序，可「定義為由『國家』組成的兩個特定區域，在區域間架構的合作關係」[38]。區域間主義不僅「結合了兩個獨立區域」，更是一個雙向的過程，可產生「雙重區域計畫」以加深經濟和政治互動。[39]

區域間主義有幾種不同的類型，最典型的是純區域間主義，例如東協與歐盟的 FTA 就是區域對區域的架構。[40]區域間主義意味著「對話過程」，正如亞歐會議和亞太經濟合作會議所展現的情形，個別國家可在鬆散的區域間架構下討論廣

泛的議題。[41]此外，混合型（hybrid）或準（quasi）區域間主義則代表一個區域和另一個區域內單一或或多個國家間的制度化架構。[42]歐盟分別與新加坡和越南簽訂的協定，以及歐盟與非洲、加勒比海與太平洋國家簽訂的《洛美公約》（Lomé Convention），就是這類型區域間主義的代表。

實際上，各種區域間主義的形式密不可分。亞歐會議是區域間機制，促進了亞洲與歐洲的對話，但也為經濟協定鋪路。歐盟堆積木的作法，著重於將雙邊、準區域間協定，轉變成歐盟和東協之間的純區域間 FTA。另外，政治學者也利用國際關係理論解釋區域間主義。現實主義學派主張，國家追求經濟區域主義「是新重商主義競爭遊戲中的一種策略」。[43]從大國的角度看來，區域間主義可視為議價的工具，用以在貿易政治中提升霸權地位。[44]曼納斯（Ian Manners）提出了具影響力的「規範性權力歐洲」（Normative Power Europe）概念，表示歐盟以規範性權力形塑國際體系，而非透過公民權力或軍事權力。[45]

現實主義及法律學者曾批評曼納斯的論點，認為他忽略了歐盟的脅迫策略，亦稱為「布魯塞爾效應」。[46]事實上，布

魯塞爾效應反映出歐盟在經濟協定中強調歐洲價值的作為，包括了加入強制性的爭端解決機制。[47]實際上，歐盟協定結合了意識形態和實體權力，大幅提升歐盟在全球法規標準中的霸權地位。[48]

　　現實主義學者亦從小國觀點解釋區域間主義。新加坡和越南展現出現實主義下獨特的中庸之道，這兩國不急著與強權建立關係或透過聯盟制衡強權，反倒利用歐盟協定作為「避險」策略，以將其國家利益極大化。[49]越南非常有策略地打著歐盟這張牌，因為歐越 FTA 可降低越南對中國的貿易依存度，亦可加強與美國的經濟和安全關係。

　　其他國際關係的主流理論，當然也可用來解釋區域間主義。根據功能主義理論，由區域間架構建立的超國家組織，將會強化區域間高階政治領域的外溢效應。[50]制度主義則主張，建立新規範的區域間架構可鞏固合作，並影響成員國的行為。[51]最重要的是，政治學者承認這些理論都承繼歐洲中心論，都是以歐盟整合經驗為前提，因而無法有效解釋亞洲的區域主義或區域間主義。[52]

為解決從單一理論評估區域主義的缺失，赫特與索特伯姆提出了「新區域主義研究方法」，代表「區域整合多面向的過程」。[53]其後出現以建構主義分析東協的論述，即是呼應上述的分析方法。[54]建構主義的本體論觀點與看重實體權力的現實主義不同，前者將區域間主義理解為促進集體身分建構的過程。舉例來說，歐盟和東協在實現各自的自我身分認同的時候，其功能皆為擔任對方的「他者」（other）。因此無論是國家間或區域間關係，皆可理解為主體間的關係，對方對自己的身分認同將會影響國家的行為。[55]

根據規範性權力的建構主義觀點，歐盟藉著輸出整合經驗到東協的機會，增強歐盟作為區域主義典範和身分認同。[56]歐盟承認東協是一個地位相當的夥伴，而非跟從其規範的規則遵循者。這種承認同時也強化了東協這個由小國組成且發展程度較低之聯盟的國際地位和身分。[57]但是，若單純將歐盟視為東協的「唯一」模範，則是不正確的，因為東協從未試圖建立歐盟式的單一市場或關稅聯盟。此外，歐盟在全球GDP占比逐漸下降、英國脫歐以及歐盟對新冠肺炎疫情反應怠慢，都使得東協和其他亞洲國家對歐盟的治理模式產生懷疑。[58]

　　另外，依外界預測，單單印尼一國就能在 2024 年超越德法，成為全球第 5 大經濟體，證明了東協的優勢地位。[59] 相對於歐盟的區域間關係，新亞洲區域主義中「東協加六」架構的核心地位，正在塑造了東協的自我身分認同。此種關係的變化，證明新依賴理論對南北關係轉型的假設。基於該理論，東協的開發中國家對西方的依賴和其發展是共存的，並促使這些國家試圖重構過往與歐盟的主從關係。[60] 雖然上述各家理論的重點不同，但這些見解都使得區域間主義的學術論點更加充實豐富。

B、東協與歐盟的經濟架構及全球區域主義

　　二戰之後，全球區域主義出現了三波發展，而東協和歐盟間的區域間主義的發展也與此同步，經歷了相應的三個主要時期。[61]「第一波區域間主義」主要涵蓋在 1950 年代到 1970 年代兩聯盟最初的發展及互動。在 1957 年間，6 個歐洲國家形成了歐洲共同體（EEC），而 5 個東南亞國家在 1967 年創立東協。[62] 由於東協國家（特別是新加坡和馬來西亞）擔心貿易逆差，以及英國加入歐洲共同體後它們會失去對英國市場的優勢，因此，兩個聯盟在 1970 年代開始有所接觸。[63]

在印尼的領導之下，東協貿易部長在 1972 年與歐洲的官員會面。[64] 東協也成立了「東協國家特別協調委員會」（Special Coordinating Committee of ASEAN Nations），成員包括貿易部長與各國駐歐大使。[65] 1977 年，歐盟成為東協的對話夥伴，雙方並在 1978 年舉行了第一次包含外交部長在內的部長級會議。[66] 在第一波區域主義期間，這次對話並未產出實質成果，但對於架構鬆散的東協來說，歐盟認可了它的談判實力，從建構主義的角度來看可謂是東協取得的外交成就。[67]

1980 年的《歐洲經濟共同體與東協合作協定》（ASEAN-EEC Cooperation Agreement）代表「第二波區域間主義」的開始。雖然該協定具有經濟和發展合作的法律基礎，卻沒有確切的議程或執行機制，只有「盡力而為」（best endeavor）條款而已。[68] 對於東協而言，歐洲經濟共同體對東協農業和貨品出口的保護主義政策，令其感到相當困擾。[69] 東協也發現，相較於非洲、加勒比海與太平洋國家在《洛美公約》下取得的優惠待遇，歐洲共同體的普遍化優惠關稅措施（generalized scheme of preferences, GSP）授予東協國家的優惠完全無法相提並論。[70]

　　「東協國家議會組織」（ASEAN Inter-Parliamentary Organization, AIPO）的數項決議文曾批評歐洲共同體實施《歐洲經濟共同體與東協合作協定》的速度「極為緩慢」，並呼籲其「停止施加限制性與單邊性措施」。[71] 東協國家議會組織後來更名為「東協國家議會大會」（ASEAN Inter-Parliamentary Assembly, AIPA），但該機構與歐洲議會不同，既不具有立法權，亦無權通過具法律拘束力的決議文。[72] 儘管如此，AIPO 的決議文仍呈現東協對於歐方消極態度的失望。

　　1990 年代是見證東協與歐盟架構轉變的關鍵期。1992 年通過的《歐洲經濟共同體規則》成為財務及技術支援的法源基礎，該規則提及「協助亞洲的開發中國家」也包含東協國家。[73] 同時間東協成員國建立了「東協自由貿易區」，以求加速經濟整合。於 1994 年，歐盟的「新亞洲戰略」點出「亞洲在全球經濟權重」日漸增加，呼籲「加深與東協的經濟合作」。[74] 因此，於 1996 年成立的亞歐會議即成為重要的雙邊架構，目前成員涵蓋了歐盟、東協秘書處、30 個歐洲國家及 21 個亞洲國家，包括了中國大陸、日本與印度。[75] 亞歐會議是一個跨洲際的論壇，最早是由新加坡總理吳作棟在法國總統席哈克的支持下所提出。[76] 雖然亞歐會議的高峰會成為亞洲和歐洲之間

最高層級的會議，但因為論壇討論議題過於廣泛，且亞洲國家不願回應歐盟的人權議題，故此論壇也面臨諸多挑戰。[77]

自 2000 年開始，「第三波區域間主義」與第三波全球區域主義進入同步發展。[78]除了東協與歐盟的關係外，歐盟和非洲、加勒比海與太平洋國家的區域間架構也徹底改變，互惠且與符合 WTO 規定的《科托努協定》（Cotonou Agreement）和相關的經濟夥伴協定取代了 1975 年的《洛美公約》。有別於「建構出來」且權力分散的「非洲、加勒比海與太平洋國家區域」，東協是個有明確意涵的區域，並由《東協憲章》賦予法律人格的國際組織。[79]亞洲的興起，亦使東協與歐盟的區域間主義比起歐盟跟其他「南方」區域組織（如非洲聯盟或南方共同市場）的區域間關係，更具重要的地緣政治和經濟意義。

簡要來說，歐盟當代的亞洲政策（包括印太戰略在內），都是以「東協加六」架構為前提。歐盟執委會清楚瞭解全球經濟的重心已轉移到亞洲，而東協極可能成為全球最大的出口區域。[80]為增進與亞洲之間的關係，歐盟希望能強化它與東協的「新夥伴關係」。雙方在 2020 年同意升級雙邊關係為「戰

略夥伴關係」[81]。自 2003 年起，歐盟與東協發展出一個由三大支柱構成的經濟架構。第一個支柱是負責推動貿易與投資議題對話的「歐盟與東協跨區域貿易倡議」（Trans-Regional EU-ASEAN Trade Initiative, TREATI），此倡議已經建立起區域間 FTA 談判的平台[82]。

　　TREATI 是一種彈性機制，由「歐盟和兩個以上的東協國家」參與[83]。同樣的機制也適用於發展合作，也就是所謂的「強化歐盟與東協對話工具」（Enhance Regional EU-ASEAN Dialogue Instrument, E-READI）[84]。E-READI 是第二個支柱，乃是一種「需求導向工具」，為數位經濟、性別平等及聯合國永續發展目標等專門領域的會議提供後勤支援[85]。過去 40 年間，歐盟一直是東協發展合作計畫最重要的夥伴，近期的計畫涉及了永續都市化和木材採伐許可[86]。第三個支柱是「歐盟對東協區域整合支援」（ASEAN Regional Integration Support from the EU, ARISE）以及後來升級版的「ARISE Plus」，重點都是透過實施「東協經濟共同體 2025 年藍圖」達成東協經濟整合，其中主要的例子是東協海關過境系統[87]。

　　以上在第三波區域間主義內所發展出來的 3 大支柱，共同

強化全新的「東協歐盟行動計劃」（ASEAN-EU Plan of Action）及「歐亞連結戰略」（EU-Asia Connectivity Strategy）[88]。為了回應北京的一帶一路，歐盟也推出以基礎建設投資為主的連結戰略，因為中國大陸已成為「提倡替代治理模型的系統性競爭對手」，威脅到歐盟的團結與利益[89]。

C、造就區域對區域FTA的堆積木策略

締結東協與歐盟FTA需要一個務實可行的路徑圖。歐盟的堆積木策略就是先讓歐盟與個別的東協國家簽訂雙邊協定，進而建立起區域對區域的FTA。在第三波區域間主義中，歐盟和東協的政策都面臨巨大挑戰。首先，美國經濟霸權衰退，使全球貿易的「單極治理體系」[90]轉變成由中美歐主導的3極經濟秩序。川普政府的單邊主義造成跨大西洋同盟出現裂痕，現在拜登總統正試圖修補此裂痕。中歐關係亦受北京激進的「戰狼」外交、掩蓋新冠肺炎疫情和強行施加香港國家安全法等問題困擾[91]。在過去，美星FTA和東協與中國、日本之間的FTA共同推動著與東協的貿易談判[92]。現在布魯塞爾與華府、北京之間的關係已經發生質變，因此歐盟需要更為獨立的亞洲政策，並以東協與歐盟FTA為重點。

其次，第三波區域間主義最顯著的特色是，如 CPTPP 和 RCEP 的巨型貿易協定紛紛出現。若進一步詳細區分，亞太地區簽訂的協定應屬於跨區域主義的範疇，而不屬於區域間主義，因為這些協定都是由國家是以個別身分參與。但實際上，跨區域主義有助於區域間主義建構規範性基礎。由於巨型FTA會造成貿易轉移效應，不利於其他區域間貿易關係，歐盟因此認為有迫切需要與新加坡和越南等東協夥伴盡速簽署協定。對東協國家來說，與歐盟締結協定可以分散中美貿衝突造成的風險，並鞏固自己在全球價值鏈中的核心地位。在近期民調中，有88.7％的受訪東協人士皆支持東協與歐盟 FTA，而81％的歐盟企業並預期區域對區域 FTA 比起雙邊 FTA 的效益更大。[93]

最後，新冠肺炎疫情導致全球貿易縮減32％，對東協與歐盟的經濟關係造成直接衝擊。[94]兩集團的 GDP 下降了7％至10％，無可避免地陷入衰退。[95]對於歐盟來說，為了執行「開放性戰略自主」政策以促進經濟復甦，與東協國家簽署 FTA，成為重要的一步。[96]同樣地，東協領導的 RCEP 和東協與歐盟 FTA，亦被東協視為重振貿易的兩大策略。由於全球投資可能萎縮40％，吸引歐盟資金對東協極為關鍵，特別是

歐盟一直是該區域最大的投資者。[97] 此外，全球 10 大醫療和個人防護產品的出口商中，有 6 個來自歐盟成員國，[98]FTA 的簽署有助於降低這些產品的關稅和非關稅障礙，亦可協助東協成員國政府因應疫情。FTA 的合作機制更能使東協從「歐洲隊」獲得持續性的財務和技術支援。[99]

上述的全球性挑戰對東協與歐盟進行 FTA 談判有重要影響。歐盟和東協各機構的法律權限和相關政治因素大幅影響了協定談判和批准的過程。依據《歐盟運作條約》（Treaty on the Functioning of the EU）規定，歐盟理事會是基於歐盟執委會的建議，授權執委會展開貿易談判。[100] 執委會的任務是進行 FTA 談判，但 FTA 的簽署及生效將取決於理事會的同意及歐洲議會的批准。[101] 歐盟各個機構有不同的關注焦點與考量，理事會及執委會在意的是貿易協定的實體利益，而歐洲議會則經常強調人權和永續發展等歐洲價值。[102]

有別於歐盟的超國家架構，東協本身是一個國際組織，所以 FTA 相關程序仍以個別國家為中心。東協秘書處在 FTA 談判中的能力有限，因為《東協憲章》的條約締結權條款不適用於會「對個別成員國產生義務」的協定，[103] 貿易與投資協

定的生效必須經由東協各成員國的國會批准，而非交由東協
國家議會大會決定。以上這些機構的法律權限差異，影響了
東協與歐盟的貿易與投資談判。

　　從第三波區域間主義開始，歐洲議會就極力推動與新加
坡和其他亞洲國家簽署雙邊「開路者」協定，以設下貿易自
由化的標準。[104] 2004 年間，新加坡總理吳作棟建議歐盟與東協
簽署 FTA 時，時任歐盟貿易執委拉米（Pascal Lamy）卻表示
討論區域間 FTA 的時機不夠成熟，[105] 並建議雙方應將重點放在
TREATI 架構，因為東協的非關稅障礙仍阻礙貿易與投資。[106]
在他看來，歐盟與東協是「不一樣」的，因為東協國家傾向「先
推動 FTA 談判，再處理較具爭議的法規障礙」。[107]

　　貿易政治的轉變促使歐盟執委會變更其立場。2006 年的
「全球歐洲」（Global Europe）貿易政策白皮書，強調作為歐
盟 FTA 潛在夥伴的兩大考量標準，包括「市場潛力」和「對歐
盟出口的保護程度」，因此讓東協成為 FTA 優先談判對象。[108]
為了評估區域對區域 FTA 的可行性，「歐盟與東協願景小組」
（EU-ASEAN Vision Group）發現，東協和其他區域不同，
其成員國「異質性極高」，發展程度相當分歧。願景小組建

議協定應該要在 7 年之內，「取消 90％的貿易關稅和稅則項目」。[109] 東協與歐盟 FTA 不同於大多數的東協外部協定，它並非在架構協定下進行談判，其本身就是單一且全面的協定。[110] 這個 FTA 亦提供特殊及差別待遇，給予低度發展國家（柬埔寨、寮國、緬甸和越南）較長的過渡期。[111]

在獲得理事會的談判授權後，執委會於 2007 年展開與 7 個東協國家的 FTA 談判。[112] 之後歐洲議會並提出夥伴合作協定（PCA）的要求，包括將「具強制性的人權條款」列為「與任何國家簽署 FTA」的前提。[113] 不過短短兩年內，FTA 協商就遭遇障礙，共同委員會決定在 2009 年暫停談判，[114] 主因是歐盟與東協在敏感議題上存在極大分歧，包括 90％的關稅取消標準及政府採購，有些東協成員國如馬來西亞就拒絕接受政府採購的要求。[115] 讓歐盟感到更挫折的是，因為緬甸的參與，導致談判被導向為「最小公約數」的結果。[116] 東協與歐盟 FTA 談判破裂之前，歐盟執委會曾試圖另外同時與汶萊、新加坡、泰國進行雙邊談判以挽救該協定。[117] 然而這種搶快的補救方式

仍然失敗，因為在此方式之下，歐盟只有和新加坡的談判較具有建設性。

　　歐盟執委會隨後在「共享貿易」政策闡明著重於東協的策略，也讓東協與歐盟 FTA 談判死灰復燃。[118]執委會宣布了以雙邊 FTA 為基礎的堆積木策略，藉此展開歐盟與新加坡、越南的雙邊 FTA，並以這兩個 FTA 作為其他東協國家的談判基準。[119]這個方法呼應了先前歐洲議會的建議，從開路者協定為起點，奠定區域對區域 FTA 的根基。[120]歐星 FTA 協商始於 2009 年，並於 2014 年完成；2012 年，[121]歐盟啟動與越南的 FTA 談判，並於 2017 年完成。[122]這些開路者協定有助於推動東協與歐盟 FTA，對東協來說，與歐盟簽訂 FTA 有助於「東協經濟共同體」2025 年藍圖」中新的「全球東協」目標，加強東協的集體力量，也鞏固了新區域經濟秩序。[123]雙方自 2017 年起重新討論如何恢復東協與歐盟的 FTA 談判，[124]未來區域間 FTA 和《全面航空運輸協定》（Comprehensive Air Transport Agreement）將成為最具代表性的區域間協定。

III 開路者協定：歐星 FTA 與歐越 FTA

　　有鑒於歐盟法院「2/15 意見書」對原本的歐星 FTA 提出權限問題，歐盟與新加坡在 2017 年將原先的協定分割為 FTA 和投資保障協定（IPA），並於 2018 年簽定這兩項協定。[125] 歐盟和越南也遵照相同模式，在 2019 年簽訂新的 FTA 和 IPA。[126] 根據新加坡法律，貿易協定的生效不需要經國會的同意或批准。[127] 因此，當歐洲議會於 2019 年通過歐星 FTA 和 IPA 之後，歐星 FTA 立即生效。[128] 2020 年，歐越 FTA 則在歐洲議會及越南國會通過後生效。[129] 而歐盟與兩國簽訂的 IPA 將交由 27 個歐盟成員國批准。FTA 與夥伴合作協定（PCA）之間的法律連結，亦使這些協定更加密不可分。

　　歐盟與新加坡、越南的 FTA 體現了第三波區域間主義，兩者都呈現出歐盟新世代協定的樣貌，且是歐盟與東協國家簽訂的頭兩項 FTA。歐星 FTA 是歐盟繼南韓、日本後，與亞洲國家簽訂的第 3 個 FTA；歐越 FTA 則為「歐盟與開發中國家簽署最全面的貿易協定」，[130] 也促進了歐越夥伴合作協定達成「早期承認越南市場經濟地位」的目標。[131] 東協與歐盟 FTA

仍存在諸多阻礙，例如歐盟與印尼、馬來西亞的棕櫚油紛爭，
以及柬埔寨和緬甸的人權狀況，如羅興亞人危機與近期的軍
事政變。本書所強調的是，開路者協定的創新機制和貿易創
造效應可以獲取大眾支持，並重振東協與歐盟的區域間連結。
表 4.1 比較歐盟與新加坡、越南的協定，可讓東協和其他亞
洲政府更易評估歐盟的策略。

表 4.1 歐盟與新加坡和越南貿易與投資協定之比較		
關稅取消	歐盟：5 年內 新加坡：於 2019 年取消剩餘關稅	歐盟：7 年內 越南：10 年內 包括關於再製造及修繕貨品的承諾
原產地規則	東協累積 亞洲食物產品之配額	類似但範圍較小 包括南韓的紡織品
服務、建設及電商	特定章節 正面表列原則	同左 同左
貿易之技術障礙	汽車業採用 UNECE 式核准系統 關於再生能源生產條款	同左 同左
著作權	作者死亡後 70 年	作者死亡後 50 年
地理標示	僅歐盟地理標示（190 項）受保護	歐盟（169 項）及越南地理標示（39 項）皆受保護
國營事業	無特定章節；競爭及相關事項章節具部分內容	有特定章節；獨立於競爭政策章節之外
永續發展	參照各章節專用之爭端解決機制	同左

國與國仲裁	150 天，可延長至 180 天	120 天，可延長至 150 天
IPA	新加坡	越南
投資定義	較廣泛	較狹隘
投資法庭制度（投資人與地主國爭端）	一審法庭（6 人）及上訴法庭（6 人）由歐盟及新加坡個別與共同指派8 年期，可由執委會延任	法庭（9 人）及上訴法庭（6 人）由執委會指派4 年期，可連任一次
夥伴合作協定 PCA	新加坡	越南
與 FTA 之連結	為共同組織架構的一部分	同左
強制執行	諮商含不履行機制之附屬文件（side letter）	同左無附屬協議

A、關稅減讓與東協累積式原產地規則

關稅減讓在貿易談判中相當重要，歐盟與新加坡、越南間的 FTA 為其他東協國家設立了標竿。由於新加坡和越南的發展差異極大，關稅自由化程度和實施時程就展現出兩種模式。雖然新加坡對 99％的進口貨物皆給予免稅待遇，但新加坡的在 WTO 協定下的關稅承諾僅涵蓋該國 69.3％的稅則項目，也就是說，對於歐盟企業而言，歐星 FTA 具有更高的可預測性。[132] 此外，歐星 FTA 取消了新加坡對啤酒、三蒸酒（samsu）在內酒精飲品的關稅，[133] 歐盟方面則會在 5 年內分三階段調降並取消對新加坡貨物的關稅。[134] 政治考量對於關稅減

讓當然有所影響，舉例來說，因為義大利擔心印度煎餅（roti pratas）會取代比薩，因此印度煎餅的關稅會等到 2025 年才取消。[135] 歐盟的關稅自由化亦排除了部分漁業產品和蔬菜。[136]

歐越 FTA 對於東協低度開發國家很重要，因為它呈現出南北協定中「以發展為主」的特質。為了取消超過 99％的關稅，該 FTA 的不對稱方式對越南較為有利。[137] 歐盟對越南出口的關稅會在 7 年內取消，但越南取消對歐盟產品的關稅，則有 10 年的過渡期。[138] 越南身為開發中國家，享有歐盟普遍化優惠關稅措施（GSP）待遇。在歐盟 GSP 下，越南 75％的出口產品都可享有較低的關稅，而歐越 FTA 的保障更超越了現行 GSP 的優惠待遇。[139] 對於剩餘 8 個東協 GSP 受惠國而言，與歐盟簽訂雙邊和區域 FTA 以獲得額外的關稅優惠待遇，至關重要。[140]

歐越 FTA 的貨品貿易條款，具有「對開發中國家友善」的特色，這是在歐星 FTA 中所沒有的。如同 CPTPP，歐越 FTA 納入了「再製造產品」（remanufactured goods）規則。[141] 再製造產品是指某產品「包含已使用過的零件」，但產品的性能、狀態、使用效期和保固條件都與新品相當。[142] CPTPP 規

定「再製造產品進口」時，須與新產品適用相同規範管制。[143]
歐越 FTA 採取相同作法，但要求產品須標示清楚以避免混淆
消費者，且有 3 年的實施過渡期。[144]

目前越南國內法律禁止進口二手貨品，[145]但為因應歐越
FTA 生效而調整之新的法規下，預期歐盟企業將出口更多具
有高附加價值的再製造且成本較低的醫療器材與汽車零件。[146]
此外，貨品在歐盟國家經過修繕，要重新進入越南時，歐越
FTA 也免除此類貨品的關稅。[147]因此再製造和修繕貨品相關
的條文，將有助於發展中國家的企業節省必備器材的成本。

1、東協累積規則的之法律概念

原產地規則確保了只有 FTA 夥伴可享有優惠待遇，而不
會使優惠待遇外溢至第三方。這類規則對全球價值鏈極為重
要，而且會影響到 FTA 的使用率。歐盟與新加坡、越南 FTA
當中有些創新規範，非常有利於東協經濟共同體 2025 年藍圖
達成「建立更統一的市場」目標。[148]其中，原產地規則不但採
納了東協累積的概念，亦使亞洲食品可免關稅進入歐盟。

歐盟與新加坡、越南的 FTA 都採取了相互平等規則

（co-equal rule），讓出口業者可以自由選擇要採用稅則分類變更規則（CTC）或區域產值含量（RVC）規則，不管使用哪一種規則，出口業者都能享有 FTA 的關稅優惠。[149]根據區域產值含量規則，一旦產品未達區域產值含量門檻（大多數的東協 FTA 規定為 40％），即會被視為非原產地貨品，無法享有 FTA 優惠。[150]倘若依照東協累積式的原產地規則，其他東協國家製造的成分也可以計入歐盟 FTA 的或區域產值含量計算之中。這個作法可以反映出實際上的製造鏈，舉例來說，新加坡並非區域製造中心，如果或區域產值含量規則僅將「新加坡製造」產品視為原產地產品，將使 FTA 的優惠效益大打折扣。

　　東協累積規則並不是一個新的法律概念。歐盟 GSP 讓新加坡以外的東協國家都享有「區域累積」的優待。[151]類似的規範亦可見於「東協加一」FTA，例如根據東協與中國簽訂的 FTA，所有東協國生產的零件都可計入區域產值含量。日本一共與 7 個東協國家簽署了雙邊 FTA，並與東協簽署一個 FTA，但只有後者具有東協累積式的原產地規則。[152]歐盟與新加坡、越南的 FTA 則是獨特的開路者，因為它們將 GSP 的累積規則納入雙邊 FTA 之中。但歐越 FTA 的東協累積範圍

與歐星 FTA 相比，較為受限。

　　首先，根據這兩個歐盟 FTA 的「一號議定書」（Protocol 1），任何東協國家只要與歐盟簽訂了 FTA，該國的產品即適用累積規則。[153] 這類規則會造成「骨牌效應」，促使更多東協成員國加速與歐盟的 FTA 談判，以成為區域出口的樞紐。[154] 目前歐越 FTA 的東協累積式原產地規則限於活體、新鮮或冷凍的花枝、魷魚和章魚等產品。[155] 等到歐盟與更多東協國家簽訂協定後，歐越和歐星的 FTA 也將重新檢視，並修訂原產地規則，以確保各個 FTA 內容的一致性。[156]

　　第二，東協累積規則的適用並不是一定以 FTA 為前提。歐星 FTA 設有彈性安排，允許新加坡製造業者利用其他東協國家的原物料和零件作為其產品的原產地原料，以製造出特定產品。[157] 目前附錄 D 所列的少量產品產生的影響有限，因為這些產品「以產值計僅占新加坡從東協國家進口總值的 18.8%」。[158] 若能拓展附錄 D 的規模，將可刺激東協企業重整產品供應鏈，使其可受益於歐星 FTA。

　　歐越 FTA 的原產地規則另有其他特色。有別於 CPTPP

的「從紗開始」（yarn forward）規則，嚴格要求最終產品要使用參與國的紡紗與布料，歐越 FTA 是採取「從布開始」（fabric forward）規則。而且歐越協定延伸累積條款範圍至產於南韓的布料；[159] 歐星 FTA 則無此條文。實際上，CPTPP 的規範對越南的成衣和紡織業極具挑戰，因為越南高度仰賴來自中國大陸、南韓和臺灣等非 CPTPP 國家的紡紗與布料。[160] 在歐越 FTA 之下，越南可從南韓進口布料並出口最終產品至歐盟，因此能降低對中國布料的依賴，且延伸累積規則亦可吸引南韓服飾製造業的投資。[161] 此外，歐越 FTA 是第一項讓非農產品可以標示「歐盟製造」的歐盟 FTA，[162] 這樣的標示讓歐盟製造業者能更有彈性使用不同歐盟國家的工廠，而不用擔心會影響其產品對東協的出口。

2、 亞洲食品

亞洲以多元食物文化聞名，歐星 FTA 特殊的原產地規則，使其成為第一個讓亞洲食品出口至歐盟享有零關稅待遇的貿易協定。雖然歐越 FTA 未納入這類規定，但新加坡的範例可促使東協國家與歐盟 FTA 就此一議題進行相關談判。歐星 FTA 的「一號議定書」附錄 B 詳列了食品項目，例如春捲、米粉和包子等。[163] 附錄 B 雖然對「非原產材料」設限，但附錄

B（a）則列出例外情形，允許年度配額 1,250 公噸的食品適用更寬鬆的原產地規則。[164]

　　附錄 B 規定「所有材料」都必須在新加坡「取得」，但附錄 B（a）允許熱門點心類食品，如雞肉燒賣所使用的肉類，不一定要來自新加坡。[165] 與之相較，日星 FTA 規定特定食品的材料必須來自「東協的任一成員國」。[166] 因此，歐星 FTA 更為寬鬆，因為附錄 B（a）僅規定食品必須是在「新加坡製造」，因此製造業者具有較多彈性空間，可使用任何國家的原物料，而不限於東協國。[167] 附錄 B（a）的配額由歐盟執委會管理，採取「先到先得」的原則。[168] 一旦配額用盡，出口業者就要回歸附錄 B 的規範，遵照較嚴格的食品規定。

　　由於歐星 FTA 才剛實施不久，出口業者尚未完全利用亞洲食品的配額。因此，這項獨特機制可能會發生和原產地規則相同的問題，亦即面臨使用率過低的情形。FTA 使用率過低的問題不僅發生在東協，也同樣發生在歐盟。實證數據顯示，僅有 67％的歐盟出口業者曾使用歐盟 FTA 的關稅優惠。[169] 為何會出現如此現象？常見的解釋是因為企業能力不足，無法取得足夠的資訊，以致無法充分利用 FTA。為了簽

訂東協與歐盟 FTA，政府應提升企業對 FTA 機制的認知，並簡化使用流程。對於像越南這樣的低度開發國家，有效使用歐越 FTA 非常關鍵，因為該 FTA 對越南 GDP 的影響力將是 CPTPP 的三倍以上。[170]

B、服務貿易與電子商務

歐盟與新加坡、越南的 FTA，都將服務和電子商務的貿易規範寫在同一章節內。[171]服務貿易與電子商務這兩個領域在新冠肺炎疫情期間變得更為緊密結合，因為社交距離和封城措施推動了數位服務需求，包括教育、金融和遠距醫療等服務產業。[172]服務貿易分別占新加坡和越南 GDP 的 70％和 40％，[173]加強服務貿易既可保障新加坡的金融中心地位，也可幫助越南跳脫中等收入陷阱而順利進入下階段的發展。[174]對歐盟而言，因為 WTO 談判陷入僵局，且東協國家皆未參與由 23 個 WTO 會員進行的複邊《服務貿易協定》（Trade in Services Agreement）談判，使得簽署 FTA 成為歐盟擴大服務業相關利益的唯一管道。[175]

歐星與歐越 FTA 的服務貿易規則相當類似。不同於

CPTPP 對服務承諾採取負面表列方式，歐盟的 FTA 都採用如 WTO《服務貿易總協定》使用的正面表列方式作法。歐星和歐越 FTA 兩者在服務貿易規定的主要差異，在於最惠國待遇（MFN）條款。歐越 FTA 類似於歐盟與加拿大、南韓的 FTA，具有一般性的最惠國待遇條款，只是排除了資訊和文化服務等特定產業；[176] 但歐星 FTA 的服務章節並沒有納入此類條款。[177] 也就是說，新加坡和歐盟雙方將來都沒有義務將該協定承諾的服務貿易待遇延伸至與第三國簽訂的 FTA。雖然歐星 FTA 缺乏一般性最惠國待遇條款，但它在新加坡的銀行業承諾中加入有限度的最惠國待遇條款。[178]

歐盟與新加坡、越南的 FTA 透過高於 WTO 的《服務貿易總協定》承諾基準，擴大了市場准入範圍，包括電腦、環境服務和航空運輸服務。[179] 具體來說，新加坡允許郵政和快遞服務享有優於 WTO 的市場准入待遇，[180] 不但取消了原先快捷信件服務的模式三（商業據點呈現）的限制，也放寬平信服務限制，僅要求服務業者必須在新加坡境內登記註冊。[181] 歐越 FTA 也使歐盟的流通業者受益，因為它免除了越南在 WTO 承諾的經濟需求測試。[182] 至於銀行服務和航海運輸業方面，合資企業的外資股權上限大幅調升，分別從 30％提升至 49％以

及從 49％提升至 70％。[183]

當代貿易協定通常可使企業內調任者和商務旅客的移動
更為便捷，歐盟 FTA 也加強了這些專業人士的移動（亦即模
式四的自然人移動）。歐越 FTA 延長歐盟經理人、執行長和
專員的停留時間。[184] 歐星 FTA 甚至允許「研究生受訓者」入
境並停留一年，以發展職涯或接受經商技術方法的訓練，[185] 歐
越 FTA 亦有相似的「培訓僱員」條款。[186] 這些專為資淺專業
人士所訂定的規則，將可擴大技術轉移效應，不但對國家發
展十分重要，也有助於歐亞連結戰略下人與人之間的連結。[187]

1、銀行及法律服務

雖然歐盟與新加坡、越南 FTA 當中創新的設計，對形塑
東協與歐盟區域間主義與新亞洲區域主義有正面影響，但我
們也需要注意其中有待改善的缺失。例如特定服務承諾和電
子商務規則，應參照其他協定作為未來改進的基礎。相較於
新加坡和美國、澳洲簽訂的 FTA，歐星 FTA 關於銀行及法律
服務業的承諾相對弱勢。

花旗銀行和德意志銀行這類歐美銀行業龍頭，一直以來

在新加坡極為活躍。2003 年簽署的美星 FTA，對新加坡的金融市場自由化產生深遠的影響。例如新加坡金融管理局開始發行特許全執照銀行（Qualifying Full Bank, QFB）和批發銀行（wholesale bank）許可證，使外資銀行除了新加坡幣零售銀行業務之外，可以執行完整的本地銀行業務。[188] 美星 FTA 給予美國的銀行優惠待遇：QFB 的優惠待遇准許其先設立 30 個服務據點，之後則無數量限制，並可以加入當地銀行的 ATM 網絡。[189] 雖然歐星 FTA 比美星 FTA 晚了 15 年，歐盟銀行卻未獲得更優惠的待遇。雖然歐盟銀行也享有類似於加入 ATM 網絡的待遇，但服務據點數量僅從 25 增加到 50，而不像美國銀行無數量限制。[190]

不同於美星 FTA 在服務章節內納入一般性最惠國待遇條款，歐星 FTA 的最惠國待遇條款僅限於銀行業。[191] 根據這項有限的最惠國待遇條款，若新加坡未來的 FTA 授予第三國更優惠待遇，歐盟銀行亦享有該待遇。不過歐星 FTA 內的最惠國待遇條款卻排除了美國。[192] 也就是說，即使美國決定升級美星 FTA，歐盟銀行也不能比照適用，因此仍無法完全受益於歐星 FTA 的最惠國待遇條款。

　　法律服務承諾也有類似的缺點。國際法律事務所大多將新加坡作為解決商務爭端的區域中心，新加坡與美國、澳洲簽訂的 FTA 放寬了對合資律所（Joint Law Venture）和正式法律聯盟（Formal Law Alliance）的合格律師規定。[193] 歐星 FTA 也有相同的承諾，但新加坡與澳洲和美國簽署的 FTA 更進一步要求新加坡承認 10 間澳洲法學院與 4 間美國法學院的法律學士和專業法律博士學位，作為符合成為新加坡律師的條件，[194] 但歐星 FTA 不包含此種學位認證的承諾。這項承諾對未來的英國與新加坡 FTA 談判將更為重要，因為目前新加坡只承認部分英國法學院授予的學位，而不承認歐盟國家學校的法律學位。[195]

2、數位貿易規範

　　歐盟與新加坡、越南的 FTA 皆有電子商務相關章節。現代 FTA 的電子商務條款可加速第四次工業革命，並協助後疫情時代的經濟復甦。但如同上述服務業承諾的缺點，歐盟企業認為歐星與歐越這兩個 FTA 的數位貿易規範，令人失望。歐盟與新加坡、越南的 FTA 分別有 5 條和 3 條關於電子商務的規定，[196] 但都未達到預期中的開路者協定標準。主要原因之一是這兩項 FTA 是分別在 2012 年和 2015 年完成服務和

電子商務章節的談判，[197]無法涵蓋如 CPTPP 更為現代且詳盡的規則。

　　歐盟與新加坡、越南的 FTA 在核心領域都有著相似的規範，以便利歐盟跨國企業的經營。兩項 FTA 都允許服務業者利用電子方式跨境傳輸資訊，並禁止對電子傳輸課徵關稅。[198]雖然這兩個 FTA 可作為法規合作的對話平台，[199]但是歐星 FTA 訂有額外規定，用以評估「相互認證電子簽章協定的可行性」，並瞭解雙方對於電子簽章的立法。[200]CPTPP 的規範則更為強硬，規定參與國「不可否決電子簽章的法律效力」。[201]

　　為了推動歐盟執委會主席馮德萊恩在 2020 年提出的「歐洲數位 10 年計劃」，東協與歐盟 FTA 應將亞洲國家當代協定中的電子商務條文納入考量。[202]CPTPP 和新加坡的《數位經濟協定》（Digital Economy Agreements, DEA）可作為重要參考標準。CPTPP 的電子商務章節，涵蓋更多有關保障線上消費者和個人資訊保護、資訊安全及原始碼的詳細規定，比起歐盟與新加坡、越南的 FTA 規範，將更為適當。[203]2020 年澳洲與新加坡簽訂的《數位經濟協定》也具有參考價值，因為

它不僅修訂了雙邊 FTA，更將治理範疇延伸至人工智慧、金融科技和監管科技合作。[204]

越南在實施電子商務規範上遇到諸多問題，其中一項敏感的數位議題是資料在地化。CPTPP 和《東協電子商務協定》都禁止各國強制將電腦設備設置於本國，作為在該國內進行商業營運的條件。[205] 2019 年 CPTPP 在越南生效，迫使該國遵循「西式」標準，但越南卻通過了《資訊安全法》，不但規定資料在地化，並要求外商在政府提出請求時提交資訊。[206] 這項法律可說是與 CPTPP 規定的精神相悖。

但嚴格來說，越南並未違反 CPTPP，因為 CPTPP 的爭端解決條文授予越南寬限期，越南與加拿大、日本和紐西蘭的附屬文件也是如此規定。[207] 而 CPTPP 對於個人資訊保護的規定，則要等到越南制定相關法律架構後才會適用。[208] 然而，推行《資訊安全法》這種直接違背 CPTPP 核心規範的法律，等於是濫用了寬限期，並濫用了基於「正當公共政策」的特例。[209] 此外，為保護「國家主權」和「社會穩定性」而使用過於模糊和籠統的資訊安全概念，實則違反了歐盟《一般資料保護規範》（General Data Protection Regulation, GDPR）。[210]

據此，未來談判東協與歐盟 FTA 的電子商務條文，歐盟代表應參考數位經濟協定、CPTPP 和 GDPR 的規定，並且限縮寬限期，以避免參與國濫用相關規範。

C、減少非關稅障礙：從醫療到綠色產業

除了貨品和服務貿易條文之外，非關稅障礙的新規定也能強化「東協連結總體規劃 2025」和「歐亞連結戰略」。[211] 在法律意義上，非關稅「措施」不同於非關稅「障礙」。國家可合法使用非關稅措施，但如果這些措施的適用方式具歧視性且無法合理化，該措施才會構成非關稅障礙。[212]

非關稅措施是個國際性的議題，亞太地區有 58％的貿易量都受其影響。[213] 東協經濟整合最顯著的成果是將平均關稅率降至 4.2％，但與此同時，非關稅措施卻成長了 3.6 倍，減損了東協經濟共同體的成果。[214] 這些非關稅措施之中，有四分之三是技術性貿易障礙（TBT）以及食品安全檢驗和動植物防疫檢疫（SPS）相關措施。[215] 由於「東協經濟共同體 2025 年藍圖」對非關稅障礙僅施加軟性義務，關於 TBT、SPS 和再生能源生產的 FTA 條文對於這些產業就非常重要。[216]

　　減少 TBT 障礙可以藉由授予標示規定更大的彈性來達成。變更標示經常需要將產品再運回出口國，因此會大幅增加出口業者運送的成本和時間。歐盟與新加坡、越南的 FTA 允許在進口國內「貼上補充資訊或修正的標示」，以減輕出口業者的負擔。[217] 更多對企業友善條文包括接受可移除的貼紙或隨附文件的標示，亦可進一步降低成本。[218] SPS 章節也有利於如東協國家的椰子、榴蓮出口，因為低風險動植物產品出口不再需要提供檢疫認證。[219]

　　製藥和醫療器材對於新冠肺炎的治療，以及醫療照護產業的發展不可或缺。歐盟與新加坡、越南 FTA 消除的非關稅障礙規定，也同樣適用於這些醫療器材。[220] 在技術法規領域，這兩個 FTA 都承諾遵守「國際標準、實務經驗與指引」，[221] 並規定有關「製藥產品的標示、定價或退款」等規則，必須遵守透明且不具歧視性，[222] 申請者並對主管機關的決議有「申覆的機會」。[223]

　　雖然兩個歐盟 FTA 都具有醫療相關 TBT 的規則，但本書認為東協與歐盟 FTA 應參考其他協定中更完善的規定。例如《歐盟與加拿大全面經濟貿易協定》納入「優良製造規範」

（Good Manufacturing Practices）相互認證程序，以強化藥品的法規一致性。[224] 新加坡與印度 FTA 則降低了印度一般藥品註冊的技術障礙。[225] 根據該協定的附屬協議，若產品在如歐盟和英國等特定地區已獲得認證單位的核准，則該產品在新加坡申請市場授權時可適用簡化程序。[226] 此外，CPTPP 具有比歐盟 FTA 更為詳盡的規範，例如 CPTPP 規定當局授予市場授權時，不可取決於特定製藥和醫療器材「市場的銷售數據或相關財務數據」，[227] 申請人也可以針對決議要求「上訴或覆查」。[228]

減少非關稅障礙對於歐盟汽車業也一樣重要，因為遵守符合性評估程序和重複認證等法規流程都相當繁瑣，造成業者昂貴的監管負擔。雖然 1958 年「聯合國歐洲經濟委員會」（UN Economic Commission for Europe, UNECE）協定降低了汽車和汽車零件製造業和進口業者的認證門檻，但新加坡和越南並非締約國。[229] 歐盟 FTA 要求新加坡和越南採用 1958 年協定所規定的 UNECE 式認證系統，認可依據該認證系統所核發的歐盟認證。[230] 雖然新加坡和越南的汽車市場相對有限，不過這兩項開路者協定為歐盟與東協國家的 FTA 立下範本，未來可複製 UNECE 的相關條文。[231]

　　對歐洲汽車製造廠來說，新加坡和越南的市場具有一定潛力。在新加坡，日本和歐盟汽車的市占率分別為 58.4％和 29.5％，[232] 其中 25.3％的進口車來自德國，包括 BMW 和賓士這兩個著名德國品牌。[233] 越南市場也反映類似的趨勢，以日本車和德國車為大宗。[234] 但越南不同的情況在於，該國試圖發展本土汽車產業，目標銷售市場為東協各國。例如越南的汽車業者 Vingroup 結合 BMW 的底盤和技術，加速生產「越南製造」的汽車。[235] 因此，歐盟 FTA 可以幫助歐盟汽車產業，擴大汽車出口以及對東協的相關服務。

　　另外，歐盟與新加坡、越南的 FTA 也都對於新興的綠色產業相當有利。這兩個 FTA 都包含了再生能源產業的非關稅障礙章節，且獨立於貿易及永續發展章節之外。[236] 這些規則有助於實施「歐洲綠色新政」（European Green Deal），以追求「對環境無負擔的社會」，同時幫助歐盟和東協實現聯合國永續發展目標。[237] 事實上，歐星 FTA 與歐越 FTA 並非概略地規範永續能源，而是特別強調「可從再生及永續資源產生的能源」。[238] 這兩個 FTA 亦禁止締約雙方採用自製率要求、與在地企業合作要求、歧視性認證以及許可程序等不利的措施。[239]

　　新加坡可藉著支持在東協的歐盟業者發展太陽能、水力與風力發電等業務，以吸引再生能源相關的貿易與投資。對越南而言，確保能源供應對其國家發展非常重要。德國政府已協助越南執行包括風力發電等再生能源計劃，[240] 而歐越 FTA 的合作機制將進一步促使越南採用歐盟設備與服務。[241] 目前越南有 15 項法律，以管理再生能源生產相關的貿易與投資非關稅障礙，但這些法律都欠缺對「再生及永續能源」的明確定義。[242] 倘若國內法律的定義不清，將會阻礙 FTA 的實施，未來東協與歐盟在談判協商 FTA 時應留意這點。

　　值得注意的是，涉及出口棕櫚油至歐盟的 TBT 相關爭議，可能使東協與歐盟的 FTA 談判破局。[243] 印尼和馬來西亞為目前全球最大的棕櫚油製造國和出口國，而出口棕櫚油至歐盟的問題，促使印尼對於歐盟 2019 年的《再生能源指令》（Renewable Energy Directive），向 WTO 提出控訴。[244] 依該歐盟指令，印尼必須在 2030 年前逐步淘汰棕櫚油和以棕櫚油製造的生質燃料，因為其間接造成的土地使用變更會阻礙歐盟的再生能源目標。[245] 印尼認為此歐盟指令違反了 WTO 的 TBT 協定的諸多規定，不但採取歧視性標準而且未履行符合性評估程序的義務。[246] 這項爭端目前仍待解決，也可能影響東

協與歐盟 FTA 的再生能源相關規範。

IV 里斯本條約後 FTA 的新世代元素

　　歐盟第一代 FTA 的談判都在 2006 年之前，重點主要是貨品貿易。[247] 而新世代 FTA 始於「全球歐洲」政策發表之後，將 FTA 的涵蓋範圍擴及到服務和投資保障，智慧財產權、政府採購及永續發展等內容。[248] 2009 年生效的《里斯本條約》（Treaty of Lisbon）修訂並整合了《歐盟條約》（Treaty on European Union）及《歐盟運作條約》（Functioning of the EU），[249] 這些憲法性基礎給予歐盟更多整合性力量以實行 FTA 及亞洲政策。[250] 歐韓 FTA 是第一個新世代 FTA，[251] 其後的歐日 FTA 也採取類似的全面性策略，不過這兩個 FTA 皆缺乏投資保障條文。

　　歐盟與新加坡和越南的貿易與投資協定帶來了根本的法律變革。為因應歐盟法院的「2/15 意見書」，歐星 FTA 成為

第一項將 FTA 與投資保障協定（IPA）拆分的協定。這種策略，影響了歐越 FTA 和 IPA，以及正在進行中的歐日 IPA 協商。[252] 這些 FTA 創新的新世代元素結合 IPA 與夥伴合作協定，強化了後疫情時代的區域間主義。從理論觀點來說，歐盟與東協國家的新型 FTA，使得歐盟作為經濟整合夥伴的規範性權力，效果外溢到其他國家。[253] 從政策觀點來說，這些協定都為東協與歐盟 FTA 和夥伴關係鋪路。在歐盟對北京日漸缺乏互信的情況下，歐盟與東協的協定是目前的「迫切需求」。[254]

A、加強著作權保護與地理標示

歐盟在談判新世代 FTA 的目標之一，就是要納入較 WTO《與貿易有關之智慧財產權協定》（Agreement on Trade-Related Aspects of Intellectual Property Rights, TRIPS）更高的標準。歐盟與新加坡、越南的 FTA 都含有智慧財產權章節。[255] 智慧財產權章節「最突出的層面」即是著作權及地理標示機制的相關條文，其法規架構也顧慮到東協國家的不同發展階段。[256]

CPTPP 擱置 TPP 中部分智慧財產權條文，因此並不要

求新加坡和越南將 TRIPS 協定的著作權保護期間，從作者死後 50 年延展至 70 年。[257] 雖然歐星 FTA 將保護期延展至 70 年，但歐越 FTA 仍維持 50 年的保護標準。[258] 實際上，為履行美星 FTA，新加坡早已修訂國內的著作權法，將著作權保護期延至 70 年。[259] 不過歐星 FTA 與歐越 FTA 另有額外規範，以擴張智慧財產權法的保護範圍。例如，協定將義務範圍涵蓋到新科技措施，並授予錄音物製作人特定權利。[260]

強化地理標示保護對東協智慧財產體系帶來巨大改變，也展現出歐盟 FTA 對新亞洲區域主義的外來影響。雖然東協國家都是 WTO 成員，但 TRIPS 協定對地理標示的保護有限。[261] 有鑑於如法國的莫城布里乳酪、瑞典的伏特加等歐洲食品和酒類飲料的巨大商業利益，歐盟執委會在新世代 FTA 中欲拓展地理標示的範疇，並加強法規的執行。[262]

歐盟與新加坡、越南的 FTA，為調和東協的地理標示立法提供了規範性基礎。儘管東協內註冊了超過 340 項地理標示，但東協各國管理地理標示的機制差異甚大。[263] 如印尼、馬來西亞、新加坡和泰國已頒布地理標示特別規定，而汶萊和越南則僅在商標法或一般智慧財產法的範疇下保護地理標

示。[264] 以印尼木托克（Muntok）白胡椒為例，在其完成註冊地理標示後，價格大幅上漲。[265] 因此，東協和其他亞洲政府應瞭解，加強地理標示機制對本國及歐洲製造業者皆有助益。

從歐盟與日韓的 FTA，及 2020 年歐盟與中國的地理標示協定可知，地理標示產品的保護多為互惠措施。[266] 歐星 FTA 是一例外，歐星 FTA 的地理標示保護措施是單向的，新加坡承認 196 件歐洲的地理標示，但新加坡產品在歐盟並無相關保護。[267] 新加坡會接受這個政策的原因是，它出口到歐洲的農產品極少，且新加坡政府欲加速 FTA 的簽署。[268] 至於歐越 FTA，越南承認 169 件歐洲的地理標示，歐盟也承認了 39 件越南的地理標示，[269] 其中又以承認越南 Buon Ma Thuot 咖啡的地理標示特別重要，因為歐盟是越南咖啡最大的出口市場。[270]

考量到越南的發展階段，歐越 FTA 比起歐星 FTA 有更「優惠」的地理標示規範，這點和著作權保護條文的情況相似。歐越 FTA 豁免了包括香檳和菲達起司在內的 5 項地理標示規定，且允許賣方在特定期間「善意地在商業上運用」這些地理標示。[271] 由於越南的地理標示機制法源為民法、智慧財

產法及行政命令，因此執行豁免項目和保護同名異物的地理標示時，還需要釐清多個規定並使其一致化。[272]

　　至於實施機制方面，新加坡地理標示的立法以及邊境措施都值得學習。新加坡為了履行 WTO 義務，頒布《1998年地理標示法》。此為二階式的地理標示保護機制，除了針對具誤導性或造成不公平競爭的地理標示所適用的一般保護外，酒類的地理標示也受到加強保護，無論其標示是否會造成混淆或誤認。[273]

　　不過，《1998 年地理標示法》在執行面上有若干問題。因為缺乏地理標示註冊系統，一方如欲提出地理標示誤用的申訴，須承擔向法院「證明完全屬實」的重大責任，以證明該地理標示在新加坡應當受保護。[274] 為實施歐星 FTA，新加坡於 2019 年生效的《2014 年地理標示法》透過在新加坡智慧財產局下成立地理標示註冊組，改善上述缺失。[275] 根據新法，已註冊的地理標示即構成推定成立地理標示的證據。如果此地理標示遭受挑戰，新加坡高等法院亦可簽發地理標示註冊的有效性證書。[276] 此外，先前法律對酒類產品的加強保護，現在也延伸至農產品和食品的地理標示。[277]《2018 年智慧財產（邊

境執行）法》也規定新的邊境執行措施，例如新加坡海關在地理標示經權利人提出請求時，有權扣押進出口貨品。[278]

　　有趣的是，歐星 FTA 也成為新加坡國內地理標示判決的基礎。在 2019 年的案例中，申請人申請註冊義大利起司帕馬森乾酪（Parmigiano Reggiano）的地理標示，而對造當事人則要求延展「遞交異議通知書和相關證據」的時間。[279] 新加坡智慧財產局駁回了對造當事人的請求，理由是早在 2013 年，新加坡政府就已經公開歐星 FTA 的地理標示清單，並接受公眾諮詢，當時對造當事人並未反對該地理標示。[280] 因此，新加坡智慧財產局認為，對造當事人的請求將拖延歐星FTA生效，使新加坡企業的利益受損。[281] 新加坡的二階式保護機制和施行措施可作為其他亞洲國家的範例。

B、國營事業及政府採購

　　歐越 FTA 在智慧財產方面的條文給予越南較大的彈性，但相形之下，歐越 FTA 對國營事業和政府採購的規範，則比歐星 FTA 嚴格。大多數東協國家都遵循亞洲發展型國家的模式，早期經濟成長多倚賴策略產業中的國營事業，例如公用

事業和製造業。[282] 這樣的趨勢在越南也很明顯，國營事業占了全國預算的 30％及 GDP 的 40％。[283] 多個國家的經驗顯示，國營事業的問責制度不當，效率不佳，必須導入競爭和透明化制度。從這點來看，FTA 可從外部推動國營事業的改革。

歐星 FTA 與歐越 FTA 存在一個明顯的差異是，只有後者有獨立的國營事業章節。[284] 歐星 FTA 的競爭章節中，僅有兩條與「公共企業和具特殊或專屬權利企業」及「國家獨占」相關的條文。[285] 雖然歐星 FTA 未定義國營事業，但 CPTPP 是以 50％的政府股份和投票權或是「指派董事會大多數成員之權力」，作為判定國營事業的基準。[286] 美星 FTA 設下的標準則更為嚴苛，若政府對該企業具有「實質影響力」，該企業即被認定為國營事業。[278]

如同 CPTPP 和美星 FTA 對國營事業的定義，歐越 FTA 亦採用 50％的基準，並評估政府是否「對該企業的策略決定具有掌控權」。[288] 歐越 FTA 亦在 5 年的寬限期中，排除營收規模小的國營事業。[289] 這兩項歐盟 FTA 都具有非歧視性和商業考量的原則，歐越 FTA 則對於國營事業相關的企業治理和透明度事項更訂立了額外規則。[290] 舉例來說，歐星 FTA 的透

明度規範僅限於「與貨品貿易或提供服務相關的補貼」，且不具強制性。[291] 歐越 FTA 的相關規範可協助政府推動國營事業改革，包括國營事業的股權化計劃。[292]

政府採購方面，歐盟和新加坡皆已加入 WTO《政府採購協定》（Government Procurement Agreement, GPA），但越南和其他東協國家尚未加入這個 WTO 複邊協定。[293] 歐盟與新加坡、越南的 FTA 在政府採購章節中，都包括了關於最惠國待遇和國民待遇的條文。[294] 歐星 FTA 比 GPA 的標準更高，包括降低 GPA 對涵蓋的貨品和服務的價值門檻，並擴大適用政府單位的列表。[295] 歐星 FTA 亦涵蓋了更多形式的合約，例如涉及能促進民間興建營運後轉移（build-operate-transfer, BOT）的公私夥伴關係。[296]

越南政府對國內 GDP 的投資仍維持在近乎 40％的高比例，因此對於歐盟企業來說，越南的政府採購市場極具吸引力。[297] 雖然越南未加入 GPA，但是在 CPTPP 和歐越 FTA 下承諾對外國投標者開放市場。[298] 歐星 FTA 適用的單位為中央與次級中央政府，而歐越 FTA 還包含例如國立醫院和國有鐵路公司等「其他相關實體」。[299]

在納入 GPA 的規定後，歐越 FTA 可確保批准政府合約的程序公正，且與其他歐盟 FTA 的標準一致。[300] 歐星 FTA 規定，授予合約後 72 天內必須公布資訊，而歐越 FTA 則有更嚴格的透明度標準，[301] 要求在 30 天內公布資訊。[302] 越南接受這類嚴苛規定，意味著歐盟的規範性權力可以形塑第三波區域間主義。

C、投資人與地主國爭端之法庭及調解

爭端解決機制有助於貿易與投資協定的執行。歐盟與新加坡、越南的 FTA 設有仲裁小組，可分別在 180 天和 150 天內發布國與國爭端的最終報告。[303] 相較之下，歐越 FTA 的爭端解決機制具有較嚴格的時間限制。除了 FTA 的國家間爭端解決機制以外，歐盟 IPA 還設有投資人與地主國爭端適用的投資法庭制度，這個制度受到許多學者與律師的高度關注。在「菲利普莫里斯國際公司訴澳洲」（Philip Morris v. Australia）一案之後，傳統的投資人與地主國爭端（ISDS）機制面臨國際間批評聲浪，主要原因為 ISDS 機制缺乏獨立的仲裁人，增加地主國的法律成本，又會對公共措施造成「管制寒蟬效應」。[304] 自 2017 年起，聯合國層級的工作小組

開始討論 ISDS 的改革，而現代投資條約已採用各種改革的內容，以排除、限制或改良傳統的 ISDS 程序。[305] 由於 80％的新 ISDS 案例「都是針對開發中國家和轉型中經濟體而來」，所以 ISDS 改革對亞洲至關重要。[306]

　　歐盟希望投資法庭制度可以「完全取代『舊有的 ISDS』機制」。投資法庭制度含有二個審級，類似 WTO 的爭端解決小組與上訴機構。[307] 在協定中納入投資法庭制度，可替未來的多邊投資法庭建立新的基礎，以解決投資人與地主國爭端，這也是歐盟規範性權力的具體展現。[308] 此外，歐星與歐越的 IPA 使得新加坡原有 12 個、越南有 15 個與歐盟成員國的雙邊投資協定皆宣告終止。[309] 這樣從頭來過的作法與歐盟國家在 Achmea 一案後所簽的協定一致，該協定終止了 125 項歐盟內部的雙邊投資協定，並終止 11 個雙邊投資協定的日落條款效力。[310]

1、投資法庭制度

　　歐盟自 2014 年起展開投資法庭制度的公聽會。[311] 原來的歐星 FTA 的投資章節在 2014 年完成談判時，僅註明可能加入上訴機制。[312] 之後歐盟執委會的「全面貿易」政策以及

正在協商的《歐盟與美國跨大西洋貿易投資夥伴》（EU-US Transatlantic Trade and Investment Partnership, TTIP）中，皆明確設定投資法庭制度的目標與詳細規範。[313] 雖然川普執政時中斷了 TTIP 談判，不過歐盟與越南的 FTA 及歐盟與加拿大的 CETA，皆納入了投資法庭制度。[314] 歐盟與加拿大的 CETA 為「混合型」協定，由於歐盟和其成員國存有權限爭議，使得包括投資法庭制度在內的投資保障條文尚未生效。[315]

歐盟法院的「2/15 意見書」釐清了歐盟「共同商業政策」的解釋，使 IPA 獨立於 FTA 之外。在歐盟運作條約下，歐盟對共同商業政策「具有專屬權限」，但該條約第 207 條下的適用範圍仍具爭議。[316] 根據歐盟法院的見解，ISDS 機制會「排除成員國國內法院對爭議之管轄權」，因此該機制無法「在成員國未同意的情況下成立」。[317] 因此，核准 ISDS 條文的權限，屬於歐盟和其成員國所共享。[318] 為因應歐盟法院「2/15 意見書」，負責談判的代表們決定將投資保障條文從「已協商完成」之歐星 FTA 與歐越 FTA 中分割出來，移到獨立的 IPA 中。這種分割的作法將成為今後歐盟協定的範本。

歐盟與新加坡、越南簽訂之 IPA 的實質及程序性內容，

反映近年投資法律發展及雙邊投資協定的情況。[319] 這兩個 IPA 皆包含國民待遇條文、詳盡的公正與公平待遇及間接徵收規範，但也存在部份差異。[320] 首先，歐星 IPA 對投資的定義較廣，涵蓋較多的投資形式，諸如「其他金融資產」和依國內法核發的許可。[321] 歐越 IPA 未涵蓋這些形式的投資，對歐盟投資人提供的保障較少。第二，歐星 IPA 並無最惠國待遇條款，歐越 IPA 的最惠國待遇條款則可使該協定與時俱進，[322] 因為能確保保障標準會隨著雙方未來的投資協定同步提高。

最後，這兩項 IPA 的投資法庭制度也有所不同。根據歐星 IPA，投資法庭制度設有初審法庭與常設的上訴法庭。[323] 兩個審級法庭各有 6 位法官，為來自歐盟、新加坡和第三國有經驗的國際法律專家。[324] 歐越 IPA 的投資法庭制度有類似的結構，包含初審法庭與上訴法庭。[325] 如同歐星 FTA，歐越的上訴法庭亦具有 6 位法官，但初審法庭則有 9 位法官。[326] 此外，歐星 IPA 允許雙方直接指派任期為 8 年的法官，[327] 但歐越 IPA 僅准許聯合委員會指派法官，降低締約國對投資法庭成員的直接掌控權。[328]

上訴一般只限於法律審。以《WTO 爭端解決規則與程

序瞭解書》為例，WTO 上訴機構有權審查「法律議題」及爭端解決小組的「法律解釋」。[329] 但與 WTO 不同之處在於，除了法律審查外，這兩項 IPA 均將上訴的範圍延伸至初審法庭對於事實的明顯錯誤決定。[330] 另外，與現代投資條約相同的是，這兩個 IPA 均將納入了「國際投資爭端解決中心」（International Centre for Settlement of Investment Disputes, ICSID）公約第 52 條的撤銷仲裁條款，[331] ICSID 秘書處亦將擔任投資法庭制度的秘書處並提供必要支援。[332]

歐盟已經分別與加拿大、新加坡、越南及墨西哥簽訂了包括投資法庭制度的協定。[333] 有論者認為，投資法庭制度可透過形塑東協與歐盟區域間主義及新亞洲區域主義，進而強化歐盟規範性權力的影響。本書對此持保留態度，雖然 CPTPP 考慮建立上訴機制，但該協定暫緩了原 TPP 中數項 ISDS 條文。[334] 此外，近年東協與香港的投資保障協定、英日 FTA 及 RCEP 都完全排除 ISDS 機制。[335] 因此，限制與排除 ISDS 機制可能才是「新常態」。

現存的 ISDS 文獻中，大多強調歐盟的「要求」，但鮮少提及亞洲國家的偏好，這呼應了政治學者對於區域主義研

究過度以歐洲為中心的質疑。歐盟為了追求改革，提議採用投資法庭制度來取代 ISDS 機制，但亞洲國家卻只將歐盟的提案視為另一種比 ISDS 要求更多的機制。由於亞洲 FTA（如《東協全面投資協定》及東協加一 FTA），皆已有行之多年的 ISDS 規範，使亞洲國家難以認同投資法庭制度的附加價值。

在歐盟與日本談判之時，歐盟宣稱「ISDS 已死」。[336] 但日本拒絕接受投資法庭制度，因此儘管歐日 FTA 已在 2019 年生效，歐日 IPA 的談判仍持續進行。[337] 印尼為了表達對於 ISDS 的反對，還曾單方面終止其所有的雙邊投資協定。[338] 此外，對於如緬甸等的低度開發國家，對於投資法庭制度主要的顧慮則是維持二審制法庭所需的高額人事費用。

2、2.0版本的調解規範

目前投資法庭制度對於東協與歐盟區域間主義及新亞洲區域主義的影響仍不明朗，但歐盟與新加坡和越南 IPA 中的調解機制，卻對於解決投資人與地主國爭端極有幫助。「調解」這個機制反映了亞洲文化或「東協方式」，但它向來受到西方法律的忽略，因為西方傳統上將爭端解決與法院訴訟、仲裁畫上等號。值得注意的是，2020 年生效的《新加坡調解

公約》（Singapore Convention on Mediation）已有 50 個以上的簽署國，包含 5 個東協國家、中國、印度和美國。[339] 該公約並開放歐盟及其他「區域經濟整合組織」加入。[340] 歐星 IPA 和《新加坡調解公約》形成了「2.0 版本的調解規範」，可提供解決投資人與地主國爭端的替代方案。

在國際爭端解決的領域中，《紐約公約》（New York Convention）和《海牙公約》（Hague Convention）使國內法院可分別承認國外的仲裁判斷和法院判決。[341] 而《新加坡調解公約》（Singapore Covention on Mediation）則可彌補上述兩個公約的缺漏，亦即要求締約國根據公約「執行和解協議」。[342] 雖然《新加坡調解公約》未有明確規定，但藉由第一條對「商業爭端」的廣義解釋可知，《新加坡調解公約》亦可適用於投資人與地主國爭端的調解。[343] 實務上，投資協定下的爭端解決制度通常會要求諮商，但無相應的程序規則。《新加坡調解公約》可促進在諮商階段的調解，以加速爭端解決程序進行。

歐盟與新加坡、越南的 IPA 與《新加坡調解公約》亦有互補作用。歐盟與新加坡和越南的 IPA 提供了比 CETA 中一

般調解程序更為完善的投資調解規範。[344] 這兩個 IPA 的附錄都有投資人與地主國爭端的調解程序和施行規定，以及調解人的行為準則。[345] 一般來說，調解人的工作範圍只限於促進雙方當事人解決紛爭，但這兩個 IPA 讓調解人能夠「為爭端方提供建議並提出解決方式」，[346] 擴大了調解人的職責。[347]《新加坡調解公約》和這兩個歐盟 IPA 的調解規範可成為解決投資人與地主國爭端的理想方案。

D、人權與永續發展

為了普及《里斯本條約》所宣揚的歐洲價值觀，歐盟提倡重視人權和永續發展的貿易及投資議程。[348] 對於如何實現這些價值觀，歐盟和東協的作法有所差異。東協認知人權和永續發展的重要性，但它重在參與，而非透過 FTA 使得人權等非貿易議題成為自己的法律義務。然而，由於代表歐洲公民意識型態的歐洲議會之堅持，歐盟將法律主義作風應用到執行人權等核心價值之上。從建構主義的觀點來看，歐盟將其價值觀「出口」至東協，可能會形成雙方的集體身分認同。而歐盟的 FTA 折衷策略，也反映了新依賴理論的預期，亦即開發中國家的集體力量可能改變傳統的南北關係。

1、普遍化優惠關稅措施（GSP）、夥伴合作協定（PCA）及 FTA 之制裁

「取消 GSP 法規下的關稅優惠」是歐盟重要的制裁手段，目的是「懲處」違反人權的受益國。[349] 2020 年，有鑑於柬埔寨洪森政府鎮壓反對黨並以叛國罪逮捕反對黨領袖，歐盟執委會決議暫停該國部分依據「除武器以外一切都行」（Everything But Arms）協議享有的 GSP 優惠。[350] 此舉將影響柬埔寨對歐盟 20％的出口量。[351] 目前緬甸和菲律賓的人權問題持續惡化，亦可能影響它們的 GSP 優惠，進而阻礙東協與歐盟的 FTA 談判。[352]

FTA 和 GSP 之間，有一個常被忽略的連結。若某東協國家與歐盟簽訂 FTA，柬埔寨因受到歐盟制裁，它的產品就不能再使用該東協國的原料來符合 GSP 的累積規定。[353] 這將會重創柬埔寨具有潛力的自行車產業，因為自行車的骨架多從印尼、馬來西亞和越南等東協國家進口。[354] 這項後果對柬埔寨具有額外的威嚇作用，也可驅使其他國家加速與歐盟談判 FTA，並遵守協定中規定的人權規範。

為加強貿易與人權的關聯，歐盟要求簽訂具強制性人權

條文的 PCA，作為簽署 FTA 的先決條件。[355] 因此《歐越夥伴合作協定》於 2012 年簽訂，其涵蓋範疇超過之前的 1995 年合作協定，《歐星夥伴合作協定》也在 2018 年簽訂。[356] FTA 和夥伴合作協定之間的法律連結非常明確，歐盟與新加坡、越南的 FTA 皆指明，夥伴合作協定「係構成共同制度架構之一部」。[357] 根據夥伴合作協定的內容，尊重國際人權是「不可或缺的要件」，且任一方有權對違反此義務者採取「適當措施」。[358]

　　儘管這兩個夥伴合作協定都要求雙方先諮商再決定採取的措施，但是《歐星夥伴合作協定》的不履行機制允許在「全面、嚴重和實體違法的特例」出現時，「暫停適用」夥伴合作協定及 FTA。[359]《加拿大與歐盟戰略夥伴協定》則具有更強而有力的條件條款，可能導致終止《歐盟與加拿大全面經濟貿易協定》。[360] 亞洲政府應當留意歐盟與越南、新加坡和加拿大的夥伴合作協定所包含不同層級的人權條件，以及這些規定會如何影響 FTA 的有效性。

　　雖然歐盟和新加坡關注人權的面向不同，歐洲議會在雙方 FTA 談判中卻沒有提高人權條件，意味著歐盟將商業利益擺在第一順位。[361] 考量到啟用夥伴合作協定機制可能導致停用

FTA，歐盟及新加坡採取妥協做法，納入了一份附屬文件，使其「成為夥伴合作協定的必要內容」。[362] 根據該附屬文件，雙方都未發現「對方的內國法、或其法律適用有可能導致啟動」不履行機制的情況。[363] 這也表明歐盟隱含的潛在承諾，將不會挑戰新加坡人權相關的法律和措施。

　　這與歐盟早先批評新加坡死刑和拘留制度是「持續濫用該國《內部安全法》」的立場，似乎有所衝突，[364] 主要原因是新加坡的《內部安全法》並無重大立法變化，且死刑案件數和依照該法令的拘留人數，也未有顯著變化。[365] 另外，歐洲議會原先對於新加坡《刑事法》第 337 條 A 項這個「備而不用」的法條感到憂慮，因為該條款規定成年男子間的性行為屬於刑事犯罪。不過，這也未成為夥伴合作協定和 FTA 的阻礙。[366]

　　相較於歐星 FTA 在人權議題上的低調，歐盟對越南的態度嚴苛許多。[367] 於 2014 年，歐洲議會明確要求歐盟執委會，針對歐越 FTA 進行人權問題的影響研究。[368] 執委會卻拒絕此要求，理由是「已於 2009 年間，針對東協與歐盟 FTA 進行了永續影響評估」。[369] 執委會的理由，其實違背了歐洲議會先前要求「執委會應針對貿易協定中的永續發展和人權議題，

分別進行影響研究」的決議。[370]

依據歐洲監察使（European Ombudsman）的決定，執委會未進行特定人權評估「構成行政失當」。[371] 雖然監察使的決議沒有法律拘束力，但歐洲議會嚴厲批評執委會的違規行為。[372] 歐洲議會與議員們，再次重申他們對越南的政治和宗教迫害、資訊安全法和死刑制度的強烈擔憂。[373] 根據執委會所述，它僅會在歐越 FTA 生效後，對人權議題進行評估，而且前提是能夠蒐集到足夠的證據與資料。[374] 儘管歐洲議會提出異議，它還是在 2020 年批准了歐越 FTA。

根據歐盟與新加坡、越南 FTA 的作法，可瞭解歐盟機構對人權的政策並不一致，因而削弱了其價值導向的貿易政策。不過，不可忽略的是，由於亞洲各國對於人權觀念的不同，歐盟策略中的「彈性」，乃是和亞洲國家進行貿易談判時所必須的。

2、執行環境與勞工標準

如同人權，永續發展也是新世代 FTA 所增列的內容，亦是歐盟想要普及的核心價值。遵守永續發展規定也有助於歐

盟和東協實現對「聯合國永續發展目標」的承諾。在歐盟法院「2/15 意見書」中，歐盟法院指出「永續發展目標」是歐盟專屬權限內「共同商業政策不可或缺的一部分」[375]。FTA 和夥伴合作協定構築了推動永續發展的法律架構，規範重點在於執行環境和勞工的標準[376]。

雖然再生能源、天然資源、氣候變遷和就業相關的夥伴合作協定條文並非協定所謂的「必要內容」，但仍可透過類似於人權條款的「適當措施」執行[377]。歐盟與新加坡、越南兩國的 FTA 具有比夥伴合作協定更具體的執行機制。FTA 的貿易和永續發展章節規定，締約國須遵守國內及國際法律，例如國際勞工組織公約和多邊環境協定[378]。

歐盟與新加坡、越南的 FTA 皆把貿易和永續發展章節排除在一般爭端解決與調解的機制外[379]。該章節的相關爭端，僅會使用章節內的特定機制處理。此機制包括了政府間諮商和專家小組，而小組的最終報告將由雙邊共同設立的機構來監控[380]。這種妥協作法反映出歐盟務實的作風。與傳統見解不同的是，歐盟其實並不會輕易對越南提起勞工權利控訴。事實上，歐越 FTA 的勞工保護條款與 CPTPP 相當類似[381]，越南也

早在批准結社自由和強迫勞動相關的國際勞工組織公約前，就更新了國內勞工法規，以符合 CPTPP 及歐越 FTA 的要求。[382]

一般認為，歐盟在 FTA 執行的永續發展策略，會比美國以制裁為基礎的 FTA 模式更加「溫和」。[383] 但本書認為，美國與歐洲模式日益趨同。以 TPP 和《美墨加協定》為例，由美國領導談判的 FTA 皆將一般的爭端解決機制適用於勞工章節，[384] 但這不一定表示會有更高的執行效率。這點在《美國與中美洲暨多明尼加 FTA》勞工條文所引起的爭端即可得到印證。

2008 年間，華府對於瓜地馬拉無法有效執行其勞工法律以保障集會自由與集體協商的權利，首次根據《美國與中美洲暨多明尼加 FTA》的勞工條文，對瓜地馬拉提出訴訟。[385] 然而美國並未勝訴，根據爭端解決機制小組的判決，美方提出的證據「不構成持續、反覆發生的作為或不作為」。[386] 此外，小組判定，美國提出關於瓜國勞工法執行情況的證據，尚未達「可影響貿易」的標準。[387] 簡而言之，該 FTA 要求的舉證責任以及貿易影響條件，在在削弱了美國「制裁」的力量。

在 2018 年，歐盟各國則達到了「明確的共識」，將對

永續發展目標採取更強硬的立場。[388] 歐盟執委會的 15 點計劃，聲明將使用監督和爭端解決機制，「更堅定的執行 FTA 貿易與投資章節內的承諾」。[389] 歐韓 FTA 是第一項具有貿易與永續發展章節的歐盟 FTA，而後續執委會也根據該 FTA 規定對南韓提出勞工權利訴訟。[390] 爭端解決小組報告預計也將評估南韓實施國際勞工組織公約和國內勞工立法的狀況。[391] 此案件將影響貿易與永續發展之間的關係，以及東協與歐盟區域間主義的法律特色。

V 結論

　　本章探討了區域間主義的跨領域概念和東協與歐盟 FTA 的規劃，兩者對於國際經濟法領域內的「新亞洲區域主義」均有顯著影響。歐盟法院「2/15 意見書」發布後，歐盟與新加坡、越南的 FTA 成為開路者協定，以實現歐盟「堆積木策略」，相關發展將豐富第三波區域間主義的理論和實證論述。本章分析比較各個新協定內容後，認為歐星與歐越 FTA 的創

新設計，以及 IPA 和夥伴合作協定等協定，將進一步形塑區域間主義。本章亦指出，其他現代協定的最佳範例也凸顯出歐盟 FTA 的弱點，歐盟在後疫情世代仍須針對這些弱項加以改善。

中美貿易戰和新冠肺炎等全球危機，促使歐盟將新印太戰略應用到發展東協與歐盟架構之上。歐盟與新加坡、越南的 FTA 納入了新的東協累積原產地規則和非關稅障礙規範，對區域供應鏈來說極為關鍵。不過這兩個歐盟 FTA 的服務承諾和電子商務條文仍不盡理想。此外，FTA 的新世代內容包含地理標示、國營事業和政府採購等規定，將影響後《里斯本條約》時代的協定，並加強歐盟的規範性權力。這些規定也反映出歐盟為因應新加坡和越南的經濟發展情況，調整出的不同法律模式。

在投資人與地主國爭端方面，亞洲國家目前還未完全接受將歐盟提出的投資法庭制度作為 ISDS 的改革方案，而 IPA 和《新加坡調解公約》的新型態調解規範，則可能成為解決此類爭端的替代方案。此外，FTA 和夥伴合作協定都體現了歐盟對永續發展和人權價值的重視，不履行機制和爭端解決

機制也展現出歐盟面對東協國家的務實作風。本章對歐盟協定詳盡分析，試圖從不同的觀點，闡釋當代歐盟對亞太地區的貿易與投資策略。

表 4.2 歐盟與東協加六國之經濟協定[392]

	歐盟 FTA	歐盟 IPA	其他歐盟協定	歐盟 GSP
東協	2007 開啟談判；2009 中斷；2017 開始討論 FTA 細節		合作協定（1980）	
汶萊和平之國				
柬埔寨			合作協定（1997）	EBA，2020 部分終止
印尼	2016 開啟談判		PCA（2009）	標準 GSP
寮國			合作協定（1997）	EBA
馬來西亞	2010 開啟談判；2012 暫停	同 FTA	2015 完成 PCA 談判	
緬甸		2015 開啟協商		EBA
菲律賓	2015 開啟談判	同 FTA	夥伴合作架構協定（2012 年）	GSP+
新加坡	2018 簽署；2019 生效	2018 簽署	PCA（2018）	
泰國	2013 開啟談判；2014 後無談判回合		2013 完成 PCA 談判	

	歐盟 FTA	歐盟 IPA	其他歐盟協定	歐盟 GSP
越南	2019 簽署； 2020 生效	2019 簽署	全面夥伴合作架 構協定（2012）	標準 GSP
東協加 六國				
澳洲	2018 開啟談判	同 FTA	架構協定 （2017）	
中國		2020 完成 全面投資 協定原則 談判	地理標示協定 （2020）	
印度	2007 開啟談判； 2013 中斷	同 FTA		標準 GSP
日本	2018 簽署； 2019 生效	談判中	戰略夥伴協定 （2018）	
南韓	2010 簽署；條文自 2011 起適用；2015 正 式批准（無投資章節）		架構協定 （2010）	
紐西蘭	2018 開啟談判 2022 完成談判	談判中	夥伴合作關係協 定（2016）	

FTA：自由貿易協定；IPA：投資保障協定；PCA：夥伴合作協定；GSP：普遍化優惠
關稅措施；EBA：除武器以外之一切都行協議

伍

美國的
重返亞洲計劃

I 簡介

美國為因應亞洲崛起所發展的貿易政策，對於國際經濟法中的「新亞洲區域主義」至關重要。2010 年之際，亞洲首度取代歐盟，成為美國最大的出口目的地。[01]如今，亞洲的 5 個經濟體——中國大陸、日本、南韓、印度和臺灣——高居美國前 10 大貿易夥伴。[02]東協亦為美國第 11 大貿易夥伴，[03]其中，美國在東協 10 個會員國累計投入了 3,290 億美元的投資，比美國在中國大陸、印度、日本和南韓的投資總額還高。[04]川普總統的印太戰略和歐巴馬總統的「重返亞洲計劃」或「亞洲再平衡」雖然有所不同，但都強調了亞洲在美國外交政策中的優先順位。[05]

2021 年拜登總統就職，誓言將修復與盟友的關係，恢復因川普的「美國優先」政策而跌到谷底的美國信譽。[06]拜登立即面臨的挑戰包括新冠肺炎危機、政治極化，以及中共的全球野心。[07]《跨太平洋夥伴全面進步協定》（CPTPP）於 2018 年生效、《區域全面經濟夥伴協定》（RCEP）也在 2020 年完成簽署，都進一步凸顯出華府的困境，[08]美國被排除在這兩

個巨型區域貿易協定之外,加速亞洲與美國脫鉤。[09]

過去,美國是二戰後多邊貿易體系的推手,但隨著美國霸權勢力逐漸衰微,民粹式單邊主義興起,美國的強權不再是形塑新區域經濟秩序(NREO)的必要條件。美國在戰後為了重建世界經濟秩序所提倡的鑲嵌式自由主義,現在也面臨危機。[10]新自由主義的華盛頓共識正受到倡導「專制國際法」(authoritarian international law)的北京共識的挑戰。

儘管有不同的政治術語,事實就是美國的亞洲貿易政策缺乏全面性的法律架構。亞洲領袖認為安全聯盟應由強而有力的經濟支撐,而華府卻忽視此立場。中國和東協是亞洲整合的兩大主要推動者,但美國政府和國會的亞洲政策僅著重如南海或貿易戰等中美衝突。美國領袖長期認為東協僅是個功能性而非必要的夥伴,大多只把其與東協的關係放在中美對峙的脈絡下檢視。[11]

東協是「東協加六」自由貿易協定(FTA)的核心,東協加六也是新亞洲區域主義的基礎,但華府目前並未針對東協建立起任何重要的法律架構。實際上,美國是唯一

尚未簽署「東協加一」FTA 的太平洋強權國家。自 2006 年起，東協與美國簽訂的《貿易暨投資架構協定》（Trade and Investment Framework Agreement, TIFA）成為兩方主要的對話機制，卻沒有帶出簽訂 FTA 的具體成果。[12]

　　白宮對東協「單項而非持續」的政策，使東協逐漸向北京傾斜。[13]東協與中國大陸採用東協式的務實漸進主義談判 FTA，在架構協定之下成形，並透過升級協定加強效力。2020 年，東協和中國成為彼此最大的貿易夥伴，使東協與中國 FTA 成為亞洲最具影響力的南南協定。[14]就連不屬於亞太地區強權的歐盟，都採取比美國更為積極的策略。如第四章所述，歐盟於 2015 年「全面貿易」戰略奠定了東協與歐盟 FTA 的堆積木作法，[15]目前歐盟分別與新加坡和越南的開路者協定，也為未來區域對區域間的 FTA 提供了規範性基礎。

　　2003 年所締結的美星 FTA，仍是華府唯一與東協國家簽署的 FTA。美國與東協的 TIFA 和美星 FTA 最多只能構成跨區域主義和準區域間主義。[16]缺乏對東協的系統性法律策略，將會阻礙美國在現實主義中所需的實質力量，也會喪失建構主義觀點下和東協建立共同身分認同的機會。再者，依據新

依賴理論主張，開發中國家的集體力量將使南北關係產生根本上變化。[17]這項假設在東協與美國的關係中，已由雙方的安全合作加以驗證，但尚未在雙邊貿易與投資關係中應驗。

本章將介紹美國與亞洲各國的協定，並指出美國若欲重振其亞太強權的角色，就必須加強與東協的法律架構，並依此架構作為美國亞洲策略的根本。本章首先評估歐巴馬、川普和拜登總統的亞洲政策，以及他們與亞太地區國家簽訂的主要貿易協定。接著探討習近平主席領導的中國大陸將會對美國造成什麼挑戰，以及美國在中美貿易戰中採取的措施。此外，本章會檢視建立於東協與美國戰略夥伴關係上的安全與經濟倡議，以及《跨太平洋夥伴協定》（TPP）與後續CPTPP協定的重要特色。[18]

最後，本章將為拜登政府提出建議，以重振美國在新亞洲區域主義中的領導地位。本章呼籲白宮應加入 CPTPP 並擴張 CPTPP 的自由化規模和成員數，使 CPTPP 成為由美國領導的亞太貿易協定；同時，美國也需將 TIFA 轉型為東協與美國的雙邊 FTA，並允許東協國家彈性參與。這些建議將對美國全面參與亞洲事務有所助益。

II 美國與亞洲之間的法律架構

　　自威爾遜總統（任期自 1913 至 1921 年）開始，自由國際主義即成為美國的國家政策，並在全球造成廣泛影響。[19] 羅斯福總統（任期自 1933 至 1945 年）促使「美國領導的自由霸權秩序」成為主導勢力，塑造了二戰後的布列敦森林體系。[20] 學者瑞吉（John Gerard Ruggie）提出的「鑲嵌式自由主義」，即是美國根據其軍事和經濟成就產生的「單極治理體系」。[21] 在亞洲地區，日本曾在二次世界大戰時期提出「大東亞共榮圈」，以爭取亞洲霸權，但美國粉碎了此夢想。[22] 如美國前國務卿季辛吉所斷言，亞洲國家追求權力平衡的策略，確認了美國為在亞洲作為常駐大國的地位。[23] 冷戰之後，亞洲區域主義之所以成為可能，正是因為美國為該地區提供了「霸權穩定性」。[24]

A、亞洲金融風暴後的世代

　　在 1990 年代柯林頓任職期間（任期 1993 至 2001 年），亞洲金融風暴和美國主導的國際金融機構的不作為，成為新

亞洲區域主義的分水嶺[25]，並使亞洲各國政府開始思考沒有美國參與的「自救」方案。2000 年的「東協加三」金融合作（又稱為清邁倡議），成為亞太地區內以東協為中心的經濟整合基礎[26]。911 攻擊事件之後，布希政府（任期 2001 至 2009 年）將美國外交政策重心轉向中東，主要以反恐戰爭的視角處理亞洲事務。東協領袖普遍認為，布希未給予亞洲真正的承諾，加上美國倡議的效率低落，更無法強化雙邊關係。此外，2007 到 2009 年的全球金融風暴，更進一步加速了亞洲整合的腳步。

為了再次強化美國身為「太平洋國家」的角色，歐巴馬總統（任期 2009 至 2017 年）將外交重心轉向亞洲，把 TPP 當作重返亞洲戰略的墊腳石[27]。TPP 象徵美國回歸亞洲，可作為通往「亞太自由貿易區」（Free Trade Area of the Asia-Pacific, FTAAP）重要路徑之一，此貿易區也是亞太經濟合作會議（APEC）的未來目標[28]。同時期，東協加三架構發展為東協加六架構，也成為了 RCEP 的基礎，卻不包含美國在內。

川普總統（任期 2017 至 2021 年）推出了「美國優先」政策，同步提倡「自由開放的印太」理念，強調「自由、平

等和互惠貿易」[29]。為了貿易赤字和失業問題可能造成的「嚴重後果」，川普決定退出 TPP，並修訂《北美自由貿易協定》（NAFTA）與美韓 FTA[30]。他杯葛世界貿易組織（WTO）上訴機構成員任命的強硬態度，導致上訴機構因不足法定人數，自 2019 年起無法審理案件，等於實質上凍結了這個被譽為「皇冠上的寶石」（crown jewel）的 WTO 機構[31]。

至於川普的亞洲政策，從他強調「印太」而非「亞太」可看出印度地位的上升。印太並非新穎的地理概念，日本前首相安倍晉三早先於 2007 年發表的「兩海交會」演說，即首次強調印太戰略的角色[32]。希拉蕊‧柯林頓在描述「美國的太平洋世紀」之時，亦提議拓展美國的盟友，建立印太夥伴關係[33]。

歐巴馬和川普的亞洲政策最大的不同在於，前者認為「美國的參與對亞洲極為關鍵」，而後者在乎的是「地緣政治的競爭」[34]。在拜登世代，外界預期政策會有所改變，恢復由美國領導的多邊主義。不過拜登的施政優先處理事項是對抗新冠肺炎及對「美國人」的投資，而非 FTA。因此，加入 CPTPP 並不在其考量範圍內[35]。

B、美國貿易政策的固有雙邊主義

本書所稱的固有雙邊主義（inherent bilateralism），不應與單邊主義相提並論。如《關稅暨貿易總協定》（GATT）第24條所示，多邊主義既可與雙邊協定共存，亦可透過雙邊協定實現。固有雙邊主義是美國貿易政策長期以來的特色，也影響著亞洲整合。1985年，為了減少美國貿易赤字，雷根總統與日本簽訂的《廣場協議》（Plaza Accord）使日幣快速升值。[36]該協議促使日本加大對東協的投資，造成東北亞和東南亞間以企業為主的區域化，並自2000年起，推動了這兩個次級區域間由國家主導的區域主義。[37]

歐巴馬政府在TPP談判中的作為，也證實美國偏好雙邊主義策略。美國身為強勢經濟體，所運用的策略是確保在現存FTA下的市場准入承諾，以及在全體成員國開始談判前，透過雙邊談判要求其他TPP成員給予優惠。[38]川普的雙邊主義則是遠離了多邊或複邊談判的做法。他在雙邊貿易談判中為達到「更公平的標準」而採取的新方式，不但沒有減少美國的貿易赤字，也沒有對既有FTA造成重大變化。[39]

如表 5.1 所示，美國僅與 3 個亞太地區國家（澳洲、新加坡和南韓）簽署 FTA。過去 30 年間，美國與幾個東協和亞太國家簽訂了 TIFA，但主要功能是促進對話，因而實際上只促成零星的政府與企業倡議。川普締結《美墨加協定》（USMCA）以及美國分別與南韓和日本的協定，其關切的重點是貨品市場准入，而非其他高於 WTO 標準的議題。

表 5.1 美國與亞太國家之重要經濟協定[40]

東協 TIFA（2006 年）	
汶萊	TIFA（2002 年）
柬埔寨	BTA（1996 年）；TIFA（2006 年）
印尼	TIFA（1996 年）
寮國	BTA（2003 年）；TIFA（2016 年）
馬來西亞	TIFA（2004 年）
緬甸	TIFA（2013 年）
菲律賓	TIFA（1989 年）
新加坡	FTA（2003 年）
泰國	TIFA（2002 年）
越南	BTA（2000 年）；TIFA（2007 年）
其他國家	
澳洲	FTA（2004 年）
中國大陸	經濟與貿易協定（第一階段貿易協議）（2020 年）
印度	無
日本	貿易協定（2019 年）；數位貿易協定（2019 年）

南韓	FTA（2007 年）；修訂文（2018 年）
紐西蘭	TIFA（1992 年）
臺灣	TIFA（1994 年）

BTA：雙邊貿易協定（包括美國與柬埔寨貿易關係暨智慧財產權協定及美國與寮國雙邊貿易關係協定）；FTA：自由貿易協定；TIFA：貿易暨投資架構協定

　　川普首次成功更動 FTA 的案例，是重新協商美韓 FTA，更動內容包括──對南韓的鋼製品設限、增加美國汽車對南韓出口量，並更改南韓藥品定價和關稅程序。[41]而已有 25 年歷史的《北美自由貿易協定》（NAFTA），則更新為《美墨加協定》（USMCA）。[42]變更項目包括將汽車原產地規則的區域產值含量標準，從 62.5％提高到 75％，並且納入提高墨西哥勞工最低薪資在內的勞工保障條款，以及打開加拿大的乳製品市場。[43]

　　2019 年，美國與日本簽訂了兩項協定，分別是《貿易協定》和《數位貿易協定》。貿易協定並非全面性的 FTA，重點放在降低或取消農產品及工業產品的關稅，因此該協定只有 11 條條文、2 份附錄及 6 份附屬文件。[44]這種特殊的作法有別於過往的美國 FTA，也違背了 2018 年定下廣泛美日貿易談判目標以及 WTO 要求自由化需擴及「絕大多數貿易」

（substantially all the trade）的規定。[45]

　　在 2020 年的日本貿易政策檢討會上，中國、歐盟等數個 WTO 成員質疑美日貿易協定不符合 GATT 第 24 條規範。[46]加拿大指出，除了該貿易協定外，日本和美國「在第 2 回合談判中並無任何成果」[47]。日本的回應是，該貿易協定第 5 條第 1 項有要求雙方「根據附錄一或附錄二改善市場准入機制」，因此該協定符合 GATT 第 24 條。[48]換言之，日本認為其與美國的貿易協定可解釋成 GATT 第 24 條第 5 項定義的「過渡協定」[49]。由此可推知，如果拜登不繼續與日本政府協商，雙方即可能違反 WTO 規定「建立 FTA 之計劃和時程」的會員義務。[50]

C、面對習近平的新中國：中美貿易戰

　　美國以固有雙邊主義為基礎所採取的貿易策略，在川普的對中政策達到頂點，同時對美國霸權的單極局面造成多方面的「中國挑戰」[51]。中國挑戰不是僅出現在川普時期，但這次特別之處在於川普片面針對北京提高相應行動，主要原因在於美國的貿易損失和中國的「經濟侵略」及「不公平貿易

行為」。[52]一般認為，川普其實是利用中國，來推動他「民粹式保護主義取向」的貿易政策，並藉此轉移民眾對白宮處理新冠肺炎不當的怒火。

在現今世界，中美關係是攸關全球安全與經濟脈絡最重要的雙邊關係。如學者艾利森（Graham Allison）所言，中國和美國都可能落入「修昔底德陷阱」（Thucydides's Trap），亦即當新興強國可能取代當前霸權時，戰爭必然會發生。[53]新加坡總理李顯龍強調，不論形式和規模為何，兩個大國的衝突必然會危及亞洲世紀。[54]毫無疑問地，中美貿易戰的發展、拜登對 CPTPP 的立場，以及北京參與 RCEP 且可能加入 CPTPP 等情況，都對新亞洲區域主義至關重要。[55]

中美關係曾歷經重大變化。在二戰期間，美國與中國國民黨領導的中華民國密切合作，羅斯福希望中華民國能成為在遠東維持戰後秩序的支柱。1949 年，中國共產黨成立中華人民共和國，兩岸分治造成長久的「臺灣問題」和「一中政策」爭議。[56]在 1970 年代，尼克森總統推動與中共的關係正常化，代表美國戰略的轉變，由冷戰的圍堵立場改為交往政策。

尼克森認為美國是「最強的力量」，而共產中國是「亞洲最大的威脅」，[57]但他認為美國「不可能永遠把中國大陸排除於國際」，因為「中國若不改變，全球都不會安全」。[58]根據這種交往政策，柯林頓給予中共永久正常貿易關係待遇，為中共在 2001 年加入 WTO 鋪路。[59]柯林頓宣稱給予中共此待遇可加速中國的政治改革，並改善中國大陸與臺灣的緊張關係。[60]

2010 年中國大陸取代日本成為全球第二大經濟體，習近平也大動作追求「中國夢」以尋求主導地位，這對美國造成空前挑戰。[61]習近平背離鄧小平「韜光養晦」的精神，利用積極的「大國外交」策略企圖增強中國新強權地位。[62]

美國對中國的交往政策是否促成其轉變？「重估中國政策」（China reckoning）成為美國兩黨的共識，因為中國確實改變了，但改變方向卻出乎美國的意料之外。[63]與尼克森和柯林頓的預期相反，中國非但沒有轉型成西方認可的民主國家，也未降低對亞太地區的武力威脅。[64]中國對內更為集權，對外如臺灣和南海權利主張國家更加武力相向。[65]更驚人的是，中國結合重商主義及列寧主義的經濟政策，竟提升了它在如 5G 網路和太空科技等戰略工業領域的主導力，亦使中國軍事

更為現代化。[66]「一帶一路倡議」和「亞洲基礎設施投資銀行」為例，中國的現代化進展和體制倡議，在在威脅到美國的競爭力和領導權。

　　諷刺的地方在於，過去半世紀以來，正是美國領導的貿易體制授予了中國大陸發展經濟力量的合法性和政策空間。本書認為，中國其實鮮少挑戰由西方塑造的國際經濟法。北京身為全球貿易體系的主要受惠國，尋求的是解釋現行法規的話語權。最初建構起布列敦森林體制的美國，終於意識到既有規則無法限制中國，因此，川普對北京的單向行動就是基於 WTO 規範對美國「不公」，且讓中國享有「特權」的認知。[67]

　　川普發動的貿易戰具有數個面向，最明顯的是在 WTO 未授權的情況下，美國對中國的出口商品施加額外關稅。於 2018 到 2020 年間，美國對中國出口商品的平均關稅激增 6 倍，從 3.1％調升到 19.3％。而中國報復的方法也是對美國貨品增加關稅，從 8％升漲到 20.3％。[68] 2020 年 WTO 爭端解決小組認為，美國的關稅措施違反 GATT 第 1 和第 2 條，且不符合第 24 條款的「保障公共道德之必要」例外事由。[69]

再者，川普政府以安全為由，限制華為和中興通訊（ZTE）進入美國科技產業，並禁用抖音和微信這兩種中國應用程式。[70]由於 WTO 已有對「俄羅斯—過境轉運」一案的判決先例，美國的措施難以援引 GATT 第 21 條的「安全例外」加以合理化。[71]尤其在該案，WTO 爭端解決小組認為 GATT 第 21 條的情形需受客觀判斷，絕不能單純依賴會員的「自我判斷」。[72]此外，為因應北京對香港施加嚴厲的國家安全法，川普以香港不再具備「充分自治」地位為由，撤銷香港的特殊待遇。[73]這項變化使得產地在香港的貨品必須標示為「中國」製造，而非「香港」製造，導致香港地區在 2020 年向 WTO 對美國作為提出控訴。[74]

川普任期內的貿易戰是否產生了實質成果？中美雙邊投資協定自 2008 年起開始談判，但在川普時期並無重大突破，特別是相較於《中歐全面投資協定》的進展。[75]中美雙邊投資協定所含的投資保障對中國大陸特別重要，因為自 2011 年起，中國在美國的投資就開始超越了美國在中國的投資。[76]川普政府並沒有完成《中美雙邊投資協定》，而是將焦點轉向雙方的經濟貿易協議（所謂的第一階段貿易協議），並於 2020 年完成簽署。[77]此協定不同於全面的 FTA，其內含的 7 個

章節，僅涵蓋智慧財產權、匯率等特定議題。

值得一提的是，第一階段貿易協議中的擴張貿易承諾，因為它要求中國在兩年內購買價值 2,000 億美元的服務與農業、製造業和能源貨品。[78] 這項購買承諾可說是對共和黨的大本營，也就是「紅州」（red states）有相當益處。然而，川普想要透過關稅措施解決的美國貿易赤字，卻沒有發生太大的變化。美國對中國大陸的貿易赤字在 2018 年達到 4,189 億美元的頂峰，2019 年下降到 3,456 億美元，與 2014 年的水準相當。[79]

美國的關稅措施擾斷了區域供應鏈，卻未真的幫助到美國勞工。例如美國對中國大陸的家具課徵關稅後，製造者就將工廠從中國搬遷到東協，而非移到美國。對中國鋼材施加關稅，確實「創造」美國國內的就業機會，但同樣迫使美國汽車工廠停業。統計數據亦顯示，中國實際購買的產品金額大幅落後第一階段貿易協議第 6.2 條規定的預期進度。[80]

根據上述分析，川普的「美國優先」措施證實「只是為了對抗，而非提升競爭力」。[81] 更甚者，由川普造成的全球領

導真空給予習近平獨一無二的機會。北京現在把自己視為多邊主義的守護者，透過加強本身設定議程和塑造規範的能力，致力於「再次讓中國驕傲」[82]。這些來自中國的挑戰持續存在，使拜登政府也面臨相同處境。外界預期拜登會強化跨大西洋聯盟，繼續「對中國展現強硬態度」，因為他也將中國視為最重要的競爭者[83]。目前看來，對中國進口商品的現行關稅和第一階段貿易協議都不可能馬上有所變化。拜登對《中美雙邊投資協定》和 CPTPP 的策略，勢必會影響新亞洲區域主義的規範性發展和新區域經濟秩序。

III 東協與美國戰略夥伴關係

比起美國和東北亞國家的連結，華府一直到 1970 年代才開始與東協互動。美國與東協的雙邊關係著重在安全而非貿易，且貿易方面幾乎著重在發展協助。美國的固有雙邊主義加速其與特定東協國家建立夥伴關係，但相較於中國、歐盟和日本的東協策略，美國政策成效不彰。原因在於美國並

未視東協為「一個集團」，且缺乏如東協加一 FTA 等重要法律架構。由歐巴馬政府領導的 TPP 僅包含 4 個東協國家（汶萊、馬來西亞、新加坡和越南），並非全面性的規範架構。因此，只將東協放在中美對峙脈絡下的政策，不符合美國的長遠利益。

A、安全及經濟倡議

拜登政府的東協政策，應該使安全與經濟倡議同步發展。雖然美國在 1977 年已成為東協的對話夥伴，但實質進展非常有限。[84] 2005 年，東協與美國的關係成為「強化夥伴關係」，之後又在 2015 年升級為「戰略夥伴關係」。[85] 2009 年在 APEC 新加坡高峰會的場邊會議中，歐巴馬成為第一位與東協領導人會面的美國總統。[86] 東協與美國高峰會為年度東協高峰會和相關領袖高峰會的一部分，是美國總統可以直接與 10 位東協領袖交流的論壇。除了這類由東協主辦的會議外，歐巴馬也在 2016 年於加州陽光莊園召開了第一次單獨舉辦的東協與美國高峰會。[87]

雖然川普的印太戰略宣稱將聚焦亞洲，然而川普僅在

2017 年參與東協與美國高峰會，而未參加後續會議，連 2020 年的線上高峰會也沒有出席，[88] 而是指派了層級較低的官員代表出席，這點令東協國家相當失望。由於新冠肺炎的關係，川普原定在拉斯維加斯主辦的高峰會也隨之取消。[89] 這樣的發展導致在一份民調中，59.1％的東協人士認為美國的全球勢力正在凋零中，其中並有 68％的人認為美國對東協事務的參與度已實質下降。[90] 拜登政府應當針對東協提出相應法律的架構，以此說服東協國家「美國回來了」，而非只是依賴政治話術或以技術協助為主的「夥伴關係」。[91]

本書並未質疑國家安全在美國外交關係的重要地位。美國第七艦隊確保了南海的航行自由和美國在亞太地區的常駐大國地位。除了中國大陸之外，亞洲國家大多對美軍在區域內的佈署表示歡迎。[92] 華府的安全承諾不但對於亞洲的區域權力平衡至關重要，也對美國與亞洲夥伴安全防禦聯盟所形成的「集體身分認同」十分關鍵。美國提供的霸權穩定性確保了區域和平，成為亞洲區域主義必要的地緣政治基礎。

在亞洲，美國的共同防禦條約的盟友包括澳洲、日本、南韓、菲律賓和泰國。[93] 2016 年，印度獲得特殊的防衛夥伴身

分，享有如取得國防科技的條約盟友特權。[94]川普的印太戰略也將新加坡、臺灣和紐西蘭視為「可靠、有能力且自然的合作夥伴」。[95]上述的東協國家和東協對話夥伴，則構成了東協與美國關係的核心。[96]

2018 年《亞洲再保證倡議法》（Asia Reassurance Initiative Act of 2018, ARIA），提供美國印太戰略的法律基礎，將東協定位成「可解決問題的功能性區域架構」。[97]美國重申東協是亞洲的「中心」，因為東協「若立場一致，將在面對緊迫的政治和安全議題時發揮最大功效」。[98]確實，由東協領導的機制，包括 27 個成員國的「東協區域論壇」（ARF）、18 個參與國的「東協防長擴大會議」（ADMM+）以及由 18 國組成的「東亞高峰會」（EAS），都使美國能高度參與亞洲事務。[99]東協區域論壇和可能更有效的東協防長擴大會議專注於安全議題，而東亞高峰會則是可討論如 RCEP 等重要經濟倡議的場所。[100]

美國對東協的不當貿易和投資協定政策，會削弱美國與亞洲國家軍事聯盟的力量，並促進以中國為中心的區域主義。因此，《亞洲再保證倡議法》規定美國總統須「發展並談判

全面參與東協經濟的架構」。[101] 為回應川普的印太戰略，東協在 2019 年推出了「東協印太展望」（AOIP），雖然東協印太展望並未建立新的機制，但它再次強調東協中心性的概念，並呼籲有效的經濟整合。[102]《亞洲再保證倡議法》和東協印太展望，為美國和東協打造全面性架構提供了新的加乘效果。

本書認為，東協與美國的戰略夥伴關係，應該加強現有雙邊倡議的整合與協調。2002 年，美國提出「企業前進東協倡議」（Enterprise of ASEAN Initiative, EAI）成為雙邊經濟關係最初的基礎，[103] 東協經濟部長和美國貿易代表署亦在同年度展開諮商。[104] EAI 關注的重點是美國與個別東協國家建立雙邊 FTA，藉此形成 FTA 網絡並強化東協整合。[105] 根據 EAI 內容，未來美國簽訂 FTA 的兩項條件是：東協國家須先加入 WTO，再與美國簽訂 TIFA。[106] TIFA 可說是建立成熟 FTA 的前身，提供高階諮商機制，以解決當前的貿易與投資障礙，並加強潛在 FTA 夥伴的經濟改革。[107]

2012 年美國與東協的「擴大經濟交往倡議」（Expanded Economic Engagement，簡稱 E3 倡議），提供了新的經濟合作架構。[108] E3 倡議的重點為貿易和投資便捷化，目標是要締結

貿易便捷化協定，以及使東協國家達到 TPP 的高標準。[109] 在 2016 年的陽光莊園高峰會上，歐巴馬推出美國與東協連結計劃，加強公私部門合作以實現「全美參與東協經濟的策略」。[110] 這項計劃的參與對象包括美國企業及政府機構，涵蓋專案從農企業、潔淨能源到金融科技。[111]

為了強化印太戰略的經濟支柱，美國政府的投資總計超過 28 億美元。[112] 美國特別協助東協國家建立東協單一窗口，這也是「東協經濟共同體 2025 年藍圖」中的關鍵項目，藉此加速海關流程，並且在貨品方面形成「更統一的市場」。[113] 接著雙邊繼續協商，以連結東協單一窗口與美國海關。[114] 另外還有其他新的連結性計劃，諸如解決都市化和資訊安全議題的智慧城市網路，以及湄公河能源夥伴關係。其中，湄公河能源夥伴關係是由美國與日本共同開發的東協能源基礎建設。[115] 新的東協與美國戰略夥伴關係行動計劃（2021 至 2025 年）將持續支持東協與美國 TIFA、E3 倡議和連結性計劃。[116]

B、TIFA與FTA

多面向的美國倡議強調了東協的重要性，但多數計劃都

把重心放在經濟合作、貿易便捷化和投資。相較於中國大陸、歐洲和日本面對東協的策略，東協與美國經濟關係的主要問題在於缺乏高階且完整性的法律架構，因而無法有效擴張貿易與投資自由化。華府在 2006 年與東協簽訂《貿易暨投資架構協定》（TIFA）之後，僅與 9 個東協國家簽訂了個別的雙邊 TIFA，[117] 但是，上述 TIFA 都未能協助美國與東協或與個別東協國家進一步發展出 FTA。

唯一的「成功」案例是美星 FTA。美星 FTA 特殊之處在於，它的談判並非在「企業前進東協倡議」或 TIFA 架構下進行。[118] 在 2000 年汶萊主辦的 APEC 會議期間，新加坡總理吳作棟和美國總統柯林頓進行高爾夫球球敘時，主動向柯林頓提出雙邊 FTA 的想法，[119] 之後於 2003 年簽訂的美星 FTA 成為美國與亞洲國家簽署的 FTA 首例。[120] 這項 FTA 得以快速完成談判，是因為新加坡具有免關稅機制，且農業規模小，所以使該島國與其他東協國家非常不同。

美國與柬埔寨、寮國和越南則是先分別簽署了雙邊貿易協定（Bilateral Trade Agreement, BTA），之後才簽署 TIFA。[121] BTA 不同於 FTA，是戰後正常化程序的一部分，其中關於貨

品、服務貿易、智慧財產權及投資議題等條文相對較少。[122] 根據 1974 年《貿易法》第 4 章第 402 條，也就是「傑克森凡尼修正案」（Jackson-Vanik amendment）下，締結 BTA 成為美國恢復與特定社會主義國家最惠國待遇貿易關係的必要條件。[123] BTA 能加速上述 3 個東協國家加入 WTO，並推進它們與美國的經濟關係。

除了美星 FTA 和上述的 BTA 之外，美國其他貿易協定的嘗試皆以失敗告終。美國與泰國在 2004 年開啟 FTA 談判，[124] 並參考了美星 FTA 的模式，但在雙邊討論農產品和智慧財產權時出現障礙。[125] 由於泰國之後發生軍事政變，FTA 談判自 2006 年中斷，至今仍未重啟。[126] 美國與馬來西亞 FTA 的談判始於 2006 年，但卻因為華府支持以色列在加薩的軍事行動，FTA 談判於 2008 年終止。[127] 此外，在經濟方面，主要的障礙是馬來西亞的採購政策偏袒國內的馬來族裔（Bumiputera）。[128] FTA 將會修正馬來西亞政府將一定比例的政府計劃案發包給馬來族裔的新經濟政策（New Economic Program），導致馬來西亞難以開放其政府採購市場。[129]2010 年，歐巴馬政府告知國會，美國與馬來西亞的 FTA 談判將轉為在 TPP 下的雙邊協商。[130]

　　越南方面，美越 BTA 敦促雙方在「合理的時間內善意談判雙邊投資協定」，並將實施 BTA 當作 TIFA 工作計劃的一環。[131] 2008 年美越開啟了雙邊投資協定談判，但自 2010 年後就沒有再安排任何協商會議。原因極有可能類似於美馬 FTA，也就是將談判場域轉到 TPP。[132] 至於川普退出 TPP 的決定，代表了美國與這些東協國家的「升級」經濟協定已無可能。

　　有趣的是，美國為加強與菲律賓杜特蒂政府的安全聯盟，避免菲律賓倒向中國，川普政府在 2019 年完成美墨加協定後，想要與菲律賓開啟 FTA 談判。[133] 美菲 FTA 雖有望成為美國與東協國家簽署的第二項 FTA，但實際談判成效有限，拜登對 FTA 警慎態度亦減低了美菲 FTA 的可能性。

IV 從 TPP 到 CPTPP

　　歐巴馬政府的 TPP 倡議重心不在東協本身，而是強調再平衡或重返亞洲戰略。新加坡、紐西蘭、智利和汶萊簽訂的

《跨太平洋戰略經濟夥伴協定》（P4協定），於 2006 年生效，而 TPP 即是奠基在 P4 架構之上。[134] 布希政府在 2008 年表明有意加入擴張 P4 協定的談判，歐巴馬也在隔年告知國會，他已開始了更名為 TPP 的協商。[135] 2011 年在 APEC 部長級會議的場邊會議上，美國及其他參與國決定了 TPP 這個巨型 FTA 的法律架構；日本於 2013 年加入談判，也大幅拓展 TPP 的經濟規模。[136]

A、演變與會員加入程序

2016 年，12 個包括美國在內的參與國，於紐西蘭奧克蘭簽下了 TPP 這項指標性協定。[137] 值得注意的是，美國其實從來都不是 TPP 的「締約國」。由於美國國會並未給予足夠的支持，加上川普「意外」勝選，歐巴馬決定不再推動國會批准 TPP。[138] 2017 年 1 月，川普政府通知 TPP 的寄存主管當局──紐西蘭，美國「無意成為 TPP 締約國」，因此「不負擔簽署協定而生之任何法律義務」。[139]

川普的決議讓美國的亞洲盟友大失所望。不過，在澳洲、

加拿大和日本的領導下，新的 CPTPP（稱為 TPP-11 協定）仍然在 2018 年於智利聖地牙哥完成簽署。[140] CPTPP 之所以能成功締結，關鍵動力之一是新的競爭對手 RCEP 的出現，同年間，RCEP 的成員國已完成了 20 章節中 7 個章節的協商。[141] 依照國際法，CPTPP 是獨立於 TPP 協定，但 CPTPP 納入了原來 TPP 的內容，並於 CPTPP 附錄明文排除 22 條 TPP 規定。[142] 儘管 CPTPP 在 2018 年已經生效，汶萊、智利、馬來西亞和秘魯卻直到 2020 年才批准該協定。[143]

CPTPP 執委會於 2019 年首次召開，參與國強調了該協定加速在新冠肺炎疫情後促進經濟復甦的重要性。[144] 參與國也提到「有數個經濟體展現出加入 CPTPP 的意願」，並願意遵守其「高標準」。[145] CPTPP 加入程序要求「有意加入的經濟體」必須與目前參與國進行非正式協商，後續則有包括設立加入工作小組等正式程序。[146] CPTPP 執委會將「基於共識」決定新成員的申請結果。[147]

英國在 2021 年申請加入該巨型 FTA，中國大陸和臺灣則在 2022 年先後提出申請。[148] 中共主席習近平曾在 2020 年 APEC 視訊高峰會中，宣布中國「將優先考慮加入」

CPTPP，[149]這個宣示呼應了北京的十四五計劃，以「面向全球建立高標準自由貿易區域網絡」，以實現 2035 年遠景下的「社會主義現代化」目標。[150]中國的立場可能促使南韓宣布加入 CPTPP，因為南韓的加入並不會令北京感到「不快」，且 CPTPP 可升級南韓與東協內 FTA 夥伴的貿易連結。[151]

中國大陸和其他美國盟友尋求加入 CPTPP，對拜登政府是個警訊。以歐巴馬的話來形容，原本的「TPP 可以讓美國──而非像中國這種國家──立下 21 世紀的規範」。[152]TPP 全面性的內容被視為美國 FTA 的標竿；實務上，歐巴馬政府也將美國的 FTA 策略移植到 TPP 上，加強它的標準使美國經濟利益最大化。川普決定讓美國退出 TPP，使該協定實際的國內生產毛額（GDP）的全球占比從 38.2％降到 13.5％，連 RCEP 的一半都不到。[153]拜登政府應該思考的是，中國將可從 CPTPP 的會員身分中獲得什麼好處。更根本的是，美國不加入 CPTPP，將會使美國在新亞洲區域主義的制定規範領導地位，被取而代之。

B、主要特色及挑戰

　　TPP 身為 21 世紀的貿易協定，其中 30 個章節涵蓋了超越關稅、服務貿易和投資等議題的規定。[154] 而國營事業、反貪污、勞工及環境保護等章節，由於是 RCEP 所欠缺的規範，因而能強化 CPTPP 對建構新區域經濟秩序的影響力。由於 CPTPP 具有經濟和地緣政治特色，它被視為是全新的「巨型法規」（megaregulation），代表跨區域且大規模的治理規範。[155] 市場准入方面，CPTPP 將取消 11 個參與國間 99％的貨品貿易稅則項目，反觀 RCEP 的關稅自由化比率只有 92％。[156] CPTPP 在實施上具有一定程度彈性，給予各國較長的時間達成對特定產品的關稅減讓。舉例來說，該協定給予日本 16 年的時間用來取消海鮮產品關稅，並給予馬來西亞同樣的時間以達成葡萄酒免稅。[157]

　　CPTPP 將改變區域的供應鏈。亞洲常見的貿易貨品為電子產品，大多都涵蓋在 WTO 的《資訊科技協定》下，享有零關稅待遇。由於 WTO 的《資訊科技協定》不包含手機，如越南等 CPTPP 國家製造業者，可能會從 CPTPP 參與國進口零件，再將最終產品出口到其他 CPTPP 參與國。[158] 其中的

爭議問題將涉及 CPTPP 的原產地規則。CPTPP 的原產地規則採用「從紗開始」規則，亦即只有從 CPTPP 參與國進口布料後製造的服飾，才具有免稅資格。[159] 美國紡織業偏好從紗開始規則，所以美國的 FTA 也採用此規則。但是，這種規則對於越南的成衣業造成相當困擾，因為越南高度仰賴非 CPTPP 參與國的紗和布料，這些國家包括中國大陸、南韓和臺灣。[160]

至於服務承諾部分，CPTPP 採用自由化程度較高的負面表列作法。CPTPP 中有三個服務貿易相關的章節，納入了金融服務、商務人士暫准進入及如農業、工程業及法律服務業等專業服務的條文。[161] 在投資保障領域，主要焦點為 CPTPP 的投資人與地主國爭端解決（ISDS）。原 TPP 的 ISDS 條文參考了美國雙邊投資協定，規範程度超過傳統的雙邊投資協定，涵蓋的仲裁規範也遠較《解決國家與他國國民間投資糾紛解決公約》（ICSID Convention）來得詳盡。[162] 這類美國模式的 ISDS 條文，也被東協加一 FTA 採納，呈現出與歐盟投資法庭制度不同的投資保障模式。值得注意的是，ISDS 不只引起東協國家的疑慮，也受到澳洲和紐西蘭的關注。澳洲遭遇的「菲利普莫里斯國際公司訴澳洲」（Philip Morris v. Australia）一案，促成了 TPP 仲裁規則中的菸品措施除外條款。[163]

自美國退出 TPP 後，CPTPP 參與國限縮了 TPP 的 ISDS 適用範圍，不允許投資人根據私人投資合約和違反金融服務最低待遇標準提出訴訟。[164] 紐西蘭總理阿爾登更在 2017 年宣布，紐西蘭會「確保未來所有自由貿易協定都不含 ISDS 條款」。[165] 透過與 5 個 CPTPP 國簽署附屬文件，紐西蘭與這些國家之間的投資爭端，完全排除了 ISDS 機制。[166]

由於 CPTPP 包含了其他 TPP 具標誌性的特色，使它成為新型貿易協定。[167] 例如，電子商務條文就是 FTA 在數位貿易規範的一大突破。CPTPP 的重要規定包含保護個人資訊和自由傳輸資料規則，以及禁止成員要求國外廠商應將電腦設施設於境內的規定。[168] 本書第四章已指出，越南的《資訊安全法》違反了 CPTPP 的跨境資料流通和禁止資料在地化的規定。雖然 CPTPP 與越南的附屬文件允許越南在寬限期間內不適用爭端解決，但越南的《資訊安全法》嚴重違反 CPTPP 的精神，且無法以「合理公共政策」正當化。[169] 華府表達了對越南《資訊安全法》的疑慮，不過顯然 TIFA 對話並未讓越南重新考慮是否實施該法。[170]

國營事業的章節可以確保 CPTPP 締約國，無論是在商業

或非商業方面，都不會偏袒自己的國營事業。[171]CPTPP 的國營事業規範，極可能會阻礙中國大陸申請加入 CPTPP 的程序。此外，CPTPP 亦包含非關稅障礙章節，因為目前非關稅障礙對於貿易影響並不亞於關稅。CPTPP 中的例外規定也對如馬來西亞等伊斯蘭教國家非常重要，例如食品安全檢驗和動植物防疫檢疫措施的條文並不禁止各國「依照伊斯蘭法律，對食物和食品施加清真規範」。[172]

由於 CPTPP 參與國中只有 5 國加入 WTO 的《政府採購協定》，CPTPP 可協助企業打開更多的政府採購市場。[173]美馬 FTA 談判破局的原因之一，就是馬來西亞的原住民相關政策，而馬來西亞根據 CPTPP 的政府採購附錄，則可繼續維持這項政策。[174]此外，與發展相關的章節強調永續發展目標以及女性「在國內和全球經濟中」的角色，這代表了 CPTPP 的價值導向。[175]儘管發展相關條文排除了爭端解決的適用，但勞工與環境保護章節並沒有排除適用爭端解決，故可利用一般爭端解決機制加以執行。[176]這些章節的強制性反映出美國的「制裁」模式，但令人驚訝的是，CPTPP 並未排除此模式的適用。

V 通往亞洲的路徑圖

拜登世代來臨時，外界就預期白宮會把重心放在國內事務而非 FTA，[177] 但地緣政治變化應會促使拜登政府強化美國的戰略。一個具有持續性的長期策略，不只能對抗中國在國際組織和 FTA 中崛起的影響力，更能恢復美國塑造新亞洲區域主義規範的領導力。以下本書將提出雙管齊下的策略，呼籲華府重新考慮加入 CPTPP，並簽訂東協與美國 FTA。這些提議將比拜登政府所提出的「印太經濟架構」（Indo-Pacific Economic Framework, IPEF）更為有效且具戰略性意義。

A、美國加入 CPTPP

對於 CPTPP 而言，美國市場的規模可讓美國政府有足夠的力道提升目前成員國的承諾，以及提升現行標準。若重塑 CPTPP，將可以使它變成由美國領導的新亞太倡議。[178] 由於 CPTPP 裡擱置的 TPP 條文，主要集中在 ISDS 機制和智慧財產權（例如版權的保護期間）等議題，[179] 故美國可以帶領 CPTPP「回歸」原本 TPP 的標準，成為推動第二代進化版

CPTPP 的關鍵動力。後續則可強化有關國營事業、勞工和環境保護的標準，並加速如政府採購等其他領域承諾的談判。

同時，美國應推動讓 CPTPP 新成員加入程序更加完善，使第二代成員主要由亞太民主國家組成。在美國盟友之中，CPTPP 後續的擴張對於中華民國政府特別重要，因為北京的政治壓力使臺灣被排除在如 RCEP 等主要 FTA 之外。以日本來說，臺灣之前禁止進口受 2011 年福島核災影響區域的食品，造成日本部分人士對臺灣加入 CPTPP 有所保留。[180] 其他 CPTPP 成員國對臺灣的態度則與中國大陸加入該協定的可能性相關，因此美國的 CPTPP 政策對臺灣具有舉足輕重的地位。

1994 年美臺 TIFA 迄今，實質成果有限。《亞洲再保證倡議法》要求美國政府與臺灣發展「緊密的經濟、政治和安全關係」。[181] 2020 年間也出現了新的發展，50 位參議員致信美國貿易代表署，表示支持美國與臺灣簽署雙邊貿易協定（BTA）。[182] 然而，美國貿易代表署並未與台北開啟談判，可能原因是擔心影響中美第一階段貿易協議的進度。

另一發展是美國國務院啟動「臺美經濟繁榮夥伴對

話 」（Economic Prosperity Partnership Dialogue, EPPD）。[183]
經濟繁榮夥伴對話並未把焦點放在雙邊貿易協定或 FTA 議題
上，而是與 TIFA 架構共存互補，著重如 5G 網路和供應鏈等
領域的產業合作。此外，蔡英文政府准許進口「萊豬」，也
就是含萊克多巴胺之美國豬肉食品的決策，雖然成效有待關
注，但也是邁向「正常化」美臺雙邊貿易的一步。[184] 這些發展
皆有助於華府支持台北加入美國領導的第二代 CPTPP，而臺
灣的 CPTPP 會籍也同樣會加強拜登政府對臺灣「堅若磐石」
的承諾。CPTPP 也可使美國深化參與亞洲事務，以面對中國
大陸的挑戰。[185]

B、東協與美國 FTA 的新動能

除了 CPTPP 外，拜登政府也應該考慮簽訂東協與美國
FTA，成為另一個東協加一協定。CPTPP 的對象是已準備好
施行高標準承諾的亞洲國家，而東協與美國 FTA 則可以遵照
漸進式且以發展為主的策略，整合並監督既有既有倡議的執
行程度。目前東協 10 國都是 RCEP 的締約國，而 CPTPP 僅
含 4 個東協成員。因此，簽訂東協與美國 FTA，更能有效遏
止北京在 RCEP 及東協不斷擴張的勢力。CPTPP 和東協與美

國 FTA 兩者可作為美國通往亞洲的全面路徑圖，完成拜登政府要建立區域聯盟並重振美國領導權的目標。

東協與美國 FTA 並非新的概念，早在 1989 年，美國國際貿易委員會就曾討論過東協與美國 FTA 的可行性。但其結論是這項 FTA 時機未成熟，因為其對美國「經濟利益有限」，而且東協的談判資源不足。[186] 共和黨參議員盧加爾（Richard Lugar）於 2009 年和 2011 年，分別提出各項法案，敦促美國貿易代表署「規劃與東協開啟 FTA 談判的策略」。[187] 盧加爾強調，雖然他支持歐巴馬的 TPP 倡議，但東協與美國 FTA 更能加強美國對東協領袖的承諾，不然他們可能會與如中國等國家尋求「全面性貿易互動」。[188] 盧加爾的預測完全正確，因為東協之後確實大幅加速了與中國以及其他 RCEP 成員國的 FTA 進度。

由於東協的政經情況歷經大幅改變，東協與美國 FTA 已不再是時機不成熟，而東協對美國的經濟利益也已相當具體。東協身為全球第 5 大經濟體，是美國的第 11 大貿易夥伴。[189] 美國占東協外資金額的 15.2 ％，使美國成為東協最大的外資來源國。[190] 東協經濟共同體的成立、以及東協加一 FTA 和

RCEP 等發展，在在都增強了東協的談判資源和經驗。

考量東協中心性在亞洲安全和貿易協定的重要性，美國應即時升級與東協於 2006 年簽訂的 TIFA，使之為完整版 FTA。《亞洲再保證倡議法》是印太戰略的法律基礎，亦強調美國與東協戰略夥伴關係的重要性，該法並呼籲白宮與東協「談判協商全面性的經濟參與架構」。[191] 締結東協與美國 FTA 即可作為對《亞洲再保證倡議法》的回應。

1、歐盟模式

美國需要什麼樣的策略以完成其與東協的 FTA ？拜登政府可以考慮兩種模式。歐盟遵循的是堆積木策略，[192] 優先與個別東協國家簽訂高標準的雙邊協定，這些開路者協定之後構成 FTA 網絡，成為東協與歐盟 FTA 的基礎。歐盟分別與新加坡和越南的協定包含了重要條款，尤其像是東協累積式的原產地規則，應該會成為未來區域對區域 FTA 的內容。隨著英國在 2020 年也與新加坡和越南分別簽訂 FTA，預期未來談判東協與英國 FTA 時，英國也會追隨歐盟的堆積木策略。[193] 西方盟友的東協加一協定策略，可成為美國的範本。

　　美國另外可以考慮將部分美星 FTA 的設計，移植到其他美國與東協國家簽訂的雙邊協定。舉例來說，美星 FTA 適用範圍涵蓋印尼的巴譚島與民丹島經濟特區，使印尼出口貨品到美國時更為便捷。[194] 美星 FTA 的原產地規則也納入創新的機制，稱為「綜合採購計畫」（Integrated Sourcing Initiative），[195] 讓部分醫療設備和資訊科技產品可被視為新加坡貨品。[196] 東協企業因為不須證明該計畫產品的原產地，促使它們和新加坡建立聯繫，以取得美星 FTA 的優惠待遇。美星 FTA 的這項特色類似於歐盟 FTA 下東協累積規則的目的，為其他東協國創造外溢經濟利益，有助於東協與美國 FTA 的協商。

2、亞洲模式

　　亞太國家的策略與歐盟迥異，在各自與東協簽訂 FTA 時多採取東協模式。以中國大陸、日本、印度和南韓為例，都是根據架構協定開啟 FTA 談判，架構協定是屬於 GATT 下的過渡性協定。架構協定的早期收穫計劃，可以加速較不具敏感性產業的關稅和服務貿易自由化，增加 FTA 的政經誘因以完成談判。後續談判的貨品、服務貿易、投資和爭端解決機制等協定，則會共同建構起成全面性的 FTA。

　　美國專家先前考慮過一種「傘狀」架構協定，可以涵蓋 FTA 的主要內容，例如原產地規則和爭端解決機制，[197] 使雙邊 FTA 談判可以在此架構下進行。本書提議將東協與美國 TIFA 升級為加強版 TIFA，功能是擔任談判 FTA 所需要的架構協定。因為東協堅持其「作為一個整體」參與該 FTA，因而可能會產生是否該將發展程度較低的國家納入東協與美國 FTA 的疑慮。[198]

　　相較於各國不同的發展階段，如柬埔寨和緬甸等人權紀錄堪慮的國家是更為嚴重的問題，因為美國國會批准 FTA 的程序會嚴格審查人權紀錄。美國透過「湄公河下游行動計劃」（Lower Mekong Initiative），對東協國家提供技術協助。[199] 然而，有論者認為，在《亞洲再保證倡議法》架構下提供的財務援助經常忽略東協小國的需求。[200] 近來出現一個令人擔憂的效應，就是這些東協國家在經濟和政治上變得越來越依賴中國大陸。這些國家同時會替北京在南海和臺灣議題的「核心利益」上代言，這顯示了北京對極權政府提供大規模軍事和經濟支持，取得了一定成效。中國大陸目前在理論上平等的南南關係中，愈來愈像採取新殖民主義的北方國家，導致這些國家與北京之間，已經質變為所謂的「新依賴關係」

（neo-dependency）。

　　拜登政府也應該評估歐美偏好的制裁策略是否持續有效。為因應柬埔寨洪森政府侵犯人權事件，歐盟部分終止了該國在歐盟普遍化優惠關稅措施下可享有的優惠待遇。[201] 然而，歐盟的制裁反而加速了柬埔寨與中國大陸簽署 FTA，強化了北京的影響力。緬甸則是另一個例子，2015 年翁山蘇姬的全國民主聯盟取得國會大選勝利後，歐巴馬放寬了之前對軍政府的制裁措施。[202] 為了回應抗緬甸軍方在若開邦的「種族清洗」，美國在 2017 年到 2019 年採取了與簽證和資產相關的限制措施。[203] 但是，北京幫助緬甸政府，試圖阻擋聯合國安理會對若開邦危機召開會議；[204] 北京並利用新冠肺炎的援助，以推動中緬經濟走廊，加強了中國的一帶一路倡議以抗衡美國的制裁。[205] 2021 年，翁山蘇姬和全國民主聯盟領袖被軍政府扣押，拜登政府的反應代表著東協與美國的關係，以及中國與緬甸的聯繫，都還存在著相當多的地緣政治挑戰。[206]

　　柬埔寨和緬甸的案例，顯示出歐美的制裁反而加強了以中國為中心的聯盟，削弱了美國在該區域的地緣政治利益。所以，華府應該採取更務實的貿易政策，以加強和這些國家

的建設性參與。本書認為，增強版的東協與美國 TIFA 可以包含所有東協國家，不過美國與東協的 FTA 可以建立於更有彈性的「東協減 X」原則之上，這也是《東協憲章》所認同的作法。[207] 美國出口市場的規模以及潛在的貿易轉移效應，能誘使包括柬埔寨和緬甸在內的國家加入東協與美國的 FTA，並遵守與人權相關的貿易規範。

VI 結論

本章對於美國與亞太國家簽訂的經濟協定和相關法律議題，提供了詳盡說明。美國作為亞太地區的常駐大國，提供了霸權穩定性，使亞洲整合更加可行。然而，華府對亞洲金融風暴反應不夠積極的結果，促成了「東協加六」的出現，而東協加六架構下的財政和貿易合作都將美國排除在外。中國大陸對 FTA 的積極立場以及川普的單邊貿易政策，更進一步摧毀美國霸權的單極治理體系。再加上美國退出 CPTPP 及中美貿易戰的影響，美國自戰後建立的貿易體系機制，已逐

漸被新區域經濟秩序取代。

　　相較於中國、歐盟和日本的策略，美國亞洲政策的根本問題在於缺乏與東協間全面性的法律架構。儘管歐巴馬的重返亞洲戰略和川普的印太戰略皆強調亞洲的重要性，美國與東協或是東協個別國家簽訂的 TIFA，並未導向任何具代表性的貿易協定，新加坡目前仍是唯一與美國簽訂 FTA 的東協國家。拜登政府若要與亞洲盟友加強合作並恢復美國的領導地位，不僅在安全方面需要將東協視為「一個聯盟」對待，貿易倡議方面更是如此。本章提出了雙管齊下的路徑圖，主張美國應加入 CPTPP 並擴張其成員國及提高協定標準，以及參考歐盟及亞洲模式開啟美國與東協的 FTA 談判。

陸

APEC
的邊緣化或重生？

I 簡介

東協成立之後，亞洲區域主義最醒目的里程碑就是 1989 年建立「亞太經濟合作會議」（APEC）。1994 年 APEC 發表「茂物宣言」，目標是在 2010 年及 2020 年，分別實現已開發和開發中經濟體於「亞太地區自由且開放的貿易和投資」，[01] 因此，APEC 的茂物目標，是為新亞洲區域主義所設下遠大的目標。APEC 的 21 個經濟體目前占有至少 40％的全球貿易量，以及全球國內生產毛額（GDP）的 60％。[02] 此外，APEC 會員已完成 189 項自由貿易協定（FTA），占全球貿易協定的 40％。[03]

在 1990 年代，外界普遍認為 APEC 是亞太地區最關鍵的跨區域經濟架構，但自從千禧年代全球進入第三波區域主義後，APEC 就面臨「身分認同危機」與功能的弱化。首先，APEC 不同於東協轉型為東協經濟共同體，其法律地位是特殊實體（sui generis），既非傳統的國際組織，也不是世界貿易組織（WTO）法律定義的自由貿易區。[04] APEC 作為以軟法為本的組織，主要透過非拘束性的決策和規範，推動經濟合

作與自由化。其次，儘管 APEC 茂物目標有遠大的「2020 年目標」，但區域政府都優先推動 FTA 協商而非 APEC 事務，包括《跨太平洋夥伴全面進步協定》（CPTPP）和《區域全面經濟夥伴協定》（RCEP）在內的巨型 FTA，在在削弱了 APEC 的重要性。

最後，從中美霸權對峙可看出，地緣政治的不穩定性影響了 APEC 的既定規劃。自從 1993 年 APEC 首次舉辦領袖高峰會後，2018 年在巴布亞紐幾內亞舉辦的領袖高峰會，是 APEC 領袖代表們首次沒有共同發表領袖宣言。[05] 部份原因在於華府和北京對於是否要於領袖宣言中提及「不公平貿易措施」，持不同的意見。[06] 2019 年是 APEC 的 30 周年，但那年卻因為主辦國智利國內的政治局勢動盪，導致 APEC 領袖高峰會首度取消。諷刺的是，此場高峰會取消，延宕了美國川普總統與中國大陸簽訂「可能更重要」的第一階段貿易協議的進度。[07]

在這樣的背景之下，一個關鍵的問題是：APEC 在新亞洲區域主義中，究竟會被邊緣化還是得以重生？有別於傳統從國際關係的觀點分析，本章將從法律視角評估 APEC 的

演進過程，檢視它對亞洲整合及多邊貿易體系的影響。其中，本書主張 APEC 的兩項核心原則「開放式區域主義」（open regionalism）及「共識性單邊自由化」（concerted unilateral liberalization），對特定領域的貿易自由化具深遠影響，卻經常被論者忽略。[08]APEC 軟法機制降低了國家的「主權成本」，推動額外且創新的承諾，並加速了 WTO 協商。[09]本書也強調，APEC 就算來到「茂物目標」的尾聲，制度改革仍然不可或缺。若能有效實施 2020 後願景，也就是「APEC 太子城 2040 年願景」，就可以加強 APEC 作為「亞太自由貿易區」（FTAAP）培育者的角色，從而提升該論壇的身分認同，並挽回其影響力。[10]APEC 也可讓開發中國家建立集體勢力，以在第三波區域主義中塑造新區域經濟秩序（NREO）。

　　本章會探討 APEC 的發展過程，並與區域和全球區域主義比較。首先提及 APEC 跨區域架構和操作機制的緣起，該機制源自於 1995 年「大阪行動綱領」（Osaka Action Agenda），目的是要實現「茂物目標」。本章亦會解釋 APEC 為何會因為以下兩個因素而出現信譽危機：不成熟的自由化政策，以及亞洲金融風暴期間的 APEC 失能。[11]此外，本章會探討 APEC 關鍵會員的法律和政治策略細節，這些都

影響了 APEC 的發展和議程。舉例來說，美國印太戰略、中國大陸的一帶一路倡議和東協的「東協經濟共同體 2025 年藍圖」就影響了目前 APEC 涉及基礎建設發展的連結性計劃。[12]

為了評估 APEC 循序漸進的成就，本章將把重點放在與 FTA 相關的 APEC 模範措施、對區域供應鏈而言必要的貿易便捷化措施，以及針對資訊科技和環境產品實施的關稅自由化等事項上。最後，考量了「APEC 太子城 2040 年願景」，本章將對 APEC 的法律和制度改革提出建議，以提升 APEC 秘書處的能力，並強化同儕檢視的機制。本章也會在新亞洲區域主義和國際經濟法的脈絡下，檢視包括 CPTPP 和 RCEP 等可以通往「亞太自由貿易區」的可行途徑。

II 跨區域經濟組織的形成

東協、歐洲和北美的經濟整合是 1980 年代第二波區域主義最具有代表性的特點，也激發出了「建立一個亞太地區經濟

組織」的構想，其中又以澳洲和日本扮演關鍵角色。澳洲與日本的學界首先提出以「經濟合作暨發展組織」（Organization for Economic Cooperation and Development, OECD）為藍本，建立「太平洋貿易與發展組織」（Organization for Pacific Trade and Development, OPTAD）的概念。[13] 但是，當年各國政府由於冷戰分歧和對於有拘束力的承諾頗有疑慮，對 OPTAD 提案興趣缺缺。[14]

　　不過這一股新的動能最終還是在 1980 年成功促成了「太平洋經濟合作會議」（Pacific Economic Cooperation Conference, PECC）的成立。PECC 是一個三方組織，使產官學三方代表能夠交流。PECC 作為 APEC 的模範及先驅，提供了許多參考先例，包含舉辦高層級但又屬「非正式」的論壇，以及開啟臺灣海峽兩岸的經濟對話等等。[15] 1989 年，澳洲總理霍克的提案在日本大力支持下，促成了 APEC 的設立。[16] 除了 APEC 的 21 個會員以外，東協秘書處與 PECC 也都以正式觀察員的身分參與 APEC 會議。

A、APEC之運作與架構

由於 APEC 缺乏條約授予其法律人格,所以 APEC 作為一個事實上組織,其運作是立基在由 30 年的實踐經驗所形成的常規和程序。APEC 會員的多元性既是優點也是缺點。由於亞太地區國家的集體身分認同有限,因此不能以簡化的建構主義觀點理解這 21 個會員集結的原因。APEC 不像東協,其會員的連結不是因為彼此位於鄰近的地理位置;此外 APEC 經濟體之間的發展程度差異很大,這可以從各國人均 GDP 看出,例如美國的數額是越南的 25 倍以上。[17]這些分歧都使得 APEC 必須維持以非拘束性和共識為主的策略。政治上的取捨亦使 APEC 無法轉型為 FTA 或國際組織。

儘管如此,我們不可忽略 APEC 對經濟整合的長期影響。APEC 的運作基礎雖然不具拘束性,但自 1989 年起,APEC 的商品貿易量已成長 8 倍之多,區域內貿易量也增長逾 70%,[18]此成長幅度超越了歐盟(64%)和北美(50%)的區域內貿易量,但後兩者都是具法律拘束力的貿易聯盟。[19]另外,APEC 也刻意將本質去政治化,稱呼參與者為「會員經濟體」(member economies)而非國家,並稱年度高峰會為

「經濟領袖會議」。APEC 對經濟發展的關注，提升了它的地緣政治重要性，主要原因在於它為跨太平洋地區提供了一個高層級、對全球治理至關重要的對話論壇，對話的主題範圍從北韓到美中貿易問題，FTA 談判國也會利用 APEC 會議的時機，以取得關於 CPTPP 和 RCEP 的共識。

　　APEC 具有 63 個工作小組，每年舉辦官員間的會議達 150 個場次，因而有評論者戲稱 APEC 這四個字母代表著「閒聊的完美藉口」（A Perfect Excuse to Chat）。[20] 雖然部分討論始終沒有實質成果，但有些仍有助於 WTO 承諾，這些領域包括海關程序、電子商務及女性經濟參與。[21] 在某些議題上，APEC 使其會員能夠對其選定的議題採取先進措施，此種「主人翁意識」促進會員們對於亞太區域的能力建構盡一份心力。例如新加坡作為「領導經濟體」（champion economy）之一，透過執行 APEC 的「經商便利度」行動計劃，改善了取得營建許可的流程，因此成為區域內的模範。[22] 另外，工商業界直接參與 APEC 的決策過程，也是政府間組織裡的特例。「APEC 企業諮詢委員會」（Business Advisory Council）與 PECC 在在增強了 APEC 的企業關聯性，[23] 這種親商機制可說是塑造出 APEC 在實務政策上的表現，尤

其是關於節省創業時間、加速出口和進口，以及加速執行合約等事項的推動上。[24]

在本質上，APEC 的宣言和決策都屬於政治承諾，並非具有拘束性的協定。但實際上，這些承諾皆由經濟領袖背書，而被奉為政策原則。自 1989 年起，APEC 的會議和制度都是透過軟法規則執行，[25] 其組織架構涵括了政策與工作層級，且同時存在由上到下與由下到上的機制。[26]「領袖會議」作為最高政策層級，21 個 APEC 會員的領袖或代表藉由參加當年度領袖會議，發表宣言以指引 APEC 的政策順位。實務上，會先由「部長會議」討論議題範圍，並接受由企業領袖組成的「APEC 企業諮詢委員會」建議。達成共識後，再依此共識安排領袖會議的議程和優先順序。值得注意的地方在於，年度會議並不僅限於外交和貿易部長參加，為因應廣泛的討論議題，農業、財政和其他 APEC 相關議題的部長亦曾參加各自的專業部長會議。

圖 6.1 APEC 決策流程[27]

　　「資深官員會議」（Senior Officials' Meeting）每年舉辦 4 次，監督 4 個屬於工作層級的委員會，範圍包括特定領域的次級委員會及工作小組，各自負責企業行動化、競爭法和能源等等。[28]針對策略性議題，資深官員會議有權組織諮詢委員會，例如 APEC 願景小組（Vision Group）的任務就是設定 APEC 的 2020 後願景。[29]APEC 秘書處不但支援資深官員會議，亦負責管理 APEC 的年度預算，並監控超過 250 項由 APEC 出資補助的計劃。[30]工作小組的議程需要因應亞太地區快速變動的挑戰，舉例來說，衛生工作小組協助了 APEC 政府對抗新冠病毒，並盡可能減少疫情對經濟的影響。[31]

B、三階段發展過程：1989到2021年

　　過去 30 年間，APEC 的發展可以分為三個主要階段，

各階段的發展都與亞洲區域主義和 WTO 的進展密切相關。APEC 的第一階段始於 1989 年成立之時，透過「茂物宣言」達到高峰，並設定 2010 年和 2020 年為達成區域貿易及投資自由化的目標年。茂物目標是促進亞洲整合，外界因此對 APEC 期望很高，「開放式區域主義」原則隨之興起。這項原則明確否決 FTA 內向性的概念，鼓勵 APEC 會員在最惠國待遇基礎上給予其他國家自由化的優惠。[32] 茂物目標促成 APEC 的三項主要議程，包括貿易和投資自由化、商業便捷化與根據能力建設倡議而來的經濟暨技術合作（ECOTECH）。[33]

　　為實踐「茂物目標」，1995 年「大阪行動綱領」和1996 年的「馬尼拉行動計劃」擬定了「共識性單邊自由化」模式。[34] 根據這項原則，APEC 具體行動包含「個別行動計劃」（Individual Action Plans）與「共同行動計劃」（Collective Action Plans）。其中個別行動計劃規定 APEC 會員須定期報告 17 個領域的實施狀況，像是非關稅措施、海關程序和FTA。[35] 這些領域包括大阪行動計劃已涵蓋的議題以及後續新增的議題，希望藉由對各會員施加同儕壓力，確保以協調的方式實施單邊自由化。[36]

共同行動計劃也要求 APEC 內各經濟體需報告特定領域的共同行動進度。這些共同行動可以為其他會員提供最佳範例，並可透過建立資料庫等方式來加強資訊透明度，如臺灣負責營運的「APEC 競爭政策和法律資料庫」即是一例。[37]

在 APEC 發展的第一個階段，可以從成員積極支持加拿大、日本和美國共同提案的《資訊科技協定》（Information Technology Agreement, ITA），瞭解 APEC 的成就。[38] 此提案的目標是為消除資訊科技產品的關稅，而此具有里程碑意義的協定於 1996 年 WTO 新加坡部長會議上獲得通過，顯示出 APEC 的全球影響力。

APEC 在 1997 至 2000 年進入第二階段，此時 APEC 遭遇信譽危機，推動自由化的目標也遇到挫折。原先受到 ITA 成功鼓舞，APEC 內幾個已開發經濟體想要推動更具野心的「自願提前自由化部門」（Early Voluntary Sectoral Liberalization, EVSL）倡議。[39] APEC 在 1997 年溫哥華會議指定了 15 個部門別，會員們針對這些部門的產品採取調降關稅、非關稅措施，以及相關標準與一致性措施。[40] 然而，出人意料地，涉及多部門的 EVSL 倡議竟然難以複製 ITA 這個單

獨部門別的模式，日本和其他亞洲國家亦反對 EVSL 從自願基礎轉換為 WTO 式協商[41]，其中，各國對 EVSL 納入漁業和林業部門產品的反彈極為強烈，加上 APEC 各會員遭受亞洲金融風暴的打擊，都使得早期自由化計劃不得不中止[42]。EVSL 因此成為 APEC 的「公關災難」，導致外界悲觀認為「APEC 失去方向」[43]。

　　APEC 的改革和現代化則與其第三階段密切。這個階段也與 WTO 杜哈回合、新亞洲區域主義處於同時期。APEC 努力從 EVSL 的失敗中奮起，重新自我定位為 FTA 和新興領域的培育者。2001 年的「上海協議」象徵策略再度轉回共識性單邊自由化，並採取開路者策略，透過「二十一減 X」更具彈性的共識方式，由 APEC 會員選定特定倡議引導實現茂物目標[44]。目前各開路者倡議，平均有 11 至 20 位不等的 APEC 會員加入，這些倡議涵蓋議題多元，包含數位貿易和供應鏈連結性[45]。「東協減 X」原則目的是避免有人「搭便車」，APEC 機制則不一樣，反而是為了回應開放式區域主義。這種根據「大阪行動計劃」而來的不歧視原則，清楚展現了貿易和投資自由化的利益「不僅是 APEC 經濟體可以享有，APEC 經濟體亦能與非 APEC 經濟體共享」[46]。

　　APEC 的第三階段，面臨到巨型 FTA 的威脅。由於 APEC 本身並非貿易協商的論壇，因此它的未來是變得邊緣化或重生，將取決於作為「促進貿易和投資協定之培育者」的成效。APEC 領袖於 2010 年強調，由 21 位會員組成的「亞太自由貿易區」（FTAAP），應「建立於持續進行的區域作為之上，例如東協加三、東協加六和《跨太平洋夥伴關係協定》（TPP）等等」。[47] 由於 CPTPP 和 RCEP 分別以原 TPP 和東協加一 FTA 為基礎，因此都屬於「亞太自由貿易區」未來規劃的範圍內。APEC 的後 2020 年願景可加強其形塑經濟協定的領導力，亦可強化 APEC 的身分認同與功能。

III　亞太地區政府的法律及政治策略

　　APEC 21 個會員之間相似又分歧的國家利益，造就了 APEC 這個跨太平洋組織的興衰。各國的法律和政治策略，與 APEC 的優先事項和議程緊密相關。此外，東西半球國家的分歧、已開發和開發中國家之間的差異，都使得 APEC 在

不同時期對於三大支柱（貿易與投資自由化、商業便捷化與經濟暨技術合作）所強調程度各有不同。自 2017 年起，國家民粹主義快速興起和中美貿易衝突，不但威脅了全球經濟，也削弱到 APEC 的影響力。以下將針對東協、澳洲、中國、日本和美國的策略加以檢視，並分析它們對 APEC 發展的影響。

A、東協

東協和 APEC 為新亞洲區域主義的兩大推力。東協從 1967 年成立至今，由 10 國組成的鬆散安全聯盟已轉變為亞洲主要的貿易聯盟，1993 年推動東協自由貿易區以及 2015 年成立「東協經濟共同體」，皆是東南亞貿易自由化的重要里程碑。為了保全東協的集體勢力，東協各國政府在 1990 年通過「古晉共識」（Kuching Consensus），成為東協參與 APEC 的基礎。[48] 各國同意「應保有東協的身分認同和一致性」，且 APEC 將不會建立「內向式經濟體或貿易聯盟」，亦不會採用「強制指令」。[49]

曾兩度擔任馬來西亞兩任總理的馬哈迪（任期 1981 至

2003 年及 2018 至 2020 年），在 APEC 歷史中具有重要地位。1990 年，他提議在 APEC 內建立「東亞經濟集團」（East Asia Economic Group, EAEG），避免東協被 APEC 的「白人國家」宰制。[50] 雖然此提案遭印尼、美國和其他會員反對，但這樣的論辯卻促成建立東協自由貿易區。[51] 值得一提的是，2020 年馬來西亞主辦的 APEC 會議因為「茂物目標」期限將至，加上前一年原本應由智利主辦的高峰會取消，因此極具關鍵性。馬哈迪在 30 年前對 APEC 採懷疑態度，現在的他卻認同它「仍具影響力」，且肯認 APEC 追求區域整合的努力「在現在看來更為重要」。[52]

東協對 APEC 的三方面影響，更加強化了以新亞洲區域主義和新區域經濟秩序為基礎的「東協方式」，在法律和經濟上的重要性。首先，APEC 包含 7 個東協國（汶萊、印尼、馬來西亞、菲律賓、新加坡、泰國和越南），並且是除了歐盟和印度以外東協最大的貿易夥伴。[53] 不僅如此，東協更在 2019 年取代美國成為中國的第 2 大貿易夥伴，並在 2020 年超越歐盟成為中國最大的貿易夥伴。[54] 因此東協與中國 FTA 成為 APEC 內最重要的南南協定，也使東協更能代表開發中國家。

第二，帶領 APEC 通往「亞太自由貿易區」關鍵之一的 RCEP，也就是東協所謂「由東協領導的程序」[55]。RCEP 各參與國也認同這個巨型 FTA 的核心價值，正是展現「東協中心性」[56]。從法律上的重要性觀之，RCEP 建構於東協經濟共同體架構和各項東協加一 FTA 之上，遵從以務實漸進主義指引的堆積木策略。RCEP 和以東協為中心的 FTA 可協助實現尚未完成的茂物目標，以及「APEC 太子城 2040 年願景」當中所勾勒的「亞太自由貿易區」[57]。

最後，東協身為 APEC 下的子群體及正式觀察員，兩者之間因為倡議高度重疊，藉由「同心環」效應而相得益彰[58]。因為東協實施具彈性的硬法義務，故「東協方式」與 APEC 的純軟法策略並不相同。但另一方面東協又與 APEC 的開路者倡議類似，因為東協正是 APEC 各項倡議的「實驗室」。不過令人意外的是，APEC 和東協領袖直到 2017 年才第一次討論合作的可能性，此時的東協已成立 50 周年了[59]。兩個組織都認同「AEC2025 年藍圖」和「茂物目標」的內容具有互補性，其中貿易便捷化機制中相似的倡議特別具有討論價值，例如海關程序的單一窗口作業化、電子商務和相互承認協定[60]。至於發展和能力建構方面，目前進行中的「東協整合倡議工作

計劃」，亦有助於 APEC 的 ECOTECH 行動計劃。

B、澳洲

澳洲一直是 APEC 的積極擁護者，對 APEC 的支持也顯現出該國以亞洲為主的政策。APEC 的誕生始於澳洲前總理霍克（Bob Hawke）的倡議，APEC 於 1989 年的第一次部長會議就是在坎培拉舉辦。下一任總理基廷（Paul Keating）提議召開 APEC 領袖會議的構想，受到美國總統柯林頓支持，促成了 1993 年在西雅圖首度舉行 APEC 高峰會。[61]

如霍克所承認，澳洲自 1980 年代開始轉型為開放經濟體，使得該國免於落入新加坡總理李光耀警示被邊緣化的處境。[62] 目前 APEC 會員占澳洲貨品及服務貿易量的 70%，[63] 而且透過設定區域議程、資料標準和經濟合作，APEC 也讓澳洲增強了它的影響力。[64] 澳洲與如東協和中國等亞洲國家的 FTA，也和 APEC 有互補作用。APEC 則提供重要的制度架構以提升澳洲與亞洲的經濟連結，確保澳洲能永續成長。

在中美衝突之下，澳洲也利用 APEC 論壇同時與華府、

北京對話。一直以來，澳洲對美國在 APEC 和 FTA 協商提倡的單邊主義和貿易自由化，都非常謹慎。[65]川普政府決定讓美國退出歐巴馬總統倡導的 TPP，使澳洲極度失望。後來澳洲和日本主動站出來，成為復興 TPP 的主要推手，帶領 11 個參與國於 2018 年簽訂了 CPTPP。此外，澳洲也認為必須對抗外來影響，像是中國大陸在太平洋島國上實施的一帶一路倡議，因此，即便澳洲總理莫里森（Scott Morrison）在 2018年 APEC 會議上抨擊貿易保護主義，他依然支持將美國印太戰略願景納入澳洲的外交政策，[66]因為在 APEC 中支持美國倡議，對澳洲長期的戰略目標有利。

C、中國大陸

自 1978 年鄧小平經濟改革開始，中華人民共和國已成為全球第二大經濟體。中國在 1991 年加入 APEC，打破了天安門事件之後的封鎖狀態，中國也重新加入全球經濟秩序。循著 PECC 的模式，「三個中國」（中國大陸、香港和臺灣）同時加入了 APEC。在北京和台北加入 WTO 之前，APEC 是唯一同時容納了這兩個對立政府的政府間論壇。中國大陸和臺灣在 1991 年分別與 APEC 主辦國南韓簽訂諒解備忘錄之

後，終告「解決」臺灣與會的爭議。[67]臺灣在APEC的名稱為「中華臺北」而非「臺灣」或其官方名稱「中華民國」。雖然諒解備忘錄理論上並不具拘束力，但實務上中華民國總統和外交部長依然難以出席APEC會議。[68]

　　中國大陸的立場類似於東協，支持APEC促進「經濟合作」的功能，但並不希望APEC提出具拘束力的承諾。中國大陸在1990年與2000年代，依循鄧小平低調的外交策略，被動地加入了包含APEC在內的國際組織，但未提出任何重要的倡議。2013年起，中共主席習近平引導中國進入新世代，以更積極的作法實現「中國夢」，讓「中國再次強大」。[69]

　　習近平最著名的策略是2013年公布的「一帶一路倡議」，且在2015年為中共國務院採納為FTA的指導原則。[70]有鑑於有些國家無法從世界銀行或亞洲開發銀行取得貸款，一帶一路倡議的重點就是資助這些國家所需的基礎建設和輸出中國大陸的貨品、服務及勞工，並預期能提升北京在這些國家的影響力。更重要的是，雖然一帶一路倡議缺乏條約為本的架構，但軟法協定亦可幫助中國建立幅射式網路。[71]為了推動一帶一路倡議，中國政府參與了「亞太自由貿易區」的

可行性研究，和以基礎建設為核心的「APEC 連結性藍圖」。[72]

　　有人認為一帶一路倡議就是中國的馬歇爾計劃，但也有論者認為這是一種「債務陷阱外交」，因為中國資助的計劃容易使這些國家陷入債務困境，[73]由於中國可能會跟開發中國家建立新依賴關係，APEC 會員開始對一帶一路倡議產生疑慮。為了抗衡一帶一路倡議對基礎建設計劃的影響力，澳洲和日本為 APEC 的開發中經濟體提供了替代的資金，以援助陸運和海運的連結性倡議；[74]川普政府則對一帶一路倡議採取更加強硬的態度。

　　川普時代的美國副總統麥克・彭斯在 2018 年 APEC 高峰會上批評中國的貿易作為，習近平則駁斥所謂債務陷阱的指控，表示美國保護主義和單邊主義才是「短視近利且必定會失敗」。[75]不僅如此，APEC 也幫助北京加強與拉丁美洲會員（智利、墨西哥和秘魯）的互動，在「美國的後院」推動一帶一路倡議。隨著新冠肺炎爆發，嚴重衝擊如中國、南韓和日本等 APEC 經濟體。因此，2020 年的 APEC 會議上加入了與疫情相關經濟議題的討論，而相關貿易措施對於一帶一路倡議的影響，仍有待評估。

D、日本

　　日本可能是第一個提出亞洲整合概念的國家，但其「大東亞共榮圈」隨著日本在二戰投降後一同灰飛煙滅。戰後的日本因為具有經濟優勢，且需要拓展生產網絡，促成了福田主義（Fukuda Doctrine）的誕生，領導著 1970 年代以亞洲為本的外交策略。[76] 日本是 APEC 的重要創始會員，也一直支持著 APEC 以共識為本的貿易自由化。雖然在 APEC 成立之初，日本外務省和經產省因為國內政治既有的衝突，導致日本策略方向不明，不過目前分歧的狀況已經獲得解決。[77]

　　對於日本來說，APEC 是區域經濟合作的主要動力，提供了「亞太地區主要國家對話的場所」。[78] 日本在貿易協定（含東協與日本 FTA）的經濟合作章節之中，推動積極能力建設方案，並根據 FTA 的經驗執行 APEC 的經濟合作倡議。「政策支援小組」（Policy Support Unit, PSU）是 APEC 秘書處的智庫，日本身為它的最大捐款者，對 APEC 的研究能量和制度建構貢獻良多。[79]

　　在新亞洲區域主義中，日本的領導促成了在美國退出

TPP 後，參與國最終簽訂 CPTPP。儘管 CPTPP 擱置部份 TPP 的條文，CPTPP 的本質仍然是「第二代 TPP」，為達成」亞太自由貿易區」的重要管道。日本支持擴張 CPTPP 成員以納入如英國等國家，可以增強該巨型 FTA 的全球影響力[80]。在 2018 年 APEC 高峰會上，首相安倍晉三也強調「日本、澳洲和美國的共同願景，就是基於法治建立自由開放的印太地區」[81]。其後的首相菅義偉幾乎完全遵照安倍的策略，提供他國取代中國大陸一帶一路倡議的替代方案。美國印太戰略欲以透明且財務健全的方式建立高品質的基礎建設，這亦符合日本的國家利益。目前的新任首相案田文雄，也預期將延續安倍的路線。

值得注意的是，APEC 會員間還有另一場「貿易戰」正在進行。當南韓法院宣判三菱及新日本製鐵公司須對二戰期間強徵勞工的行為進行賠償後，日本隨即禁止出口對南韓半導體企業必要的化學產品[82]。2019 年，首爾根據日本的非法出口禁令對 WTO 提出申訴，而東京則以《關稅暨貿易總協定》（GATT）第 21 條的國家安全例外作為抗辯[83]。本書認為，雙方除了 WTO 架構之外，亦可利用 APEC 相關對話平台促進調解。

E、美國

　　美國身為全球最大的經濟體，確保了新自由國際秩序中的霸權穩定性，該秩序建立於布列敦森林體系與華盛頓共識之上。[84]而川普總統在2017年就職後，成為美國的關鍵轉折點，因為他揚棄了多邊主義，加強圍堵中國。這樣的現象讓外界極為擔心美中對峙是否會導致「休昔底德陷阱」，亦即「一方權力興起，且可能取代當前的宰制強權時」，衝突將無可避免。[85]APEC 是少見同時包含中、美、俄三個超級強權的區域組織。除了華府的印太戰略與北京一帶一路倡議兩者存在的意識形態與地緣政治分歧，莫斯科支持北京的一帶一路倡議，也可能加劇 APEC 會員之間的分裂和議程的混亂。拜登政府對於中國和俄羅斯的戰略，必然會影響 APEC 的發展。

　　從歷史觀點來看，美國的參與引導了 APEC 的方向。1993 年柯林頓總統主持了首屆 APEC 領袖會議，開啟了 21 位 APEC 領袖穿著地主國傳統服飾合照的慣例。華府原本將 APEC 視為在烏拉圭回合談判中制衡歐洲國家的力量，主張 APEC 在追求馬哈迪的 EAEG 提案時，不能將美國排除在外。[86]後來 APEC 通過非拘束性投資原則，以及 EVSL 倡議的失敗，

使得美國想透過 APEC 達到實質自由化的目標再度受挫。[87]
2001 年，911 攻擊事件後 APEC 再度受到白宮關注，因為小
布希總統運用 APEC 高峰會取得各國支持美國的「反恐戰爭」
共識。[88] 這是 APEC 史上第一次在議程中加入與貿易無關的議
題，最重要的是，APEC 的反恐行動甚至擴張到保護供應鏈、
旅遊、金融和基礎建設等領域。[89]

　　簽訂由美國主導的 TPP 是歐巴馬政府最優先的貿易政
策。由於華府可以透過 APEC 加強與東協的聯繫，並「宣傳」
TPP 是通往「亞太自由貿易區」的最可行路徑，[90]APEC 對於
TPP 是極為關鍵的論壇。川普將歐巴馬的重返亞洲戰略替換
為新「自由開放的印度太平洋」願景，強調「自由、平等和
互惠的貿易」。[91] 雖然川普在 2017 年 APEC 越南高峰會上宣
布了「印太戰略」，但他並未參加 2018 年在巴布亞新幾內亞
舉辦的領袖會議。「印太」有別於「亞太」的概念，強調非
APEC 會員印度的參與；而美國新戰略正是為了因應習近平
愈加激進的政策。2018 年美國副總統彭斯代表華府與會，而
中美的意見衝突導致 APEC 自創立以來首度未發表領袖宣言，
而只發表了主席聲明。[92]

美國國會通過 2018 年《亞洲再保證倡議法》，重申了支持 APEC 是優先的外交事項，且會深化參與東協、日本、南韓和臺灣的事務。[93]2019 年的 APEC 智利高峰會雖然取消，但美國再次肯定 APEC 的重要性。由於美國的前 15 大貨品出口市場中，有 7 個是 APEC 成員，故深化與 APEC 成員的合作既可推動印太願景，亦有利於美國企業。[94]如表 6.1 所示，APEC 仍然是促進區域貿易倡議發展的必要組織，也提供一個對話平台，讓美國和中國大陸領袖有許多機會可以直接交涉，將大規模貿易戰的負面影響減至最低。

表 6.1 APEC 會員參與之區域倡議[95]

會員	東協	CPTPP	RCEP	中國一帶一路倡議	美國 FTA
澳洲		✓	✓		✓
汶萊	✓	✓	✓	✓	
加拿大		✓			✓
智利		✓		✓	✓
中國大陸			✓	✓	
中國香港				✓	
印尼	✓		✓	✓	
日本		✓	✓		✓

南韓			✓	✓	✓
馬來西亞	✓	✓	✓	✓	
墨西哥		✓			✓
紐西蘭		✓	✓	✓	
巴布亞新幾內亞				✓	
秘魯		✓		✓	
菲律賓	✓		✓	✓	
俄羅斯				✓	
新加坡	✓	✓	✓	✓	✓
臺灣 （中華臺北）					
泰國	✓		✓	✓	
美國					
越南	✓	✓	✓	✓	

IV APEC 的軟法策略及漸進成就

東協、澳洲、中國、日本和美國等 APEC 重要會員趨於

一致的貿易目標，加強了它們對 APEC 的支持。不可否認的是，各國在乎的事項各有不同，使 APEC 無法追隨東協走上法制化的路線。諸多對 APEC 非拘束性策略的批評，都是認為基於最小公約數原則的共識，使 APEC 會議鮮少能達成實質的倡議。這種模糊的軟法原則其實是 APEC 的先天缺陷，這也是何以茂物宣言未能言明「自由且開放的貿易和投資」的確切目標。而「大阪行動綱領」本應為補充「茂物目標」的意涵，但因為該文件也缺乏明確內容，導致兩者在實務運作上還相互矛盾。舉例來說，各國難以同時達到「自由化和便捷化程序中」的彈性原則，又符合全面性原則[96]，對於非歧視原則（又稱為開放式區域主義）其實也沒有共識，甚至對於 APEC 共識的概念是什麼，全體會員也沒有一致的想法。[97]

本書雖承認 APEC 的軟法策略存在這些缺點，但依舊不可忽視過去 30 年來 APEC 在超越 WTO 承諾與「新加坡議題」上漸進的成就[98]，評論者證明了在《巴塞爾資本協定》等國際金融法規中，軟法也可有效運作。[99]APEC 的機制顯示，軟法可以為國際貿易法的特定領域帶來正面影響，在現實中，各國確實也比較願意以軟法的方式，給予超越 WTO 的承諾。儘管這些承諾並不具法律拘束力，APEC 的個別行動計劃當

中所包含的同儕檢視機制，使得各國行動仍涉及名譽成本，促成各國依然自願履行承諾。實務上，已經出現開發中國家參考 APEC 的模範措施，然後將同儕壓力予以「內化」，以抗衡國內的保護主義。更重要的是，APEC 的軟法規則被視為是國際標準，而且可能會逐漸轉型為 WTO 和 FTA 裡的硬法義務。在 APEC 會員間達到共識亦可加速多邊貿易協商。

A、模範規則及非拘束性原則

2010 年，APEC 領袖強調 APEC 具有「成為亞太自由貿易區培育者」的功能，將可以持續提供領導力與智慧。[100]為了成為「培育者」的具體作法，即是發展出最佳模範規則，引導未來 FTA 的法規內容。因此，APEC 會員在擬定非拘束性的模範規則，都把它們當成具拘束性的協議般慎重草擬。這些倡議對於 APEC 會員尤其重要，因為會員有 36％的貿易協定都是屬於 APEC 內部成員之間的協定。[101]

重要的例子有 APEC 的「區域及自由貿易協定最佳範例」（Best Practice for RTAs/FTAs），該倡議包括了若干超越 WTO 規範的承諾和簡化版原產地規則。[102]南韓與智利亦將

此範例提交至 WTO 作為參考。[103] 不僅如此，APEC 還發展出幾個關於 FTA 特定章節的模範措施，範圍從貿易便捷化涵蓋到環境議題。[104] 實際上，APEC 各國政府是否會履行這些非拘束性規則？從 FTA 的爭端解決條文即可發現與這些模範規則不一致的情形。APEC 的最佳範例主要功能是希望能「避免與 WTO 的爭端解決機制重複」，[105] 如 WTO「墨西哥對含糖飲料課稅」一案即是涉及 WTO 與 FTA 管轄權衝突的爭端。[106]

從 WTO 上訴機構的實踐可知，WTO 不可能因為 FTA 的排除條款而拒絕其管轄權，[107] 也就是說，FTA 條文無法排除 WTO 爭端解決小組的管轄權。儘管有 APEC 最佳範例和 WTO 案例的指引，多數 FTA 仍存在競合管轄權的設計。例如中國與新加坡的 FTA 規定，假若「雙方當事人明確表示同意」，雙方甚至可以針對「特定爭端」使用多種機制加以解決。[108] 不過對於不同法庭可能出現判決結果不一致一事，該協定並未說明如何處置。

新亞洲區域主義中有一項重要議題，就是將各種重疊的原產地規則加以統一，以免造成「亞洲麵碗」效應將導致 FTA 的貿易創造效應減損 55.6％。[109] APEC 在 2007 年推出原產

地規則及原產地程序的模範措施後，東協將原本「僅可適用
40%區域產值含量」的規定加以修正，自 2008 年起亦准許使
用稅則分類變更規則。[110] 例如包含 2015 年東協與中國 FTA 升
級協定在內的新簽訂 FTA，都採用這種更為彈性靈活的相互
平等規則。[111] 實證研究也顯示，各個 FTA 皆高度遵循 APEC
所發展有關關務、貿易便捷化以及競爭政策的模範措施。[112]

除了雙邊投資條約以外，當代亞太地區簽訂的 FTA 通常
也包含投資章節。1994 年 APEC 推出的「非拘束性投資原則」
（Non-Binding Investment Principles）反映了各會員願意採
行的共同標準。由於各國憲法和法律對於徵收和補償有著不
同的規範，「非拘束性投資原則」可作為區域及國際標準。[113]
APEC 在 2011 年又把這個原則加以更新，加入更多整合國內
法律規範及保護範圍的條文，其中包括禁止「為吸引外資而
降低國內衛生、勞工和環境法規標準」的情形。[114]

上述這些針對超過 WTO 規範議題而出現的模範措施和
非拘束性原則，未來都可以成為 FTA 談判的參考依據。在
APEC 的 FTA 分享機制下，所進行的能力建設行動和貿易
政策對話，也可將上述原則列入參考。[115] 另外，APEC 會員若

欲進行國內改革，亦可以上述模範規則做為基礎。APEC 在 2018 年推出的「服務部門國內法規之非拘束性原則」及 2019 年發展的「線上爭端解決模範程序規則」，也在在展現出 APEC 具前瞻性的一面。[116]

B、貿易便捷化與供應鏈連結性

貿易便捷化不僅限於貨品報關的海關程序，還包括非關稅障礙或境內措施，這些貿易措施都會影響投資、基礎建設和電子商務。[117] 貿易便捷化為 WTO「新加坡議題」設定的四大議題之一，且為「杜哈發展議程工作計劃」── 又稱「7 月套案」（July Package）── 的一部分。[118] WTO 在 2014 年通過的《貿易便捷化協定》（Trade Facilitation Agreement, TFA）是在杜哈回合談判僵局中出現的少數突破。貿易便捷化牽涉及法規合作與調和，當代 FTA 也多具有關於該議題的相關條文，這些措施的實施預期可降低至少 14％的貿易成本。[119] 截至 2018 年止，所有 APEC 會員都表示願意接受 WTO 的《貿易便捷化協定》，且已實施該協定所要求 96.3％的措施。[120]

自從 EVSL 倡議受挫後，APEC 就在 2001 年上海領袖

會議之後隨即展開兩階段的「貿易便捷化行動計劃」（Trade Facilitation Action Plans）。[121] 貿易的「便捷化」不同於貿易的「自由化」議題，因為貿易便捷化極少會出現導致談判破局的減讓問題。APEC 軟法策略的特色，促成幾項創新的貿易便捷化倡議。例如 APEC「供應鏈連結行動計劃」（Supply Chain Connectivity Framework Action Plan）（2017 至 20 年）及 APEC「連結性藍圖」（Connectivity Blueprint）（2015 至 25 年），都是為實現 APEC 茂物目標與後 2020 願景，也擴張了先前的相關行動計劃的範圍。[122]

APEC 的貿易便捷化行動也為 WTO 的《貿易便捷化協定》和東協帶來益處。例如，APEC 的「單一窗口」計劃合併了海關程序；「優質企業認證」的機制為供應鏈中增加反恐的功能，並可達到安全貿易策略。[123] 這些倡議都促進會員履行 WTO《貿易便捷化協定》第 7 與第 10 條的規範。[124] 此外，APEC「連結性藍圖」與「東協連結總體規劃 2025」則著重加強實體、制度和人與人之間的連結性，[125] 也再次印證了本章先前提出 APEC 和東協間有「同心環」效應的論點。

實體連結性（physical connectivity）代表著「高品質的

基礎建設，有助於經濟持續成長」的發展，這也是 APEC 領袖在 2017 年強調的重點。[126] 這項倡議與聯合國「永續發展目標」中韌性基礎建設的進展一致，同時也符合印太戰略和一帶一路倡議的目標。[127] 為了增強軟法的功用，APEC 推出一份指南，用以確保公私合作的基礎建設和投資品質。[128] 根據這份指南，APEC 啟動了同儕檢視機制，並從 3 個東協國家開始進行檢視。[129] 這項同儕檢視機制可以提高政策與法規的透明度並加強能力建設。舉例來說，過去的同儕檢視報告發現菲律賓的法律缺陷，包括憲法對外資控股設有限制，且土地徵收法內關於「合理補償」的定義太過模糊。[130]

制度連結性（institutional connectivity）的重點之一，是提升電子商務法規的一致性。在 2020 年，全球 80％的國家通過了電子交易相關法規，其中 73％制定了網路犯罪的相關規範，但這些國家之中，制訂消費者保護和數據隱私相關法律的國家，分別僅有 64％和 52％。[131] 相較之下，幾乎所有的 APEC 會員都已制訂全面性的電商法律架構。[132] APEC 的「跨境電商架構」的重點，也是為改善國內法律以協助小型企業提升數據隱私能力。[133]

　　至於在人與人的連結性（people-to-people connectivity）方面，APEC 實施具有 5 年效期的 APEC 商務旅行卡，可謂是 WTO 架構的標竿機制。該機制讓預先獲得核發商務卡的商務旅客可以短期進入參與機制的 APEC 會員境內。[134] 目前已有 19 個 APEC 會員全面實施此機制，加拿大和美國則為過渡期會員。[135] 從建構主義的觀點切入，設置於機場的 APEC 快速通道可以增強 APEC 人民的身分認同概念。該機制亦使得至少有 27 萬旅行卡持有人的出入境通關時間減半，可加速企業行動化。[136] 再者，APEC 商務旅行卡機制也有益於 WTO《服務貿易總協定》下的短期自然人移動（稱為模式四），可成為其他貿易聯盟的最佳典範。

C、資訊科技協定及環境商品關稅減讓

　　APEC 自 1989 年創立後，在關稅自由化方面有大幅度的進展。因為目前 APEC 會員的平均最惠國待遇關稅已從 16％下降到 5.3％，但農產品關稅與非關稅措施仍存在極大挑戰。[137] 有論者認為，關稅減讓的成果是來自於會員加入 WTO 或 FTA，而非 APEC 本身。本書持不同觀點。從中國在加入 WTO 前的關稅減讓程度，即可顯示 APEC 經濟體在 1995 年

大阪領袖會議上的承諾，促成了 APEC 各會員進行全面性的關稅自由化，[138] 個別行動計劃將關稅列為首要報告項目，而其中的同儕檢視機制加速了關稅自由化流程。更重要的是，APEC 對資訊科技和環境商品的部門別關稅減讓，使得軟法承諾轉型為 WTO 的硬法義務。這些創新商品的快速流動，同樣也對永續發展目標和 APEC 的後 2020 願景有所貢獻。

　　除了歐盟以外，全球前 10 大資訊科技（IT）產品的出口業者都來自於 APEC 會員。[139] WTO 的第一個部門性複邊協定是《資訊科技協定》，APEC 對於推動這項協定的誕生具有關鍵地位。《資訊科技協定》目前覆蓋了全球 97% 的 IT 產品貿易量。[140]《資訊科技協定》的內容最早是在 1996 年 APEC 部長會議上定案，主要涵蓋產品範圍及相應的關稅減讓公式。[141] 部長們達成共識後，APEC 核心小組緊接著在同年間於 WTO 推動具有拘束性的《資訊科技協定》。

　　由於 IT 產業發展快速，當務之急就是要拓展《資訊科技協定》涵蓋範圍。[142] 當第二階段《資訊科技協定》談判陷入僵局，APEC 即在 2011 年通過決議，表示其將在談判過程中「擔任領導者的角色」，進而促進了 WTO 在 2015 年的《資訊科

技協定》擴大宣言中，將協定適用範圍進一步擴及到 201 項產品也可享有免稅待遇。[143] 目前加入《資訊科技協定》的 WTO 會員已從 29 成長到 82 個，[144] 由於《資訊科技協定》的承諾是以最惠國待遇為基礎，尚未加入協定的開發中經濟體也可以享有免稅待遇，因此扶植了這些國家的 IT 產業。

配合「APEC 太子城 2040 願景」納入發展數位經濟和科技的目標，本書建議 APEC 發起並推動「第三階段資訊科技協定」的談判。WTO 有關歐盟對資訊科技產品課稅爭端一案，正好凸顯《資訊科技協定》對於 IT 產品定義與範圍的不確定性造成的法律挑戰，因為科技會不斷進步，《資訊科技協定》涵蓋的範圍需要持續拓展並釐清。[145] 如今很多科技產品的新功能，都是 1990 年代《資訊科技協定》最初簽署國難以預期的。例如，1996 年版本的《資訊科技協定》無法包括全球定位系統 （GPS）和 MP3 播放器等當今熱門的消費性電子產品，而《資訊科技協定》涵蓋範圍所依據的「國際商品統一分類制度」（Harmonized System）稅則分類，也已歷經了大幅變動。[146]

上述的 WTO 爭端案件是由 3 個 APEC 經濟體（美國、

日本和臺灣）對歐盟提出，因為歐盟對三種類型的多功能設備課徵 6％至 14％不等的關稅。[147] 美日臺認為平板顯示器、具通訊功能之機上盒和多功能數位設備等，都已經涵蓋在《資訊科技協定》之內，應該享有免稅待遇。[148] 歐盟則反駁應按照這些產品的新功能而重新分類所適用的產品類別，但 WTO 爭端解決小組並未接受歐盟的抗辯。[149]

　　WTO 爭端解決小組認定這些產品在歐盟承諾的減讓範圍內，因此歐盟課徵關稅的行為違反了《資訊科技協定》和《關稅暨貿易總協定》（GATT）第 2 條。[150] 不過爭端解決機制小組也提醒，多功能設備應該個案審查，若設備的「主要功能」有重大變更，則可能會被課稅。[151] 該案爭端解決小組的判決，可作為未來《資訊科技協定》的談判借鏡。此外，新冠肺炎疫情爆發造成居家工作的需求大增，對資訊科技資源的需求亦顯著提升，所以 APEC 在《資訊科技協定》中的領導地位仍然十分關鍵。

　　類似於資訊科技產品的經驗，APEC 會員經濟體對環境商品的關稅減讓也顯示出 APEC 部門性策略相當成功，以及 APEC 對 WTO 的影響力。1997 年間包含環境部門在內的

EVSL 倡議失敗後，WTO 杜哈部長宣言要求會員經濟體們致力降低環境商品的關稅。[152] 雖然這項貿易倡議對《巴黎協定》和永續發展目標中解決氣候變遷的問題極為重要，但 WTO 的進度卻非常緩慢。

相較於 WTO 和其他貿易聯盟，APEC 領袖在 2011 年檀香山高峰會上則達成重要成就，他們承諾推動「綠色成長」，在 2015 年之前將環境商品適用的關稅調降到 5％或以下的水準。[153] 作為 APEC 主辦經濟體的美國，亦是先前支持在 EVSL 倡議納入環境部門的經濟體。[154] 2012 年，APEC 政府同意了具 54 項環境商品的關稅減讓列表，這些產品包含燃氣渦輪機和淨化機械。[155] 目前稅率顯示，APEC 經濟體已達成關稅調降到 5％的目標，因此推動了潔淨科技和市值至少 5,000 億美元的全球貿易。[156] 更重要的是，自 2014 年起，11 個 APEC 會員依據《資訊科技協定》模式，參與 WTO《環境商品協定》的談判[157] 最惠國待遇的設計，也將使得其他 WTO 會員享有外溢利益，可預期這項新的 WTO 協定會更加強化 APEC 將區域性軟法共識轉型為多邊硬法義務的能力。

V APEC 的改革重點

巨型 FTA 的興起、保護主義和新冠肺炎疫情相關的全球旅行與貿易限制等因素，都對新亞洲區域主義帶來嚴峻的考驗。APEC 在這個新世代中，究竟會被邊緣化或是得以重生？此問題的答案將取決於 APEC 如何有建設性地實施 2020 後願景，以完成「茂物目標」中未盡之處，並促進區域整合。[158] APEC 的核心重點應放在改革 APEC 秘書處、政策支援小組和同儕檢視制度，並積極強化其作為推動「亞太自由貿易區」培育者的角色。

A、APEC秘書處專業化

APEC 和東協在建立之初有類似的鬆散組織架構。目前 APEC 仍然是個軟法聯盟，但東協的法制化則大有進展，尤其是東協憲章已授予東協法律人格，使其成為政府間組織，[159] 東協經濟共同體的成立更進一步凝聚東協的經濟目標，並在「繼續根據共識進行決策」的前提下，施加會員國硬法義務。反之，APEC 缺乏相關法源，有關 APEC 組織架構最早的協

議是 2012 年的「曼谷宣言」，為 APEC 在新加坡設立秘書處提供了法律基礎。[160] 根據國際法院的諮詢意見，國際組織的獨立法律人格可以由其成員授予或推定而來，[161] 但這種解釋不適用於 APEC，因為會員在各項宣言和慣例中已明確表示，APEC 作為特殊實體地位應維持不變。

新加坡法律賦予 APEC 秘書處「法人團體的法律能力」及「公務檔案及處所的不可侵犯性」，而 APEC 相關決議則無此內容。[162] 新加坡法律也將 APEC 秘書處和其職員的特權和豁免權限縮於該國境內，[163] 故 APEC 官員並不享有如聯合國通行證的旅行文件，亦沒有享有其它在 APEC 會員境內的特權和豁免權，[164] 這類的實務障礙，將降低 APEC 秘書處的影響力。APEC 似可參考東協的作法。東協秘書處設於雅加達，它的法律能力和不可侵犯性一度也只為印尼法律所認可，[165] 但由於有《東協憲章》為基礎，2009 年的東協協定加強了東協秘書長和東協秘書處職員的特權及豁免權。[166] APEC 會員應制定類似東協的相關協定，以強化 APEC 秘書處的法律地位和能力。

除了法律議題以外，財務和人力資源對於所有國際組織也都十分重要。令人驚訝的是，APEC 秘書處每年僅有 500

萬美元的預算（約為東協秘書處預算的四分之一），但 APEC
職員人數自 1993 年起已從 13 人增加到 60 人。[167] 如表 6.2 所示，
相較其他國際和區域組織，APEC 秘書處的規模相當小。

表 6.2 國際組織比較 [168]

組織	秘書處：職員人數	會員國／經濟體數量
歐盟	歐盟執委會：32,000	27（不包括英國）
經濟合作暨發展組織	秘書處：3,300	36
WTO	秘書處：625	164
東協	秘書處：300	10
APEC	秘書處：60 及 PSU：13	21

　　依照 APEC 慣例，APEC 會議的主要開銷是由主辦經濟
體承擔，且 APEC 計劃通常都有個別會員贊助，但不可否認，
倘若 APEC 秘書處的預算和專業人員都不足，秘書處的功能
將會大大受到掣肘，只能處於被動協調。有別於歐盟執委會
或經濟合作暨發展組織（OECD）秘書處，APEC 秘書處鮮少
在 APEC 倡議中發揮領導力。除了在新加坡招募的人員外，
其他 17 位職員皆為受會員調派並支薪的職業外交官，[169] 這些
外交官通常會擔任不同工作小組的計劃主持人，但大多只會
在秘書處任職 3 年，[170] 因此 APEC 秘書處的執行長不但難以對

他們有所要求，也不能協助他們升職。

自 2002 年起就有 APEC 會員提出改革秘書處的倡議，[171] 2010 年的重要成果是創立了每 3 年一任的執行長職位，且開放合格的專業人士申請，而不限於政府提名人。[172] 在此先前，執行長和副執行長是由 APEC 會員的官員輪流擔任，[173] 秘書處由大使級的政府官員領導，且任期只有 2 年，難以執行長期計劃和改革。APEC 必須增加專業職位數量，方能提升 APEC 秘書處的專業度並加強組織經驗傳承。提升秘書處的效能，更能使 APEC 的三大行動支柱緊密連結，也才能有效評估成長中但仍碎裂的各項經濟暨技術合作倡議。[174]

B、政策支援小組及同儕檢視機制

APEC 秘書處的另一項重要改革為在 2008 年成立政策支援小組（PSU）。[175] 根據 APEC 的治理機制協議，政策支援小組的任務是協助 APEC 經濟體推進各國的結構改革和落實 APEC 措施。[176] 雖然政策支援小組是 APEC 架構內的一環，實際上它獨立於 APEC 秘書處。有別於 APEC 秘書處大多由職業外交官所組成，政策支援小組執行長和職員都不隸屬於

APEC 成員政府。相較於 APEC 秘書處的預算來自於會員必須繳納的費用，政策支援小組則依賴各會員的自願捐款。

　　政策支援小組一開始本為暫時性的組織，但 APEC 會員決定，自 2018 年起，若該小組可獲得足夠捐款，則其任務將可持續。[177] 目前共有 7 個 APEC 會員捐款給政策支援小組，其中又以日本、美國和澳洲是捐贈最多的經濟體。[178] 政策支援小組透過為茂物目標的不同面向撰寫報告，增強了 APEC 的分析能力和身分認同。本書認為，APEC 秘書處應將政策支援小組升級為常設單位，且預算應由會員的會費支應。為達到 APEC 後 2020 願景，政策支援小組應對同儕檢視機制有更多貢獻，以維持 APEC 的軟法影響力與作為「亞太自由貿易區」培育者的角色。[179] 政策支援小組的分析亦可協助完成 APEC 經濟體當前要緊的目標，也就是評估它們是否可能加入 CPTPP 和 RCEP 的談判。

　　APEC 個別行動計劃要求會員定期回報在 17 個特定領域的狀況，這些領域涉及到「大阪行動綱領」和其他議題，而政策支援小組確實提升了這些行動計劃的成效。[180] 根據共識性單邊自由化原則，APEC 在 1998 年開始執行自願性同儕檢

視，並於 2002 年後轉為強制機制。[181] 從 2012 到 2020 年間，所有 APEC 經濟體皆有義務每 2 年提交一次進度報告。[182] 資深官員會議會把檢視報告會議列為一個特殊場次，討論內容包括 2 位獨立專家到各國審查的結果、政策支援小組的簡報，以及其他會員及 APEC 企業諮詢委員會的提問。[183] 除了參與定期檢視外，政策支援小組也需要擔任 APEC 基礎建設發展和投資倡議的臨時檢視小組秘書處，[184] 因此同儕檢視體系已成為 APEC 重要的機制，可對會員施加同儕壓力，促進最佳範例和能力建設。

國際上類似的檢視機制包括 WTO 的「貿易政策檢討機制」。WTO 會員在政策檢討機制會議上，需繳交政府報告和回應其他會員的提問。WTO 秘書處會出版最終報告，並公開於 WTO 網站供外界取得，用以瞭解各會員不同的貿易制度。在 WTO 會員之中，只有「前四大貿易體」需要每 2 年被檢討一次，其餘大多數 WTO 會員是每 4 到 6 年才會需要接受 WTO 審查。[185]

與 WTO 相較，APEC 的檢視機制不但較為頻繁，且檢視內容超越 WTO 範圍，有助於提高透明度並推動自由化。

但實際上，APEC 檢視程序仍有需要改進之處。首先，檢視機制需要有獨立的專家參與，目前這些專家大多是由政府提名的學者，與 APEC 秘書處以約聘形式合作。[186] 實務上，不同獨立專家組成的檢視小組，經常使用不同的評估基準。[187] 其次，雖然 APEC 的目標是要讓大眾更易取得同儕檢視報告，但其實一般人很難在 APEC 網站上找到這些報告，[188] 檢視機制中罕見公開的文件，是政策支援小組檢視茂物目標進展後提出的盤點報告。[189]

最後，相較於更為全面的 WTO 貿易政策檢討機制報告，APEC 的檢視報告僅涵蓋部分超越 WTO 範圍的議題，因此附加價值有限。一般認為 WTO 的檢視更為嚴謹，因為 APEC 會員在接受 APEC 審查時，經常只是把 WTO 報告的內容複製貼上。基於以上原因，APEC 未來的檢視機制應該多加仰賴政策支援小組的專家，而非臨時組成且不固定的學者專家。若欲將 APEC 檢視報告的格式標準化，也可以參考 WTO 秘書處的報告。APEC 報告內容應包含更多超越 WTO 範圍的議題，例如電子商務和基礎建設計劃的規範。報告也應該指出偏離 APEC 模範規則和措施的情況，藉此加強軟法影響力。

C、巨型 FTA及亞太自由貿易區的搖籃

改革後的 APEC 秘書處與同儕檢視機制,將有益於 APEC 的知識領導能力。更重要的是,APEC 是否可以成為巨型 FTA 的培育者,以及發展出擁有21 個經濟體參與的「亞太自由貿易區」,這將是決定 APEC 在新亞洲區域主義中究竟會被邊緣化還是得以重生的關鍵。對於 APEC 政府來說,瞭解巨型 FTA 的發展也極為重要,目前已有 7 個 APEC 會員同時是 CPTPP 和 RCEP 的成員。[190]

2004 年,APEC 企業諮詢委員會提出了「亞太自由貿易區」的概念,希望在面對與日俱增的貿易與投資協定中,重振 APEC 的地位。[191] APEC 領袖於 2006 年採納了「亞太自由貿易區」願景,於 2010 年將東協外部 FTA 的架構和 TPP 定為「亞太自由貿易區」的基礎。[192] TPP 的前身為 P4 協定,由 4 個較小的經濟體(汶萊、智利、紐西蘭和新加坡)在 2005 年 APEC 會議上完成的協定。[193] 2009 年,歐巴馬政府決定加入擴張 P4 協定的 TPP,此舉確定了 TPP 的地位,使它成為最可能通往「亞太自由貿易區」的路徑。[194] 雖然 2016 年 12 個 TPP 國已簽署協議,但川普政府卻在 2017 年讓美國退出 TPP,[195] 後來由

日本等 TPP 成員出手挽救了該協定，其餘 11 個國家簽訂了新的 CPTPP，並於 2018 年生效。原來的 TPP 有 30 個章節，CPTPP 則擱置了其中的 22 條較具爭議的條文，如投資人與地主國爭端解決及擴大智慧財產權相關內容。[196]

RCEP 被視為是與 TPP 競爭的另一個巨型 FTA。在東協 2012 年「RCEP 指導原則」的基礎之下，RCEP 第一回合的談判始於 2013 年，當時有包括印度在內的 16 個國家參與，並於 2017 年提出 RCEP 的內容大綱。[197] RCEP 參與國於 2019 年對其內容涵蓋的 20 個章節達成共識，並於 2020 年簽署該協定。[198] 沒想到，印度總理莫迪因為印度對中國的貿易赤字快速攀升，且其他 RCEP 國阻礙印度的國內產業的競爭力因而決定不加入 RCEP。[199] 而北京對於 RCEP 的支持則不難理解，因為 CPTPP 的主要擁護者都是美國緊密的盟友，可能會削弱中國在該區域的影響力。

或許有人認為 RCEP 是基於 2010 年 APEC 領袖們所設想的「東協加六」FTA 之上，實際上 RCEP 首度出現在 2014 年「FTAAP 北京路線圖」（2014 Beijing Roadmap for the FTAAP）之中。在這份路線圖裡，APEC 各經濟體表示，

TPP 和 RCEP 皆為達成「亞太自由貿易區」的可行方式。[200]
北京對推動「亞太自由貿易區」進行為期 2 年的共同策略
性研究，而 APEC 領袖則於 2016 年在「利馬宣言」（Lima
Declaration）中採認該研究提出的報告[201]。根據「利馬宣言」，
CPTPP 和 RCEP 兩者都是建構「亞太自由貿易區」必要的基礎。

　　這兩個巨型 FTA 的開放加入條款，也使它們在法律上提
供可拓展為 21 個 APEC 會員的可能性。這類准許其他國家
加入的條款，也曾納入 APEC 會員間的多邊及雙邊 FTA 中，
例如 P4 協定和澳洲與美國的 FTA[202]。CPTPP 雖開放「任何國
家或獨立關稅區」加入，但須符合 CPTPP 之高度自由化標
準，以及取得成員間的共識[203]。RCEP 也有類似的條款[204]，其
他 APEC 會員正在評估是否要加入 CPTPP 和 RCEP。因此，
APEC 應藉由分析此兩個巨型 FTA 的相同及相異之處，加強
APEC 作為 FTA 培育者和領導者的角色。

VI 結論

　　APEC 身為區域間的組織，其根據共識決的非拘束性策略向來備受批評。本章闡述 APEC 軟法機制的演進與發展，以及新興巨型 FTA 的未來發展動向。本章指出，外界不可忽略「開放式區域主義」和「共識性單邊自由化」這兩個 APEC 基本原則的影響力。為了進一步闡明 APEC 的發展與議程，本章介紹了 APEC 主要經濟體的法律與貿易政策，包含澳洲、東協、中國大陸、日本和美國。雖然這些國家策略的優先順位不同，導致它們關注 APEC 三大支柱面向亦有差異，但彼此間共同的國家利益仍促進 APEC 持續成長。

　　過去 30 年間，APEC 的模範措施和貿易便捷化行動提供了最佳範例，成為會員進行自身結構性改革時的參考。《資訊科技協定》和調降環境商品關稅的成就，更進一步展現出 APEC 對於 WTO 協定，也產生深遠的影響。配合「APEC 太子城 2040 年願景」，本章建議 APEC 會員們提升 APEC 秘書處的能力，加強同儕檢視機制。更重要的是，強化 APEC 在 CPTPP 和 RCEP 的知識領導力，藉此重振 APEC 在新亞洲

區域主義中的動能。

柒

結論

隨著亞洲世紀的到來，亞太地區快速發展的貿易與投資協定吸引了大量來自學術圈和政府的關注。新亞洲區域主義代表了國際經濟法的重要變化。本書是第一本系統性檢視新亞洲區域主義的書籍，認為新亞洲區域主義發跡於第三波區域主義，不僅造就了新區域經濟秩序（NREO），並強化了開發中國家塑造國際貿易規範的角色。

為了印證本書提出的主張，並促進跨界的對話，書中透過理論視角，評估了主要的區域經濟倡議和組織，以及亞洲強權、歐盟和美國的貿易政策。新亞洲區域主義是一個新的規範性整合程序，起源於東協加六架構，支撐著亞洲快速崛起的經濟勢力。本書有別於傳統以單一國家的觀點解釋區域主義，將分析建構於東協加六架構和它的國際影響力上。根據前幾章的個案研究，本章將總結研究發現及建議，希望對開發中國家和多邊貿易體系有所貢獻。

第一章提出第三波區域主義及 NREO 的主要概念，前者解釋第三波全球區域主義的意義，後者則展現開發中國家在無法建立新國際經濟秩序（NIEO）後提出的變化策略。如今亞太地區協定發展出的風貌，正展現出第三波區域主義的獨

家特色，包括了快速發展的南南自由貿易協定（FTA）、巨型 FTA、區域間與全面性的協定。

　　亞洲最重要的規範性發展為以東協為中心的機制，將東協加三架構轉型為東協加六架構。有別於華盛頓或北京共識，東協共識推動「東協方式」的多邊化，且成為亞太地區國家所認同的運作概念。因此，本書探討新亞洲區域主義之法律機制，既可填補既有文獻裡的主要缺漏，亦可彌補區域主義過度著重於歐洲經驗的缺陷。本書的實證研究更可強化政治學者對新區域主義觀點、比較區域主義及新依附理論的論述。

　　在第一章的簡介之後，第二章檢視了東協經濟共同體的法制化過程。東協經濟共同體與東協內部及外部協定的發展，實為密不可分。第二章指出，外界不可將「東協方式」單純視為純政治或純軟法的概念。根據東協經濟共同體 2025 年藍圖和「全球東協」議程的情況下，「東協方式」逐漸轉變為具有彈性架構的硬法義務。它呈現出務實漸進主義的策略，也反映出亞洲的法律文化和實務，而有別於西方概念的法制化。在實務上，東協雖然不同於歐盟的法律架構，卻可以降低「主權成本」，提升不同發展程度的開發中國家追求區域

整合的意願。

　　儘管東協的關稅減讓時程給予東協低度開發國家成員較多彈性，東協內的關稅自由化仍是東協整合中最成功的一塊。東協方式也影響了服務貿易自由化策略，例如「包裹式」架構、「東協減 X」原則和提倡特定部門模式四自由化的相互認證協定。這些彈性措施的架構雖然未臻完美，但它們確實適用於南南 FTA。

　　東協各國同樣也具有東亞迴避訴訟的文化傳統，雖然國與國爭端解決體系是參考世界貿易組織（WTO）而設，但東協國家皆未採用該體系。東協的投資人與地主國爭端解決（ISDS）機制雖是參考美國雙邊投資協定模範法的經驗，但該機制在東協歷史上也只使用過一次。東協內部的 FTA 經驗，包括實施電子商務和發展條文在內，對東協的外部 FTA 有深遠的影響，而且這些外部 FTA 也進一步成為了東協加六架構的基礎。東協加六協定和歐美簽訂單一 FTA 的方式不同之處在於，東協加六協定透過架構協定進一步協商多項後續協定，有助於慢慢建立信心並導向全面性 FTA。透過系統化的檢視和協定的更新調整，東協加一 FTA 的自由化程度，效果上仍

可等同採用「西方式」作法的協定。

　　為加強東協式多邊化的概念，第三章闡述了《區域全面經濟夥伴協定》（RCEP）當前的法律架構。以經濟規模來看，RCEP 是全球最大的 FTA，代表亞洲對中美貿易戰及新冠肺炎造成衰退的集體回應。本章強調，RCEP 為東協領導，而非中國大陸主導的協定。評論者不宜因為 RCEP 缺乏《跨太平洋夥伴全面進步協定》（CPTPP）的部分內容，像是 ISDS、國營事業（SOE）和永續發展等規定，就低估 RCEP 的潛在影響力。RCEP 和 CPTPP 這兩個巨型 FTA，實質上具有既競爭又互補的關係。

　　總結來說，RCEP 讓開發中國家更容易接受貿易規則的水平擴張，因此應被視為架構協定。本章主張，RCEP 橫跨 20 年的關稅減讓固然不會對區域供應鏈造成立即影響，然而單就其整合原產地規則，即可為企業帶來立即的實質利益。此外，RCEP 與 CPTPP 一樣，是與區域內既有協定共存而非取代它們，因此 RCEP 僅能事實上降低「亞洲麵碗」效應。

　　RCEP 的混合服務時程未來將轉變成更積極的負面表列

作法，亦展現出務實漸進主義的作風。儘管 RCEP 對於政府採購和電子商務等議題的軟法規則造成的法規影響力有限，但這些規則代表亞太地區國家逐漸凝聚的共識。RCEP 與 WTO、其他 FTA 和雙邊投資協定所存在的潛在規範性衝突，以及 RCEP 秘書處的制度化，對於未來的法律研究極為重要。RCEP 居於新區域經濟秩序（NREO）的中心地位，與歐盟及美國這種新自由主義風格的貿易協定相比，RCEP 將是另一種對開發中國家更友善、政治上更容易接受的選項。

　　本書同時強調新亞洲區域主義的內在和外在影響，點出南北關係轉變如何造成第三波區域主義中的新區域經濟秩序。雖然政治學者對於區域主義研究採取以歐洲中心式方法有所疑慮，不過根據本書分析結果，亞洲國家與歐美所簽訂的區域間 FTA，確實也共同塑造了亞太地區協定的新樣貌。

　　第四章著重於歐盟的新亞洲戰略和近期歐盟與亞洲國家簽訂的協定。以東亞為例，歐盟與南韓、日本已經簽署了 FTA，歐盟與中國大陸亦於 2020 年完成了全面投資協定原則的協商，但因為歐盟和中國大陸就新疆強迫勞動議題相互採取制裁措施，導致歐洲議會推遲批准該協定。同年間，歐盟

與東協升級為戰略夥伴關係，提高了東協與歐盟 FTA 的談判的可能性，這項發展也更加充實區域間主義的理論內涵。當代東協與歐盟的關係，可被認為是全球第三波區域主義中的「第三波區域間主義」。

歐盟依據歐洲法院的 2/15 意見書，重新與新加坡、越南簽訂協定。本書也以此為實例，解釋歐盟如何利用堆積木策略實現區域對區域 FTA。應注意的是，歐星與歐越這兩項雙邊開路者 FTA，應與《投資保障協定》（IPA）和《夥伴合作協定》（PCA）一同檢視。歐盟 FTA 僅適用於歐盟，而 IPA 和 PCA 因為屬於混合型協定，需要歐洲議會和 27 個成員國的議會批准後，才能生效。本章點出歐星、歐越協定內容上的差異，顯示歐盟在談判貿易協定時所具備的空間。這兩個歐盟 FTA 納入獨特的東協累積式原產地規則，亦有助於東協的區域整合。此外，這兩個 FTA 在其他方面的顯著差異，主要是著作權保護、地理標示和國營事業等規定。

ISDS 方面，這兩個歐盟投資保障協定都採納二階式的投資法庭制度，但是，對於法官人數及任用方式卻存在規範上差異。雖然投資法庭制度目前恐難以被其他東協成員接受，

但是歐盟投資保障協定提供詳細的調解規則，則彌補了《新加坡調解公約》的不足。而新興的調解制度也為解決投資人與地主國爭端提供新的解決方案，對於亞洲和其他開發中國家更具吸引力。

至於 FTA 和夥伴合作協定當中包含涉及人權和永續發展等較具政治敏感性的條文，歐盟與新加坡和越南協商時，對於前者展現較為寬容的態度。本書認為，近期歐盟並不會依相關章節對越南提出訴訟，因為越南政府大致上已依 CPTPP 履行相關規定。雖然東協和歐盟之間已經有了這兩項開路者協定，但歐盟與印尼的棕櫚油爭端，以及歐盟對緬甸軍政府的制裁，仍然可能對未來東協與歐盟的 FTA 談判造成阻礙。

美國從柯林頓到歐巴馬政府時期，已經成為建構亞太地區經濟架構不可或缺的角色。與歐盟相同，美國與亞洲國家的協定也加速了實施有關勞工和環境標準義務的進度。第五章評估美國的亞洲貿易政策，重點放在川普和拜登兩任總統任期的策略變化。本章認為亞太經濟合作會議（APEC）和 CPTPP 的前身《跨太平洋夥伴協定》是華府提出並主導的重要倡議。美國的談判策略，長久以來執著於固有的雙邊主義，

但大多數美國簽訂的貿易與投資架構協定成果不彰，僅有和澳洲、南韓以及新加坡的 FTA 為少數成功的案例。

美國高漲的「重估中國政策」（China reckoning）構想，最終導致川普與中國大陸展開貿易戰，美國曾多方嘗試想要減少貿易赤字，例如對中國大陸貨品施加關稅，但皆成效不彰。有些開發中國家反而意外成為美中緊張關係的受惠國，例如越南即在供應鏈重整中獲益甚多。外界預期拜登政府將對中國保持強硬態度，但會改變川普的單邊主義策略，在歐亞兩洲廣結盟友。在因應新冠肺炎以及中國不斷成長的影響力的背景下，本書建議白宮重新思考和東協簽署 FTA 的可能性，以維護雙邊戰略夥伴關係。本書也建議亞洲國家說服美國加入 CPTPP，並進一步提高規範標準。這些倡議都對美國的重返亞洲戰略有益，並可強化美國在新區域經濟秩序的地位。

有鑑於亞太地區發展出的諸多新興協定，許多人會認為 APEC 的地位已經被邊緣化。但是，第六章為 APEC 的架構性發展提供不同視角的分析。有別於東協式法制化和歐美 FTA 的硬法義務，APEC 目前仍是個軟法組織，其運作主要

是基於「開放式區域主義」和「共識性單邊自由化」此兩大基本原則。這兩大原則與東協、澳洲、中國大陸、日本和美國等關鍵決策者的政策匯流，形成新亞洲區域主義的根基。

本書認為，APEC 長期以來所達成的漸進式成果不應被忽視。舉例而言，APEC 的模範規則和貿易便捷化倡議，已為亞太地區 FTA 和各國議程採納；APEC 對於 WTO 的《資訊科技協定》和目前 WTO 降低環境商品關稅的談判，也都有直接貢獻。這些經歷不僅讓東協加六架構更加充實，也為其他區域和開發中國家提供了寶貴的經驗。

為了達成「APEC 太子城 2040 願景」，並重振 APEC 在第三波區域主義外的地位，APEC 應加強其秘書處之功能和同儕檢視機制。為了建立以 APEC 為根本的「亞太自由貿易區」，APEC 應持續提升其培育者的角色，根據 CPTPP 和 RCEP 的開放進入條文擴大兩者的參與規模。隨著東協、巨型 FTA 和歐盟及美國與亞洲夥伴的貿易協定快速發展，APEC的改革將進一步孕育國際經濟法中的新亞洲區域主義。

本書縮寫一覽表
（英中）

AANZFTA 東協 - 澳洲 - 紐西蘭自由貿易協定

ABAC 東協企業諮詢委員會

ABIF 東協銀行整合架構

ABMI 亞洲債券市場倡議

ACFTA 東協與中國自由貿易協定

ACIA 東協全面投資協定

ACMF 東協資本市場論壇

ACPE 東協特許專業工程師

ADMM+ 東協防長擴大會議

ADR 替代性爭端解決方案

AEC 東協經濟共同體

AEC Blueprint 2015 東協經濟共同體二〇一五藍圖

AEC Blueprint 2025 東協經濟共同體二〇二五藍圖

AEM 東協經濟部長

AFAS 東協服務業框架協議

AfCFTA 非洲大陸自由貿易區

AFIF 東協金融整合架構

AFTA 東協自由貿易區

AHKFTA 東協與香港自由貿易協定

AIA 東協投資區域協定

AIIB 亞洲基礎設施投資銀行

AIPO 東協國家議會組織

AMS 東協成員國

AOIP 東協印太展望

APEC 亞太經濟合作會議

AQRF 東協資歷參考架構

ARF 東協區域論壇

ARIA 2018 年亞洲再保證倡議法案

ARISE 歐盟對東協區域整合支援

ASEAN 東南亞國家協會

ASEAN MNP Agreement 東協自然人移動協定

ASEM 亞歐會議

ATIGA 東協貨品貿易協定

ATISA 東協服務貿易協定

AWGIPC 東協智慧財產權工作小組

BIT 雙邊投資協定

BRI 一帶一路倡議

CAFTA-DR 多明尼加與中美洲 FTA

CEPT 共同有效優惠關稅機制

CETA 全面經濟貿易協定

ChAFTA 中澳自由貿易協定

CJEU 歐洲聯盟法院

CLMV 柬埔寨、寮人民民主共和國、緬甸及越南

COVID-19 新冠肺炎

CPTPP 跨太平洋夥伴全面進步協定

CTC 稅則分類變更

DEA 數位經濟協定

DSM 爭端解決機制

DSU 爭端解決規則與程序瞭解書

EAEG 東亞經濟集團

EAFTA 東亞自由貿易區

EAI 企業前進東協倡議

EAS 東亞高峰會

ECOTECH APEC 經濟暨技術合作

EDSM 東協強化爭端解決機制議定書

EEA 歐洲經濟區

EEC 歐洲經濟共同體

E3 美國與東協擴大經濟交往

EHP 早期收穫計劃

EPPD 經濟繁榮夥伴對話

E-READI 強化歐盟與東協對話工具

EU 歐洲聯盟

EUSFTA 歐星自由貿易協定

EVFTA 歐越自由貿易協定

EVSL 部門別自願提前自由化

FDI 外人直接投資

FET 公平與公正貿易

FTA 自由貿易協定

FTAAP 亞太自由貿易區

GATS 服務貿易總協定

GATT 關稅暨貿易總協定

GDP 國內生產毛額

GDPR 一般資料保護規範

GI 地理標示

GPA 政府採購協定
GSP 普遍化優惠關稅措施
GVC 全球價值鏈
HS 統一分類制度
IAI 東協整合倡議
ICJ 國際法院
ICS 投資法庭制度
ICSID 國際投資爭端解決中心
ICSID Convention 解決國家與他國之國民間投資糾紛解決公約
IGA 東協投資保證協定
IIA 國際投資協定
IP 智慧財產
IPA 投資保障協定
ISDS 投資人與地主國爭端解決
ISI 資源整合方案
ITA 資訊科技協定
LCC 廉價航空公司
MAAS 多邊航空服務協議
MAFLAFS 多邊航空貨運服務全面自由化協定
MAFLPAS 多邊航空旅客服務全面自由化協定
MFN 最惠國
MLEC UNCITRAL 電子商務模範法
MNP 自然人移動
MRA 相互承認協定
MSME 微型與中小型企業
NAFTA 北美自由貿易協定
NIEO 新國際經濟秩序
NLD 全國民主聯盟
NREO 全新區域經濟秩序
NT 國民待遇
NTB 非關稅障礙
NTM 非關稅措施
OECD 經濟合作暨發展組織
OPTAD 太平洋貿易與發展組織
PCA 夥伴合作協定
PECC 太平洋經濟合作會議

PNTR 永久正常貿易關係
PRC 中華人民共和國
PSU 政策支援小組
PTA 優惠性貿易協定
QAB 合格東協銀行
QFB 特許全執照銀行
RCEP 區域全面經濟夥伴協定
RFPE 註冊外籍專業工程師
RIATS 空運部門整合路徑圖
ROC 中華民國（臺灣）
ROO 原產地規則
RVC 區域產值含量
SDT 特殊及差別待遇
SMBD 高階主管及董事會
SME 中小型企業
SOE 國營事業
SPS 食品安全檢驗和動植物防疫檢疫
TAC 東南亞友好合作條約
TBT 技術性貿易障礙
TFA 貿易便捷化協定
TIFA 貿易暨投資架構協定
TPP 跨太平洋夥伴協定
TREATI 歐盟與東協區域間貿易倡議
TRIMs 與貿易有關之投資措施
TRIPs 與貿易有關之智慧財產權協定
TTIP 跨大西洋貿易投資夥伴
UN 聯合國
UNCITRAL 聯合國國際貿易法委員會
UNCTAD 聯合國貿易和發展會議
UNECE 聯合國歐洲經濟委員會
USMCA 美墨加協定
USTR 美國貿易代表署
VCLT 維也納條約法公約
WTO 世界貿易組織

本書縮寫一覽表
（中英）

一般資料保護規範 GDPR

一帶一路倡議 BRI

二〇一八年亞洲再保證倡議法案 ARIA

中小型企業 SME

中華人民共和國 PRC

中華民國（臺灣） ROC

中澳自由貿易協定 ChAFTA

公平與公正貿易 FET

太平洋貿易與發展組織 OPTAD

太平洋經濟合作會議 PECC

世界貿易組織 World Trade Organization, WTO

北美自由貿易協定 NAFTA

外人直接投資 FDI

永久正常貿易關係 PNTR

企業前進東協倡議 EAI

全面經濟貿易協定 CETA

全國民主聯盟 NLD

全球價值鏈 GVC

全新區域經濟秩序 NREO

共同有效優惠關稅機制 CEPT

合格東協銀行 QAB

地理標示 GI

多明尼加與中美洲 FTA CAFTA-DR

多邊航空服務協議 MAAS

多邊航空旅客服務全面自由化協定 MAFLPAS

多邊航空貨運服務全面自由化協定 MAFLAFS

早期收穫計劃 EHP

自由貿易協定 FTA

自然人移動 MNP

技術性貿易障礙 TBT

投資人與地主國爭端解決 ISDS

投資法庭制度 ICS

投資保障協定 IPA

亞太經濟合作會議 APEC

亞太自由貿易區 FTAAP

亞洲基礎設施投資銀行 AIIB

亞洲債券市場倡議 ABMI

亞歐會議 ASEM

服務貿易總協定 GATS

東亞自由貿易區 EAFTA

東亞高峰會 EAS

東亞經濟集團 EAEG

東協企業諮詢委員會 ABAC

東協全面投資協定 ACIA

東協印太展望 AOIP

東協成員國 AMS

東協自由貿易區 AFTA

東協自然人移動協定 ASEAN MNP Agreement

東協投資保證協定 IGA

東協投資區域協定 AIA

東協防長擴大會議 ADMM+

東協服務貿易協定 ATISA

東協服務業框架協議 AFAS

東協金融整合架構 AFIF

東協特許專業工程師 ACPE

東協區域論壇 ARF

東協國家議會組織 AIPO

東協強化爭端解決機制議定書 EDSM

東協貨品貿易協定 ATIGA

東協智慧財產權工作小組 AWGIPC

東協經濟共同體 AEC

東協經濟共同體二〇一五藍圖 AEC Blueprint 2015

東協經濟共同體二〇二五藍圖 AEC Blueprint 2025

東協經濟部長 AEM

東協資本市場論壇 ACMF

東協資歷參考架構 AQRF

東協與中國自由貿易協定 ACFTA

東協與香港自由貿易協定 AHKFTA

東協銀行整合架構 ABIF

東協整合倡議 IAI

東協 - 澳洲 - 紐西蘭自由貿易協定 AANZFTA

東南亞友好合作條約 TAC

東南亞國家協會 ASEAN

爭端解決規則與程序瞭解書 DSU

爭端解決機制 DSM
空運部門整合路徑圖 RIATS
非洲大陸自由貿易協定 AfCFTA
非關稅措施 NTM
非關稅障礙 NTB
政府採購協定 GPA
政策支援小組 PSU
柬埔寨、寮人民民主共和國、緬甸及越南 CLMV
相互承認協定 MRA
美國貿易代表署 USTR
美國與東協擴大經濟交往 E3
美墨加協定 USMCA
食品安全檢驗和動植物防疫檢疫 SPS
原產地規則 ROO
特殊及差別待遇 SDT
特許全執照銀行 QFB
高階主管及董事會 SMBD
區域全面經濟夥伴協定 RCEP
區域產值含量 RVC
國內生產毛額 GDP
國民待遇 NT
國際投資協定 IIA
國際投資爭端解決中心 ICSID
國際法院 ICJ
國營事業 SOE
強化歐盟與東協對話工具 E-READI
統一分類制度 HS
部門別自願提前自由化 EVSL
普遍化優惠關稅措施 GSP
智慧財產 IP
替代性爭端解決方案 ADR
最惠國 MFN
稅則分類變更 CTC
註冊外籍專業工程師 RFPE
與貿易有關之投資措施 TRIMs
與貿易有關之智慧財產權協定 TRIPs
貿易便捷化協定 TFA

貿易暨投資架構協定 TIFA
廉價航空公司 LCC
微型與中小型企業 MSME
新冠肺炎 COVID-19
新國際經濟秩序 NIEO
經濟合作暨發展組織 OECD
經濟暨技術合作 ECOTECH
經濟繁榮夥伴對話 EPPD
解決國家與他國之國民間投資糾紛解決公約 ICSID Convention
資訊科技協定 ITA
資源整合方案 ISI
跨大西洋貿易投資夥伴 TTIP
跨太平洋夥伴全面進步協定 CPTPP
跨太平洋夥伴協定 TPP
電子商務模範法 MLEC UNCITRAL
夥伴合作協定 PCA
維也納條約法公約 VCLT
數位經濟協定 DEA
歐洲經濟共同體 EEC
歐洲經濟區 EEA
歐洲聯盟 EU
歐洲聯盟法院 CJEU
歐越自由貿易協定 EVFTA
歐星自由貿易協定 EUSFTA
歐盟對東協區域整合支援 ARISE
歐盟與東協區域間貿易倡議 TREATI
優惠性貿易協定 PTA
聯合國 UN
聯合國國際貿易法委員會 UNCITRAL
聯合國貿易和發展會議 UNCTAD
聯合國歐洲經濟委員會 UNECE
雙邊投資協定 BIT
關稅暨貿易總協定 GATT

註 釋

壹

1. Valentina Romei & John Reed, The Asian century is Set to Begin, Mar. 26, 2019, Financial Times, https://www.ft.com/content/520cb6f6-2958-11e9-a5ab-ff8ef2b976c7 (last visited Feb. 16, 2021); Asian Development Bank (ADB), Asia 2050: Realizing the Asian Century: Executive Summary (2011), at 5.
2. ADB, supra note 1, at 3-4.
3. Centre for Economics and Business Research (CEBR), World Economic League Table 2021 (2020), at 70-71.
4. Id. at 113-14; PWC, The Long View: How Will the Global Economic Order Change by 2050 (2017), at 7.
5. Australian Government, ASEAN's Economic Growth, https://www.austrade.gov.au/asean-now/why-asean-matters-to-australia/asean-economic-growth/ (last visited Feb. 16, 2021).At present, the Association of Southeast Asian Nations (ASEAN) is the world's fifth largest economy. ASEAN, ASEAN Key Figures 2020 (2020), at 39.
6. World Trade Organization (WTO, Regional Trade Agreements Database, https://rtais.wto.org/UI/PublicMaintainRTAHome.aspx (last visited Feb. 16, 2021); ADB, Table 2. FTAs by WTO Notification and Status (Cumulative), https://aric.adb.org/fta (last visited Feb. 16, 2021).
7. From 2002 to 2017, ASEAN concluded "ASEAN Plus One" free trade agreements (FTAs) sequentially with seven economies, including China, Japan, India, Korea, Australia and New Zealand, and Hong Kong.Vinod K. Aggarwal & Jonathan T. Chow, The Perils of Consensus: How ASEAN's Meta-regime Undermines Economic and Environmental Cooperation, 17(2) Rev. Int'l Pol. Econ. 262, 267-71 (2010); ASEAN, ASEAN Integration Report 2019 (2019), at 131-32.
8. For the analysis of plurilaterlism, see Meredith Kolsky Lewis, The Origin of Plurilateralism in International Trade Law, 20 J. World Invest. & Trade 633, 637-40 (2019).
9. WTO, Trade Shows Signs of Rebound from COVID-19, Recovery Still Uncertain, Oct. 6, 2020, https://www.wto.org/english/news_e/pres20_e/pr862_e.htm (last visited Feb. 17, 2021); United Nations Conference on Trade and Development (UNCTAD, Investment Trends Monitor (2021), Issue 38, at 1.
10. European Commission, EU-UK Trade and Cooperation Agreement: A New Relationship, with Big Changes (2020), at 1-2; White House, Remarks by President Biden on America's Place in the World, Feb. 4, 2021, https://www.whitehouse.gov/briefing-room/speeches-remarks/2021/02/04/remarks-by-president-biden-on-americas-place-in-the-world/ (last visited Feb. 8, 2021).
11. For these two terms, see Sonia E. Rolland, Development at the WTO 51-52 (2012); Anu Bradford, The Brussels Effect: How the European Union Rules the World 26-36 (2020).
12. Department of State, A Free and Open Indo-Pacific Advancing a Shared Vision (2019), at 5-21; European Commission, Trade for All: Towards a More Responsible Trade and Investment Policy (2015), at 31-32.
13. Björn Hettne, The New Regionalism Revisited, in Theories of New Regionalism 22, 26-27 (Fredrik Söderbaum & Timothy

M. Shaw eds. 2003).
14. E.g., Amitav Acharya, Regionalism beyond EU-centrism, in The Oxford Handbook of Comparative Regionalism 109, 109-19 (Tanja A. Börzel & Thomas Risse 2016); Fredrik Söderbaum, Rethinking Regionalism 7-8 & 174-175 (2016).
15. E.g., Christopher M. Dent, East Asian Regionalism (2d ed. 2016); Ellen L. Frost, Asia's New Asian Regionalism (2008); Edward J. Lincoln, East Asian Economic Regionalism (2004); Network Power: Japan and Asia (Peter J. Katzenstein & Takashi Shiraishi eds. 1997).
16. E.g., Megaregulation Contested: Global Economic Ordering after TPP (Benedict Kingsbury et al. 2019); The China-Australia Free Trade Agreement: A 21st Century Model (Colin B. Picker et al. 2018); Paradigm Shift in International Economic Law Rule-Making: TPP as a New Model for Trade Arrangements? (Julien Chaisse et al. eds. 2017); China in the International Economic Order: New Directions and Changing Paradigms (Lisa Toohey et al. eds. 2015).
17. A rare legal monograph on "non-Western" regionalism is James Thuo Gathii, African Regional Trade Agreements as Legal Regimes (2011).
18. Anja Jetschke et al., Asia, in The Oxford Handbook of Comparative Regionalism 225, 226-27 (Tanja A. Börzel & Thomas Risse 2016); Shaun Breslin et al., Regions in Comparative Perspective, in New Regionalism in the Global Political Economy: Theories and Cases 1, 5-6 (Shaun Breslin et al. eds. 2002).
19. Department of State, supra note 12, at 8-15; Asia-Pacific Economic Cooperation, Member Economies, https://www.apec.org/about-us/about-apec/member-economies (last visited Feb. 19, 2021); Asia-Europe Meeting, Fostering Dialogue & Cooperation between Asia & Europe, https://www.aseminfoboard.org/about/overview (last visited Feb. 19, 2021); WTO, World Trade Statistics Review 2020 (2020), at 63.
20. WTO, The WTO's Rules, https://www.wto.org/english/tratop_e/region_e/regrul_e.htm (last visited Feb. 19, 2021).
21. Tanja A. Börzel & Thomas Risse, Introduction: Framework of the Handbook and Conceptual Clarifications, in The Oxford Handbook of Comparative Regionalism 3, 8 (Tanja A. Börzel & Thomas Risse 2016); Andrew Hurrell, Regionalism in Theoretical Perspective, in Regionalism in World Politics: Regional Organization and International Order 37, 39-40 (Louise Fawcett & Andrew Hurrell eds. 1995).
22. Börzel, supra note 15, at 8-10; Börzel & Risse, supra note 21, at 7-8.
23. Edward D. Mansfield & Etel Solingen, Regionalism, 13 Ann. Rev. Pol. Sci. 145, 147.
24. Id.
25. Most scholars addressed either the first two waves of global regionalism or the early stage of third wave of global regionalism.Jagdish Bhagwati, Termites in the Trading System: How Preferential Agreements Undermine Free Trade 29-32 (2008); Fredrik Söderbaum & Luk van Langenhove, Introduction: The EU as a Global Actor and the Role of Interregionalism, 27(3) Eur. Integration 249, 255 (2005); Sungjoon Cho, Breaking the Barrier between

Regionalism and Multilateralism: A New Perspective on Trade Regionalism, 42(2) Harv. Int'l L. J. 419, 427 (2001); Edward D. Mansfield & Helen V. Milner, The New Wave of Regionalism, 53(3) Int'l Organ. 589, 600-01 (1999).

26. Bhagwati, supra note 25, at 29-31.
27. Id. at 31; Jagdish Bhagwati, Regionalism versus Multilateralism, 15 World Econ. 535, 539 (1992).
28. WTO, World Trade Report 2011 (2011), at 52l; Bhagwati, supra note 25, at 31; Cho, supra note 25, at 427; Söderbaum & Van Langenhove, supra note 25, at 52.
29. WTO, supra note 28, at 52; Bhagwati, supra note 25, at 29.
30. Amita Acharya, Foundations of Collective Action in Asia: Theory and Practice of Regional Cooperation, ADBI Working Paper Series, No. 344 (2012), at 5-10.
31. The founding members of ASEAN include Indonesia, Malaysia, the Philippines, Singapore and Thailand.Rodolfo C. Severino, Southeast Asia in Search of an ASEAN Community: Insights from the Former ASEAN Secretary-General 1-11 (2006).
32. Bhagwati, supra note 27, at 538-39; Bhagwati, supra note 25, at 29.
33. Bhagwati, supra note 27, at 538-39; Cho, supra note 25, at 427-28.For discussion on Jacob Viner's trade creation and trade diversion effects of customs unions, see Aaditya Mattoo et al., Trade Creation and Trade Diversion in Deep Agreements, Policy Research Working Paper, No. 8206 (2017), at 2-10.
34. Bhagwati, supra note 25, at 31-35.
35. Id. at 32-34.
36. Richard Baldwin, A Domino Theory of Regionalism, NBER Working Paper Series, No. 4465 (1993), at 2-5.
37. Jorge F. Garzón, Multipolarity and the Future of Economic Regionalism, 9(1) Int'l Theory 101, 104-15 (2016); Mario Telò, Introduction: Globalization, New Regionalism and the Role of the European Union, in European Union and New Regionalism: Competing Regionalism and Global Governance in a Post-Hegemonic Era 1, 5-10 (Mario Telò ed. 2014).
38. Garzón, supra note 37; Mario Telò, supra note 37, at 5-10; Hettne, supra note 13, at 23-24; Björn Hettne, The New Regionalism: Implications for Development and Peace, in Björn Hettne & András Inotai, The New Regionalism: Implications for Global Development and International Security, UNU/WIDER World Institute for Development Economics Research 1, 1-2 (1994).
39. WTO, supra note 28, at 52-53.
40. Kiyoshi Kojima, The "Flying Geese" Model of Asian Economic Development: Origin, Theoretical Extensions, and Regional Policy Implications, 11 J. Asian Econ. 375, 377 (2000); T. J. Pempel, Transpacific Torii: Japan and the Emerging Asian Regionalism, in Network Power: Japan and Asia 47, 52-53 (Peter J. Katzenstein & Takashi Shiraishi eds. 1997).
41. Id; Debayan Pakrashi & Paul Frijters, Takeoffs, Landing, and Economic Growth, ADBI Working Paper Series, Nov. 641 (2017), at 6-7.
42. Justin Yifu Lin, From Flying Geese to Leading Dragons New

Opportunities and Strategies for Structural Transformation in Developing Countries, Policy Research Working Paper, No. 5702 (2011), at 4-5.
43. These economies include Indonesia, Malaysia, the Philippines, Thailand and Vietnam.Pakrashi & Frijters, supra note 41, at 4-5.
44. Severino, supra note 31, at 222-23; WTO, supra note 28, at 96-97.
45. Söderbaum & Van Langenhove, supra note 25, 256; Tom Ginsburg, Authoritarian International Law, 114(2) Am. J. Int'l L. 221, 243-44 (2020); Tom Ginsburg, Eastphalia Asian Regionalism, 44 UC Davis L: Rev. 859, 870-71 (2010-11).
46. 1994 Leaders' Declaration (1994) (Bogor Declaration).
47. John Ravenhill, APEC and the Construction of Pacific Rim Regionalism 140-42 (2001); Ippei Yamazawa, APEC: New Agenda in its Third Decade 11-14 (2012).
48. For the WTO's agricultural issues, see Randy Schnepf, WTO Doha Round: Implications for U.S. Agriculture, Congressional Research Services (CRS) Report (2014), at 1-11.
49. From 2008 to 2021, the number of FTAs in force increased from 181 to 341.WTO, supra note 6.
50. Anthea Roberts et al., Toward a Geoeconomic Order in International Trade and Investment, 22 J. Int'l Econ. L. 655, 656-61 (2019); John Gerard Ruggie, International Regimes, Transactions, and Change: Embedded Liberalism in the Postwar Economic Order, 36(2) Int'l Organ. 379, 392-98 (1982); Michael C. Webb & Stephen D. Krasner, Hegemonic Stability Theory: An Empirical Assessment, 15(2) Rev. Int'l Stud. 183, 183-86 (1989).
51. Office of the Secretary of State, The Elements of the China Challenge (2020), at 4-36; Charles W. Boustany Jr. & Aaron L. Freidberg, Answering China's Economic Challenge: Preserving Power, Enhancing Prosperity, NBR Report, No. 76 (2019), at 25-27.
52. Kurt M. Campbell & Ely Ratner, The China Reckoning: How Beijing Defied American Expectation, 97(2) Foreign Aff. 60, 60-68 (2018).
53. White House, Interim National Security Strategic Guidance (2021), at 19-20; White House, Remarks by President Biden on America's Place in the World, Feb. 4, 2021, https://www.whitehouse.gov/briefing-room/speeches-remarks/2021/02/04/remarks-by-president-biden-on-americas-place-in-the-world/ (last visited Feb. 8, 2021).
54. WTO, Trade Policy Review: Report by the Secretariat: European Union, WT/TPR/S/395 (2019), at 25.For the normative power concept, see Ian Manners, Normative Power Europe: A Contradiction in Terms? 40(2) J. Common Market Stud. 235, 236-52 (2002).
55. Lowy Institute, Covid Performance Index: Deconstructing Pandemic Reponses, https://interactives.lowyinstitute.org/features/covid-performance/ (last visited Feb. 23, 2021); Jinshan Hong, The Covid Resilience Ranking: The Best and Worst Places to Be in Covid: U.S. Stages a Recovery, Feb. 25, 2021, Bloomberg, https://www.bloomberg.com/graphics/covid-resilience-ranking/ (last visited Mar. 1, 2021).
56. WTO, supra note 28, at 55-56.

57. Id.Asia-Pacific FTAs follow similar trends, United Nations Economic and Social Commission for Asia and the Pacific, Asia-Pacific Trade and Investment Report: Recent Trends and Development 2016 (2016), at 90.

58. The African Continental Free Trade Area (AfCFTA) is the largest FTA by the number of participants.As Eritrea that has not signed the agreement, the AfCFTA includes 54 parties. Brock R. Williams & Nicolas Cook, The African Continental Free Trade Area (AfCFTA), CRS: In Focus (2020), at 1.

59. Their shares of global gross domestic product are 30%, 27.8%, 17.8%, and 13.5%, respectively.Joint Leaders' Statement on the Regional Comprehensive Economic Partnership (RCEP (Joint Leaders' Statement on the RCEP) (2020); ASEAN, supra note 7, at 127; Government of Canada, About the Comprehensive and Progressive Agreement for Trans-Pacific Partnership, July 16, 2019, https://www.international.gc.ca/trade-commerce/trade-agreements-accords-commerciaux/agr-acc/cptpp-ptpgp/backgrounder-document_information.aspx?lang=eng (last visited Dec. 31, 2020); World Bank, GDP (current US $), https://data.worldbank.org/indicator/NY.GDP.MKTP.CD (Jan. 1, 2021).

60. Joint Leaders' Statement on the RCEP, supra note 59; ASEAN Framework for Regional Comprehensive Economic Partnership (2011).

61. Heiner Hänggi, Interregionalism as a Multifaceted Phenomenon: In Search of a Typology, in Interregionalism and International Relations: A Stepping Stone to Global Governance? 31, 40-41 (Jürgen Ruland et al. 2005); Jürgen Ruland, Interregionalism: An Unfinished Agenda, in Interregionalism and International Relations: A Stepping Stone to Global Governance? 295, 295-97 (Jürgen Ruland et al. 2005); Vinod K. Aggarwal & Edward A. Fogarty, Between Regionalism and Globalism: European Union Interregional Trade Strategies, in EU Trade Strategies: Between Regionalism and Globalism 1, 5 (Vinod K. Aggarwal & Edward A. Fogarty eds. 2004).

62. European Commission, EU-Mercosur Trade Agreement: Building Bridges for Trade and Sustainable Development (2019); Co-Chairs' Press Release: 23rd ASEAN-EU Ministerial Meeting (2020) (23rd ASEAN-EU Ministerial Meeting), paras. 4-16.

63. Id. para. 8; European Commission, Trade for All: Towards a More Responsible Trade and Investment Policy (2015), at 31-32.

64. Claudia Hofmann et al., Horizontal Depth: A New Database on the Content of Preferential Trade Agreements,Policy Research Working Paper, No. 7981 (2017), at 4; Richard Baldwin, Multilateralizing Asian Regionalism, ADBI Working Paper, No. 431 (2013), at 8-9.

65. Hofmann et al., supra note 64, at 22.

66. United Nations Commission on International Trade Law, https://uncitral.un.org/en/working_groups/3/investor-state (last visited Sept. 30, 2020); European Commission, Consultation Strategy: Impact Assessment on the Establishment of a Multilateral Investment Court for Investment Dispute Resolution (2016), at 1.

67. See generally WTO, E-commerce, Trade and the COVID-19 Pandemic (2020), at 1-5.

68. Severino, supra note 31, at 265-67.

69. Id.This Initiative transformed to the Chiang Mai Initiative Multilateralization in 2010.

70. Charter of the Association of Southeast Asian Nations (2007) (ASEAN Charter), art. 2(2)(m)

71. Tang Siew Mun, Is ASEAN Due for a Makeover, 39(2) Contem. Southeast Asia 239, 243 (2017);ASEAN Secretariat, ASEAN 2025: Forging Ahead Together (2015).

72. ASEAN, supra note 7, at 131-32; ASEAN Economic Community Economic Blueprint 2025 (2015), paras. 79-80.

73. The ASEAN-Hong Kong FTA and Investment Agreements were concluded in 2017, but Hong Kong is not ASEAN's Dialogue Partner.For information on ASEAN's Dialogue Partners, see Severino, supra note 31, at 264-336.

74. See generally Department of Foreign Affairs and Trade (DFAT), CPTPP Suspensions Explained (2019).

75. ISEAS Yusof Ishak Institute, Webinar on "Trade Implication of RCEP for ASEAN and India," Dec. 15, 2020, https://www.iseas.edu.sg/media/event-highlights/webinar-on-trade-implication-of-rcep-for-asean-and-india/ (last visited Jan. 8, 2021); Gaurav Choudhury, India Decides Not to Join RCEP: Decoding The Reasons behind its Decision, Nov. 4, 2019, https://www.moneycontrol.com/news/economy/policy/india-decides-not-to-join-rcep-decoding-the-reasons-behind-its-decision-4602701.html (last visited Jan. 8, 2021).

76. DFAT, Background to the Regional Comprehensive Economic Partnership (RCEP Initiative, https://www.dfat.gov.au/trade/agreements/negotiations/rcep/Pages/background-to-the-regional-comprehensive-economic-partnership-rcep-initiative (last visited Jan. 5, 2020).China and Japan proposed the East Asian Free Trade Area (EAFTA and the Comprehensive Economic Partnership for East Asia (CEPEA, respectively, in the 2000s.Compared with the EAFTA, the CEPEA includes three more countries (Australia, India and New Zealand).Rodolfo C. Severino, Japan's Relations with ASEAN, in ASEAN-Japan Relations 17, 26-28 (Takashi Shiraishi & Takaaki Kojima eds., 2014)

77. Joint Leaders' Statement on the RCEP, supra note 59; ASEAN Framework for Regional Comprehensive Economic Partnership (2011).

78. 2020 Leaders' Declaration (2020).

79. 2010 Leaders' Declaration (2010); Richard Baldwin & Masahiro Kawai, Multilateralizing Asian Regionalism, ADBI Working Paper Series, No. 431 (2013), at 11-12.

80. Progressive Agreement for Trans-Pacific Partnership (2018), art 5; Regional Comprehensive Economic Partnership (2020), art. 20.9.

81. Department for International Trade & The Rt Hon Elizabeth Truss MP, UK Applies to Join Huge Pacific Free Trade Area CPTPP, Jan. 30, 2021, https://www.gov.uk/government/news/uk-applies-to-join-huge-pacific-free-trade-area-cptpp (last visited Feb. 10, 2021); Natalie Wong, Mainland Chinese Commerce Official Backs Hong Kong Joining RCEP Trade Bloc, with City Leader Carrie Lam Hoping to Start Talks

'at Earliest Opportunity,' Nov. 30, 2020, S. China Morning Post, https://www.scmp.com/news/hong-kong/hong-kong-economy/article/3111913/mainland-commerce-official-backs-hong-kong-joining (last visited Jan. 26, 2021).

82. Breslin et al., supra note 18, at 2-3.
83. Hurrell, supra note 21, at 45-46.
84. Realism and neo-realism are primarily based on Hans Morgenthau, Politics among Nations (1954) and Kenneth Waltz's Theory of International Politics (1979).William C. Wohlforth, Realism, in The Oxford Handbook of International Relations 131, 132-37 (Christian Reus-Smit & Duncan Snidal eds. 2008).
85. Jonathan Kirshner, Realist Political Economy: Traditional Themes and Contemporary Challenges, in Routledge Handbook of International Political Economy (IPE): IPE as a Global Conversation 36, 37-39 (Mark Blyth ed. 2009).
86. Hurrell, supra note 21, at 48.
87. Id. at 50; Fredrik Söderbaum, supra note 14, at 37-39; Stephan M. Walt, Alliance Formation and the Balance of Power, 9(4) Int'l Sec. 3, 4-8 (1985).
88. Walt, supra note 87, at 5-8; Darren J. Lim & Zack Cooper, Reassessing Hedging: The Logic of Alignment in East Asia, 24(4) Sec. Stud. 696, 697-99 (2015).
89. Hurrell, supra note 21, at 59-61; Fredrik Söderbaum, Old, New, and Comparative Regionalism: The History and Scholarly Development of the Field, in The Oxford Handbook of Comparative Regionalism 16, 21-23 (Tanja A. Börzel & Thomas Risse 2016).
90. Hurrell, supra note 21, at 59.
91. Id. at 61-63; Tobias Lenz & Gary Marks, Regional Institutional Design, in The Oxford Handbook of Comparative Regionalism 513, 518-20 (Tanja A. Börzel & Thomas Risse eds. 2016).
92. Anne-Marie Slaughter & Thomas Hale, International Relations, Principal Theories, Oxford Public International Law (2013), https://opil.ouplaw.com/view/10.1093/law:epil/9780199231690/law-9780199231690-e722?prd=EPIL (last visited Feb. 3, 2021).
93. Söderbaum, supra note 14, at 7-9; Hurrell, supra note 21, at 60-63.
94. Amitav Acharya, Whose Ideas Matter? Agency and Power in Asian Regionalism 27 (2009); Peter J. Katzenstein, Introduction: Asian Regionalism in Comparative Perspective, in Network Power: Japan and Asia 1, 5 (Peter J. Katzenstein & Takashi Shiraishi eds. 1997).
95. Katzenstein, supra note 94, at 3; Breslin et al., supra note 18, at 13; Alice Ba, Institutional Divergence and Convergence in the Asia-Pacific? ASEAN in Practice and in Theory, 27(2) Cam. Rev. Int'l Aff. 295, 300 (2014)
96. Söderbaum, supra note 89, at 27.
97. Hurrell, supra note 21, at 64-65; Slaughter & Hale, supra note 92.
98. Alexander Wendt, Collective Identity Formation and the International State, 88(2) Am. Pol. Sci. Rev. 384, 384-85 (1994); Lenz & Marks, supra note 91, at 520-22.
99. Amitav Acharya, Constructing a Security Community in Southeast Asia: ASEAN and the Problem of Regional Order 3-5 (3d 2014); Acharya, supra note 14, at 123-26; Lenz & Marks, supra note 91, at 521; Ba, supra note 95, at 304-06.
100. Hettne, supra note 13, 22-23; Söderbaum, supra note 14, at 29-30; Acharya, supra note 14, at 119; Söderbaum, supra note 88, at 28.
101. Hettne, supra note 38, at 11.
102. Acharya, supra note 14, at 119.Scholars have used the new regionalism "approach" and the new regionalism "theory" interchangeably.E.g., Dent, supra note 15, at 12;
103. Acharya, supra note 14, at 119; Björn Hettne & Federick Söderbaum, Theorising the Rise of Regionness, 5(3) New Pol. Eco. 457, 458 (2000).
104. Björn Hettne, Beyond the 'New' Regionalism, 10(4) New Pol. Eco 543, 543-46 (2005); Söderbaum, supra note 14, 30-31; Söderbaum, supra note 89, at 29-32.
105. Nils Gilman, The New International Economic Order: A Reintroduction, 6(1) Humanity 1, 2-3 (2015); Rolland, supra note 11, at 45 & 69 (2012).
106. Alan Gilbert, Must Global Politics Constrain Democracy? Great-Power Realism, Democratic Peace, and Democratic Internationalism 32-33 (1999); Alvin Y. So, Social Change and Development: Modernization, Dependency, and World-System Theories 91-98 (1990).
107. Fernando Henrique Cardoso & Enzo Faletto, Dependency and Development in Latin America 16-19 (MarjoryMattingly Urquidi trans.1979); Theotonio Dos Santos, The Structure of Dependence, 60(2) Am. Econ. Rev. 231, 231-34 (1970); Rolland, supra note 11, at 20-21.
108. Cardoso & Faletto, supra note 107, at 16-17; Richard Peet & Elaine Hartwick, Theories of Development: Contentions, Arguments, Alternatives 188-89 (3d ed. 2015).
109. So, supra note 106, at 95-102.
110. Cardoso & Faletto, supra note 108, at 16-17; Peet & Hartwick, supra note 108, 188.
111. So, supra note 106, at 98-106.
112. Id. at 157-65.
113. For example, South Korea and Taiwan have had dependent relations with US and Japan markets.Id.; James Mahoney et al., Dependency Theory, in The Oxford Handbook of the Politics of Development 22, 28-29 (Carol Lancaster & Nicolas van de Walle 2018); Thomas Baron Gold, State and Society in the Taiwan Miracle 21-90 (1986); David Kang, South Korean and Taiwanese Development and the New Institutional Economics, 49(3) Int'l Organ. 555, 586 (1995).
114. So, supra note 106, at 137-65.
115. Amita Acharya, Foundations of Collective Action in Asia: Theory and Practice of Regional Cooperation, ADBI Working Paper Series, No. 344 (2012), at 5-16.
116. Id.
117. 3201 (S-VI). Declaration on the Establishment of a New International Economic Order, A/RES/S-6/3201 (1974); Karl P. Sauvant, The Early Days of the Group of 77, https://www.un.org/en/chronicle/article/early-days-group-77 (last visited Mar. 1, 2021); Gilman, supra note 105, at 2.
118. Rolland, supra note 11, at 20-21.
119. General Agreement on Tariffs and Trade (GATT) (1994),

art. XXXVI:8; Differential and More Favorable Treatment of Reciprocity and Fuller Participation of Developing Countries, GATT Doc. L/4903 (1979).GATT contracting parties adopted the permanent Enabling Clause after the 1971 decision, which granted a ten-year waiver permitting generalized system of preferences to depart from GATT norms.Generalized System of Preferences, Decision of 25 June 1971, L/3545 (1971); Rolland, supra note 11, at 72.

120. Chantal Thomas & Joel P. Trachtman, Editors' Introduction, in Developing Countries in the WTO Legal System 1, 9 (Chantal Thomas & Joel P. Trachtman eds. 2009).

121. Id. at 9-10; Rolland, supra note 11, at 51.John Williamson coined the term "Washington Consensus." John Williamson, The Strange History of the Washington Consensus, 27(2) J. Post Keynesian Eco. 195, 195-97 (2004).

122. Thomas & Trachtman, supra note 120, at 10-11.

123. Peet & Hartwick, supra note 108, 98-99; Dani Rodrik, Straight Talk on Trade: Ideas for a Sane World Economy 36 (2018).

124. Stephan Haggard, Developmental States 1-30 (2018); Rodrik, supra note 123, at 36.

125. See generally Ministerial Declaration, WT/MIN(01)/DEC/1 (2001); Resolution adopted by the General Assembly on 25 September 2015, A/RES/70/1 (2015).

126. For soft law theories, see Andrew T. Guzman & Timothy L. Meyer, International Soft Law, 2(1) J. Legal Analysis 171, 187-202 (2010).

127. Joshua Copper Ramo created the term "Beijing Consensus." Michael W. Dowdle et al., Dialogus de Beijing Consensus: Is The Beijing Consensus? How Chian Has Changed Western Ideas of Law and Economic Development 15, 15-26 (Weitseng Chen ed. 2017).

128. Gregory Shaffer & Henry Gao, A New Chinese Economic Order? 23(3) J. Int'l Econ. L. 607, 610-11 (2020).

129. Pradumna B Rana & Ji Xianbai, BRI's "Debt Trap Diplomacy," RISI Commentary, No. 191 (2020), at 1-2.

130. Hiroyuki Koizumi, Global Chip Shortage Threatens Automakers Worldwide, Jan. 9, 2021, Nikkei Asia, https://asia.nikkei.com/Business/Automobiles/Global-chip-shortage-threatens-automakers-worldwide (last visited Mar. 5, 2021).

131. TSMC (Taiwan), Samsung (South Korea) and UMC (Taiwan) are the world's top three semiconductor chips manufacturers.Total Revenue of Top 10 Foundries Expected to Increase by 18% YoY in 4Q20 While UMC Overtakes GlobalFoundries for Third Place, Says TrendForce, Dec. 7, 2020, https://www.trendforce.com/presscenter/news/20201207-10587.html (last visited Mar. 5, 2021).

132. White House, Fact Sheet: Securing America's Critical Supply Chains, Feb. 24, 2021, https://www.whitehouse.gov/briefing-room/statements-releases/2021/02/24/fact-sheet-securing-americas-critical-supply-chains/ (last visited Mar. 1, 2021).

133. Walter Woon, The ASEAN Chapter: A Commentary 71-72 (2016).

134. Co-chairs' Press Release of the 23rd ASEAN-EU Ministerial

Meeting (2020); Chairman's Statement of the 8th ASEAN-United States Summit (2020), para. 5.

135. Severino, supra note 31, at 1-23; Acharya, supra note 99, at 62-66.

136. UNCTAD, ASEAN at 50: Achievements and Challenges in Regional Integration 6-7 (2017); Amitav Archarya, Ideas, Identity, and Institution-building: From the 'ASEAN Way' to the 'Asia-Pacific Way'? 10(3) Pac. Rev. 319, 328 (1997); Acharya, supra note 99, at 62-66.

137. Acharya, supra note 99, at 65; Acharya, supra note 136, at 331.

138. Marty Natalegawa, Does ASEAN Matter? A View from Within 28-29 (2018); Kishore Mahbubani & Jeffery Sng, The ASEAN Miracle: A Catalyst for Peace 2-3 (2017).

139. E.g., ASEAN Charter, arts. 20 & 21; Sungjoon Cho & Jurgen Kurtz, Legalizing the ASEAN Way: Adopting and Reimagining the ASEAN Investment Regime, 66 Am. J. Com. L. 233, 253-55 (2018); David Chin Soon Siong, ASEAN's Journey towards Free Trade, in Economic Diplomacy: Essays and Reflections by Singapore's Negotiations 209, 216 (C. L. Lim & Margaret Liang eds. 2011).

140. According to the Analects of Confucius, he stated that "[i]n hearing lawsuits, I am no different from other people. What we need for there to be no lawsuits!" (聽訟，吾猶人也，必也使無訟乎！); Joshua Karton, Beyond the 'Harmonious Confucian': International Commercial Arbitration and the Impact of Chinese Cultural Values, in Legal Thoughts between the East and the West in the Multilevel Legal Order: Liber Amicorum in Honor of Professor Herbert Han-pao Ma 519, 525-26 (Chang-fa Lo et al. eds. 2016).

141. E.g., China-United Kingdom Treaty of Bogue (1843), art. XIII; China-United States Treaty of Tientsin (1858), art. I.

142. E.g., Weixia Gu, China's Arbitration Modernisation under Judicial Efforts and Marketisation Waves, in The Developing World of Arbitration: A Comparative Study of Arbitration Reform in the Asia Pacific 17, 19-29 (Anselmo Reyes & Weixia Gu eds. 2018). The Singapore Convention on Mediation entered into force in 2020.Entry into Force Celebration, https://www.singaporeconvention.org/events/scm2020 (last visited Aug. 3, 2020).

143. E.g., Dong-Young Kim, Adapting the MGA for Negotiating with South Korean Counterparts, Asialink Bus. (2015), at 3.

144. Chin, supra note 139, 217-30.

145. Pasha L. Hsieh, The China-Taiwan ECFA, Geopolitical Dimensions and WTO Law, 14(1) J. Int'l Econ. L. 121, 140-47 (2011).

146. Cho & Kurtz, supra note 139, at 245-49; Woon, supra note 133, at 157-58.

147. Co-Chairs' Press Release: 23rd ASEAN-EU Ministerial Meeting (2020), para. 4.

148. The concept of sovereign costs, see Chris Brummer, Why Soft Law Dominates International Finance – and How Trade, 13(3) J. Int'l Econ. L. 623, 623-24 (2010); Harmut Hillgenberg, A Fresh Look at Soft Law, 10(3) Eur. J. Int'l L. 500, 509.

貳

1. Amitav Acharya, The Quest for Identity: International Relations of Southeast Asia 1-3 (2000); Alice Ba, Institutional Divergence and Convergence in the Asia-Pacific? ASEAN in Practice and in Theory, 27(2) Cam. Rev. Int'l Aff. 295, 304-06 (2014).
2. Evelyn Goh, Great Powers and Hierarchical Order in Southeast Asia: Analyzing Regional Securities Strategies, 32(3) Int'l Security 113, 139-40 (2007/08); Vinod K. Aggarwal & Jonathan T. Chow, The Perils of Consensus: How ASEAN's Meta-regime Undermines Economic and Environmental Cooperation, 17(2) Rev. Int'l Pol. Econ. 262, 267-69 (2010).
3. E.g., Tran Van Hoa, Globalisation, Crises and the Emergence of New Asian Regionalism: Genesis and Current Development, in New Asian Regionalism: Responses to Globalisation and Crises 9, 9-15 (Tran Van Hoa & Charles Harve eds. 2003); Ellen L. Frost, Asia's New Regionalism 132-35 (2008); Amitav Acharya, Foundations of Collective Action in Asia: Theory and Practice of Regional Cooperation, ADBI Working Paper Series, No. 344 (2012), at 5-14.
4. ASEAN Historical Timeline, in 50 Years of ASEAN and Singapore xiii-xvi (Tommy Koh et al. eds. 2017).
5. Kishore Mahbubani & Jeffery Sng, The ASEAN Miracle: A Catalyst for Peace 3-5 (2017).
6. The Association of Southeast Asian Nations (ASEAN): 12 Things to Know, Nov. 8, 2017, https://www.adb.org/features/asean-12-things-know (last visited Nov. 15, 2019).
7. Tang Siew Mun, Is ASEAN Due for a Makeover, 39(2) Contem. Southeast Asia 239, 243 (2017).
8. ASEAN Framework for Regional Comprehensive Economic Partnership (2011); Joint Leaders' Statement on the Regional Comprehensive Economic Partnership (RCEP) (2019); Joint Leaders' Statement on the Regional Comprehensive Economic Partnership (RCEP) (2020).
9. Charter of the Association of Southeast Asian Nations (2007) (ASEAN Charter), art. 2(2)(m); Walter Woon, The ASEAN Charter: A Commentary 71-72 (2016).
10. See generally The Association of Southeast Asian Nations (ASEAN) Declaration (Bangkok Declaration) (1967), aims & purposes 1, 3 and 5.
11. Alice Ba, (Re)Negotiating East and Southeast Asia: Region, Regionalism, and the Association of Southeast Asian Nations 88-89 (2009).
12. Rodolfo C. Severino, Southeast Asia in Search of an ASEAN Community: Insights from the Former ASEAN Secretary-General 214-16 (2006).For major programs that focused on industrial complementation and cooperation in the 1970s and 80s, see Amitav Acharya, The Making of Southeast Asia: International Relations of a Region 178-79 (2000).
13. Severino, supra note 12, at 216.
14. The ASEAN Free Trade Area was proposed by Thai Prime Minister Anand Panyarachun, with the support of Malaysia and Singapore.Id. at 28-29 & 222-25; Tham Siew Yean & Sanchita Basu Das, Introduction: The ASEAN Economic Community and Conflicting Domestic Interests, in Moving the AEC Beyond 2015: Managing Domestic Consensus for Community-Building 1, 3-4 (Tham Siew Yean & Sanchita Basu Das eds. 2016).
15. See generally Bryan Mercurio, Trade Liberalisation in Asia: Why Intra-Asian Free Trade Agreements Are Not Utilised By the Business Community, 6(1) Asian J. WTO & Int'l Health L. & Pol. 109, 110–36 (2011).
16. Interview with Goh Chok Tong, The Story of the ASEAN Economic Community, 1(2017) ASEAN Focus 22, 22-23 (2017).
17. Declaration of ASEAN Concord II (Bali Concord II) (2003). The creation of the ASEAN Community is guided by the ASEAN Vision 2020 adopted in 1997.
18. A Historic Milestone for FDI and MNEs in ASEAN 9 (2017); ASEAN Economic Community Blueprint (2007) (AEC Blueprint 2015), paras. 9-40.
19. AEC Blueprint 2015, paras. 4 & 9.
20. ASEAN Charter, arts. 1(1) & 3.
21. Kuala Lumpur Declaration on ASEAN 2025: Forging Ahead Together (2015).
22. ASEAN Economic Community Blueprint 2025 (2015) (AEC Blueprint 2025), paras. 7-24.
23. Id. para. 7.
24. Id. paras. 25-44.
25. Id. paras. 40-41; see generally Complementarities between the ASEAN Community Vision 2025 and the United Nations 2030 Agenda for Sustainable Development: A Framework for Action (2017).
26. AEC Blueprint 2025, paras. 45-66.
27. Id. paras. 52-53.
28. Id. paras. 67-78.
29. AEC Blueprint 2025, paras. 79-80.
30. Id. paras. 81-82.
31. In my view, the "pragmatic incrementalism" is more elaborate than "pragmatic integration," which previous commentators loosely defined.United Nations Conference on Trade and Development (UNCTAD, ASEAN at 50: Achievements and Challenges in Regional Integration 7 (2017).
32. History and Evolution of Non-Aligned Movement, Aug. 22, 2-12, http://mea.gov.in/in-focus-article.htm?20349/History+and+Evolution+of+NonAligned+Movement (last visited Nov. 18, 2019).
33. Severino, supra note 12, at 1-11; Ingo Venzke and Li-Ann Thio, The Internal Effects of ASEAN External Relations 9-17 (2016); UNCTAD, supra note 31, at 6; Amitav Acharya, Constructing a Security Community in Southeast Asia: ASEAN and the Problem of Regional Order 3-5 (3d 2014).
34. Amitav Archarya, Ideas, Identity, and Institution-building: From the 'ASEAN Way' to the 'Asia-Pacific Way'? 10(3) Pac. Rev. 319, 328-30 (1997).It should be noted that consensus is not tantamount to every member's explicit agreement.Id. at 331.
35. Aggarwal & Chow, supra note 2, at 268; Severino, supra note 12, at 2-3.
36. ASEAN Charter, preamble & art. 21(2).
37. For the concept of sovereignty costs, see Oona A. Hathaway, International Delegation and State Sovereignty,

71(1) L. & Contemp. Problems 115, 119-20 (2008).

38. See generally Sungjoon Cho & Jurgen Kurtz, Legalizing the ASEAN Way: Adopting and Reimagining the ASEAN Investment Regime, 66 Am. J. Com. L. 233, 238-53 (2018).

39. Mahbubani & Sng, supra note 5, at 3.

40. ASEAN Charter, art. 5(2).

41. Diane A. Desierto, ASEAN's Constitutionalization of International Law: Challenges to Evolution under the New ASEAN Charter, 49 Colum. J. Transnat'l L. 268, 300-03 (2010-11).

42. J.H.H. Weiler, ASEAN Law, the ASEAN Way and the Role of Domestic Courts, in The ASEAN Law Conference 2018: A Compendium of Speeches, Papers, Presentations and Reports 43, 49-50 (2019).

43. Severino, supra note 12, at 31-32 & 352-53.

44. Based on the Protocol to Amend the ASEAN Framework Agreement on Services (2003), Article IV bis (ASEAN Minus X modality) was added to the Framework Agreement on Services (AFAS; ASEAN Charter, art. 21(2).

45. Framework Agreement on Enhancing ASEAN Economic Cooperation (2012), art. I:3.

46. Peter Jan Kuijper et. al., From Treaty-Making to Treaty-Breaking: Models for ASEAN External Trade Agreements 97-98 (2015).

47. For example, "Australia, New Zealand and at least four ASEAN Member States" could enable the pact to enter into force.Agreement Establishing the ASEAN-Australia-New Zealand Free Trade Area (2009) (AANZFTA), ch. 18, art. 7.2.

48. ASEAN Charter, art. 41(7); Rules of Procedure for Conclusion of International Agreements by ASEAN (2011), rule 1.

49. ASEAN Charter, art. 41(4).

50. AEC Blueprint 2025, paras. 7-15.

51. See Sylvia Ostry, The Uruguay Round North-South Grand Bargain: Implications for Future Negotiations, in The Political Economy of International Trade Law: Essays in Honor of Robert E. Hudec 285, 285-89 (Daniel L. M. Kennedy & James D. Southwick eds. 2002) (explaining the "Grand Bargain" negotiations).

52. Kanya Satyani Srasdipoera, ASEAN Trade in Goods Agreement (ATIGA), in ASEAN: Life after the Charter 89, 90-92 (S. Tiwari ed. 2010); ASEAN Trade in Goods Agreement (2009) (ATIGA), art. 91(2).

53. In 2017, intra-regional trade in the European Union (EU 28 countries) and North America is 64% and 50%, respectively. World Trade Organization (WTO), World Trade Statistical Review 2019 (2019), at 55.

54. Masahiro Kawai & Kanda Naknoi, ASEAN Economic Integration through Trade and Foreign Direct Investment: Long-Term Challenges, ADBI Working Paper Series, No. 545 (2015), at 12.

55. ATIGA, art. 19; ASEAN Framework Agreement for the Integration of Priority Sectors (2004), art. 2(1)(a).

56. See ASEAN, ASEAN Integration Report 2019 (2019), at 19-20 ("ASEAN has eliminated 98.6% of the total number of tariff lines in 2019.").

57. Richard Baldwin & Masahiro Kawai, Multilateralizing Asian Regionalism, ADBI Working Paper Series, No. 431 (2013), at 11-12; AEC Blueprint 2025, para. 10(ii).

58. Stefano Inama & Edmund W. Sim, Rules of Origin in ASEAN: A Way Forward 27, fn 2 (2015).

59. Joint Media Statement of the 17th AFTA Council Meeting (2013), paras. 11-12.

60. ATIGA, art. 30.

61. UNCTAD, Non-tariff Measures: Evidence from Selected Developing Countries and Future Research Agenda: Developing Countries in International Trade Studies (2010), at 99.

62. UNCTAD, International Classification on Non-Tariff Measures (2019), at 1-4; ASEAN Business Advisory Council & EU-ASEAN Business Council, Non-Tariff Barriers (NTBs) in ASEAN and Their Elimination from a Business Perspective (2019), at 36.

63. United Nations Economic and Social Commission for Asia and the Pacific (UNESCAP) & UNCTAD, Asia-Pacific Trade and Investment Report 2019: Navigating Non-tariff Measures towards Sustainable Development (2019), at 39.

64. The number of non-tariff measures increased from 1,634 to 5,886 from 2000 to 2019.Lili Yang Ing et al., NTMs in ASEAN: Ways toward Regulatory Convergence, in Regional Integration and Non-Tariff Measures in ASEAN 90, 91 (Lili Yan Ing et al. eds. 2019); ASEAN, supra note 56, 20-21.

65. ASEAN, supra note 56, 21.

66. UNESCAP, Asia-Pacific Trade and Investment Report 2016: Recent Trends and Development (2016), at 79.

67. AEC Blueprint 2025, para. 10(g).

68. ATIGA, art. 40.

69. ASEAN, supra note 56, at xiv & 25.

70. Id. art. 42.

71. Id. chs. 7 & 8.

72. First Protocol to Amend the ATIGA (2019) (amending Article 38 of the ATIGA).

73. See ASEAN, supra note 56, at 27 (indicating that other countries include Indonesia, Malaysia, Singapore, Thailand and Viet Nam); Ministry of Trade and Industry Singapore, Soother Cross-border Transit Movement of Goods within Southeast Asia with the ASEAN Customs Transit System (2020) (explaining that participating members include Cambodia, Laos, Malaysia, Thailand and Singapore).

74. Zakariah Rashid et al., Regional Market for Goods, Services, and Skilled Labor, in Realizing the ASEAN Economic Community: A Comprehensive Assessment 20, 44 (Michael G. Plummer & Chia Siow Yue eds. 2009); ASEAN 2030: Toward a Borderless Economic Community 120 (2014).

75. Juan Blyde & Natalia Sinyavskaya, The Impact of Liberalizing Trade in Services on Trade in Goods: An Empirical Investigation, 11:3 Rev. Dev. Econ. 566, 573 (2007).

76. Tran Van Tho, The Middle-Income Trap: Issues for Members of the Association of Southeast Asian Nations, ADBI Working Paper Series, No. 421 (2013), at 22-29.

77. ASEAN Secretariat & World Bank, ASEAN Integration Monitoring Report 93 (2013); Joy Abrenica et al., The Future

of Trade in Services for Developing Countries, in Trade and Poverty Reduction in the Asia-Pacific Region: Case Studies and Lessons from Low-Income Communities 341, 347-48 (Andrew L. Stoler et al. eds. 2009).

78. Aaditya Mattoo & Gianni Zanini, Services Trade Agreements and Negotiations: An Overview, in Handbook of Trade Policy for Development 661, 665 (Arvid Lukauskas et al. eds. 2013); Jonathan Mitchell, An Unconventional but Essential Marriage: Pro-Poor Tourism and the Mainstream Industry, Private Sector & Dev., No. 7 (2010), at 5.

79. ASEAN, supra note 56, at 39; WTO, Mode 3 – Commercial Presence, S/C/W/314, Apr. 7, 2010, at 9.

80. ASEAN, supra note 56, at 30.

81. AEC Blueprint 2025, para. 11.

82. ASEAN, supra note 56, at 30.

83. ASEAN Framework Agreement on Services (1995) (AFAS), art. I(c).

84. Id. art. VIII.

85. Yoshifumi Fukunaga & Ikumo Isono, Taking ASEAN+1 FTAs towards the RCEP: A Mapping Study, ERIA Discussion Paper Series (2013), at 16.

86. General Agreement on Trade in Services (1994) (GATS), art. I:2.

87. WTO, World Trade Report 2019: The Future of Services Trade (2019), at 170-71.

88. ASEAN, ASEAN Services Report 2017: The Evolving Landscape (2017), at 26-27.

89. Id. at 27.

90. ASEAN, supra note 56, at 36.

91. ASEAN Central Bank Governors agreed on the framework in 2014.ASEAN, supra note 56, at 50; Protocol to Implement the Sixth Packages of Commitments on Financial Services under the ASEAN Framework Agreement on Services (2015), art. 5.

92. Christopher Chen, ASEAN Financial Integration and the Belt and Road Initiative: Legal Challenges and Opportunities for China in Southeast Asia, in International Governance and the Rule of Law in China under the Belt and Road Initiative 163, 169-70 (Yun Zhao ed. 2018).

93. ASEAN, supra note 56, at 50; Ng Min Shen, Bank Mandiri —— 1st Indonesian Bank to Operate in Malaysia, Malaysian Reserve, July 7, 2017, https://themalaysianreserve.com/2017/07/07/bank-mandiri-1st-indonesian-bank-operate-malaysia/ (last visited Nov. 22, 2019).

94. It includes "the 10th AFAS package, the 9th AFAS Finance Package and the 11th AFAS Air Transport Package." PD Djuarno, ASEAN Economic Ministers Sign ASEAN Trade in Services Agreement, Apr. 24, 2019, https://en.netralnews.com/news/business/read/26604/asean.economic.ministers.sign.asean.trade.in.services.agreement (last visited Nov. 22, 2019).

95. WTO, supra note 87, at 174; Tham Siew Yean, ASEAN Trade in Services Agreement (ATISA): Advancing Services Liberalization for ASEAN? 54 Persp. 1, 3 (2019).

96. Tham, supra note 95, 3-4; Ministry of Trade and Industry, Minister Chan Chun Sing at the 25th ASEAN Economic Ministers' Retreat in Phuket, Thailand, Apr. 23, 2019, at 3.

97. ASEAN, ASEAN Economic Community (2008) (AEC Blueprint 2015), para. 21 & fn. 2.

98. Severino, supra note 12, at 352-53.

99. AEC Blueprint 2015, para. 21

100. ASEAN & UNCTAD, ASEAN Investment Report 2019: FDI in Services: Focus on Health Care (2019), at xxv.

101. Locknie Hsu et al., Improving Connectivity between ASEAN's Legal Systems to Address Commercial Issues (2018), at 24-28.

102. Presence of Natural Persons (Mode 4), S/C/W/301, Sept. 15, 2009, at 21.

103. Comprehensive and Progressive Agreement for Trans-Pacific Partnership (2018) (CPTPP), art. 10.6.

104. See generally Susanne Kraatz, Free Movement of Workers, May 2019, https://www.europarl.europa.eu/factsheets/en/sheet/41/free-movement-of-workers (last visited Nov. 25, 2019).

105. ASEAN Agreement on the Movement of Natural Persons (2012) (ASEAN MNP Agreement), preamble.

106. Id. art. 2:1.Intra-corporate transferees include executives, managers and specialists employed by companies.

107. The ASEAN MNP Agreement stipulates that it covers persons engaged in trade in services, goods and investments, but none of the ASEAN countries made commitments in non-services sectors.Id. preamble & art. 1(b).

108. ASEAN Comprehensive Investment Agreement (2009) (ACIA), art. 3.3(f).

109. ASEAN MNP Agreement, art. 2.1.Yet, due to the ambiguity as to what length of time "temporary" entails, ASEAN members' commitments vary across different categories of natural persons.

110. ASEAN MNP Agreement, art. 2.2.

111. Shintaro Hamanaka & Sufian Jusoh, Understanding the ASEAN Way of Regional Qualification Governance: The Case of Mutual Recognition Agreements in the Professional Service Sector, 12(4) Reg. & Governance 486, 490-98 (2018).

112. AFAS, art. V.

113. ASEAN Mutual recognition arrangements (MRAs) cover (1) engineering services; (2) nursing services; (3) architectural services; (4) surveyors; (5) medical practitioners; (6) dental practitioners; (7) tourism professionals; and (8) accountancy services.ASEAN, supra note 56, at 36.

114. E.g., ASEAN MRA on Medical Practitioners (2009), art. 3.1.

115. Id. art. 5.

116. These MRAs created the ASEAN Chartered Professional Engineer Coordinating Committee, the ASEAN Architecture Council, and the ASEAN Charted Professional Account Coordinating Committee, respectively.ASEAN MRA on Engineering Services (2005), art. 3.1; ASEAN MRA on Architectural Services (2007), art. 3.1; ASEAN MRA on Accounting Services (2014), art. 4.2.

117. ASEAN MRA on Engineering Services (2005), art. 3; Deunden Nikomborirak & Supunnavadee Jitdumrong, ASEAN Trade in Services, in The ASEAN Economic Community: A Work in Progress 95, 104-05 (Sanchita Basu

Das ed. 2013).

118. See ASEAN, supra note 56, at 35 ("As of June 2019, there were 3,733 engineers on the ASEAN Chartered Professional Engineers Register, 545 architects registered as ASEAN Architects, and 3,205 accountants registered as ASEAN Chartered Professional Accountant.").

119. Trade Policy Review, Report by the Secretariat: the Philippines, WT/TPR/S/368 (2018), at 81.

120. Tour guides in some ASEAN states are subject to regulatory requirements, so that they are not covered under the MRA. Yoshifumi Fukunaga, Assessing the Progress of ASEAM MRAs on Professional Services, ERIA Discussion Paper Series (2015), at 26.

121. A person who possesses a tourism certificate issued by a national agency in compliance with MRA requirements can be recognized as a "Foreign Tourism Professional" in another ASEAN state.ASEAN MRA on Tourism Professionals, arts. II-III; ASEAN, ASEAN Mutual Recognition Arrangement on Tourism Professionals (MRA): Handbook (2013), at 18.

122. Id. at 45-46.

123. Alexander Chipman Koty, Labor Mobility in ASEAN: Current Commitments and Future Limitations, ASEAN Briefing, May 13, 2006, https://www.aseanbriefing.com/news/2016/05/13/asean-labor-mobility.html (last visited Nov. 25, 2019).

124. Guntur Sugiyarto & Dovelyn Rannveig Agunias, A 'Freer' Flow of Skilled Labour within ASEAN: Aspirations, Opportunities and Challenges in 2015 and Beyond, IOM-MPI Issues in Brief, No. 11 (2014), at 3.

125. Nikomborirak & Jitdumrong, supra note 117, at 130.

126. Yoshifumi Fukunaga, Challenges of ASEAN MRAs on Professional Services, in ASEAN Law in the New Regional Economic Order: Global Trends and Shifting Paradigms 111, 115-19 (Pasha L. Hsieh & Bryan Mercurio eds. 2019) (ASEAN Law in the New Regional Economic Order).

127. E.g., ASEAN MRA on Nursing Services (2006), arts. 3.2; ASEAN MRA on Engineering Services (2005), art. 3.3.

128. ASEAN, ASEAN at 50: A Historic Milestone for FDI and MNEs in ASEAN (2017), at xiii & 6-7.

129. Justin Wood, Re-drawing the ASEAN Map: How Companies Are Crafting New Strategies in South-east Asia (2017), at 4.

130. ASEAN & UNCTAD, supra note 100, at 22.

131. Id. at 23-30.

132. AEC Blueprint 2025, para. 14.

133. Julien Chaisse & Sufian Jusoh, The ASEAN Comprehensive Investment Agreement: The Regionalisation of Laws and Policy on Foreign Investment 67-68 (2016).

134. Julien Chaisse, The ACIA: Much More Than a BIT of Protection for Foreign Investors, in ASEAN Law in the New Regional Economic Order 232, 237 (2019)

135. Sufian Jusoh, Investment Liberalization in ASEAN: Moving Myths to Reality, in ASEAN Law in the New Regional Economic Order 209, 218-25 (2019)

136. ACIA, arts. 3(1), 4(d) & 19; Julien Chaisse & Sufian Jusoh, supra note 133, at 76-78.

137. ACIA, art. 4(c).

138. See id. art. 4(c) & fn 2 ("The characteristics of an investment include the commitment of capital, the expectation of gain or profit, or the assumption of risk.").

139. Id. art. 3(3).

140. Id. art. 9; ASEAN, ASEAN Comprehensive Investment Agreement: A Guidebook for Businesses & Investors (2d 2015), at 10-11.

141. Ministry of Trade and Industry, supra note 96, at 4.

142. Id. at 4 fn 6.

143. ACIA, art. 7; Ministry of Trade and Industry, supra note 96, at 5.

144. Ministry of Trade and Industry, supra note 96, at 5.For Agreement on Trade-Related Investment Measures-plus provisions in Asian free trade agreements, see United Nations, South-South Trade in Asia: The Role of Regional Trade Agreements (2008), at 90-91.

145. ACIA, art. 11; ASEAN, supra note 140, at 15.

146. ACIA, art. 14; ACIA Annex 2: Expropriation and Compensation, art. 2(b).

147. ACIA Annex 2: Expropriation and Compensation, art. 3.

148. 163 states signed the Convention.List of Contracting States and Other Signatories of the Convention (as of April 12, 2019), ICSID/3.

149. See generally Zewei Zhong, The ASEAN Comprehensive Investment Agreement: Realizing a Regional Community, 6(1) Asian J. Comp. L. 1, 4-5 (2011).

150. ACIA, arts. 32 & 33.The procedure, refer to ASEAN, supra note 140, at 22.

151. Singapore International Commercial Court Users Guide (2019), at 1-2.

152. ACIA, art. 6 fn 4(1) & art. 11(2).

153. ACIA, art . 41(2).

154. Cavinder Bull, Enhancing the Rule of Law in Investor-State Dispute Settlement, in The ASEAN Law Conference 2018: A Compendium of Speeches, Papers, Presentations and Reports 167, 173-74 (2019).

155. UNCTAD, World Investment Report 2020 (2020), at 106-10; UNCTAD, World Investment Report 2019 (2019), at 18-19.

156. Yaung Chi Oo Trading Pte Ltd. v. Government of the Union of Myanmar, 42 I.L.M. 404 (2003), paras. 4-8.

157. Id. 76-86.

158. Philip Morris Asia Ltd. v. Commonwealth of Australia, PCA Case No. 2012-12 (2015), paras. 7-8 & 89.

159. CPTPP, art. 29.5; Agreement to Amend the Singapore-Australia Free Trade Agreement (2016), art. 22.

160. CPTPP Suspensions Explained (2019), at 1-2.

161. Stephen L. Magiera, International Investment Agreements and Investor-State Disputes: A Review and Evaluation for Indonesia, ERIA Discussion Series (2017), at 4-16; Possible reform of Investor-State dispute settlement (ISDS): Comments by the Government of Indonesia: Note by the Secretariat, A/CN.9/WG.III/WP.156, Nov. 9, 2018, at 2-3.

162. UNCTAD, IIA Issues Note: International Investment Agreements, Issue 3 (2019), at 3; see generally Working Group III: Investor-State Dispute Settlement Reform, https://uncitral.un.org/en/working_groups/3/investor-state (last

visited Nov. 28, 2019).

163. EU-Singapore Investment Protection Agreement (2018), arts. 3.9 & 3.10; EU-Singapore Investment Protection Agreement (2019), arts. 3.38 & 3.39.

164. ASEAN Charter, art. 24.

165. Treaty of Amity and Cooperation in Southeast Asia (1976) (TAC), arts. 13-15; Rules of Procedure of the High Council of the TAC (2001), rule 3.

166. E.g., International Court of Justice cases concerning the Temple Preah Vihear (Cambodia v. Thailand), Palau Sipadan and Pulau Litigan (Indonesia v. Malaysia), Pedra Branca, Middle Rocks and South Ledge (Malaysia v. Singapore) and a WTO case (DS371, the Philippines v. Thailand). Michael Ewing-Chow & Ranyta Yusran, The ASEAN Trade Dispute Settlement Mechanism, in The Legitimacy of International Trade Courts and Tribunals 365, 385-86 (Robert Howse et al. eds. 2018).

167. Walter Woon, Resolving Territorial Disputes in ASEAN, 30 Chinese (Taiwan) YB Int'l L. & Aff. 1, 4 (2012).

168. Severino, supra note 12, at 12.

169. Id. at 13.

170. ASEAN Protocol on Enhanced Dispute Settlement Mechanism (2004), arts. 5-14.

171. Id. arts. 9(1) & 12(13).

172. See generally Ewing-Chow & Yusran, supra note 166, at 371-75.

173. Yashinta Difa PramuyaniSuharto, Indonesia Signs ASEAN Protocol on Dispute Settlement, Antara News, Nov. 1, 2019, https://en.antaranews.com/news/135715/indonesia-signs-asean-protocol-on-dispute-settlement (Dec. 2, 2019).

174. E.g., AANZFTA, ch. 17, art. 2(b) fn 2; ASEAN-Hong Kong Free Trade Agreement (2017), ch. 13, art. 1(b) fn 18.

175. General Agreement on Tariffs and Trade (1994) (GATT), art. XXIII:1(b); GATS, art. XXIII:3.In December 2019, WTO members decided to extend the moratorium concerning the initiation of non-violation complaints under the Agreement on Trade-Related Aspects of Intellectual Property Rights (TRIPS 1994).TRIPS, art. 64(2); General Council Decision, TRIPS Non-Violation and Situation Complaints Moratorium, WT/L/1080, 1 Dec. 2019, at 1.

176. DS1: Malaysia-Prohibition of Imports of Polyethylene and Polypropylene.

177. DS371: Thailand-Customs and Fiscal Measures on Cigarettes from the Philippines.

178. Hong Zhao from China was the "last" Appellate Body Member.Appellate Body Members, https://www.wto.org/english/tratop_e/dispu_e/ab_members_descrp_e.htm (last visited Feb. 2, 2021); United States Continues to Block New Appellate Body Members for the World Trade Organization, Risking the Collapse of the Appellate Process, 113(4) Am. J. Int'l L. 822, 822-23 (2019).

179. AEC Blueprint 2025, para. 82(iv).

180. Dani Rodrik, Straight Talk on Trade: Ideas for a Sane World Economy 89-91 (2018).

181. E.g., General Data Protection Regulation (2016), ch. 3; CPTPP, art. 14.13.

182. The ASEAN countries include Brunei, Laos, Malaysia,

Myanmar, Singapore and Thailand.Joint Statement on Electronic Commerce, WT/L/1056, Jan. 25, 2019.

183. Google et al., SEA Internet Economy Report 2019 (2019), at 10-14.

184. AEC Blueprint 2025, paras. 45-53; ASEAN, supra note 56, at 145-51.

185. E.g., e-ASEAN Framework Agreement (2000), art. 5.

186. ASEAN Agreement on Electronic Commerce (2018), art. 7.

187. Id. arts. 7(4) & (6).

188. Id. arts. 7(4)(c) & (6)(c).

189. Cambodia Enacts a New E-commerce Law and a Consumer Protection Law, Nov. 14, 2019, https://www.tilleke.com/resources/cambodia-enacts-new-e-commerce-law-and-consumer-protection-law (last visited Dec. 12, 2019); ASEAN, supra note 56, at 92.

190. E.g., Han-Wei Liu, Data Localization and Digital Trade Barriers: ASEAN in Megaregionalism, in ASEAN Law in the New Regional Economic Order 371, 379-83 (2019); Jane Kelsey, The Risks for ASEAN of New Mega-Agreements that Promote the Wrong Model of e-Commerce, ERIA Discussion Paper Series (2017), at 31-34.

191. E.g., ASEAN Agreement on Electronic Commerce (2018), art 7(2)(a) & 7(3)(b).

192. AEC Blueprint 2025, paras. 74-75.

193. The Initiative for ASEAN Integration (IAI includes Work Plan I (2000-08), Work Plan II (2009-15) and the current Work Plan (2016-2020).Initiative for ASEAN Integration (IAI) Work Plan III (2016), at 9-11.

194. See generally IAI Work Plan III (2016-2020): Activities (2017).

195. Id.

196. Evaluation Unit et al., Evaluation of EC Co-Cooperation with ASEAN: Final Report, vol. 2 (2009), at 96-97.

197. Sustainable Development Goals (2015), Goal 17.

198. AEC Blueprint 2025, paras. 79-80; ASEAN, supra note 56, at 131-32.

199. Free Trade Agreements with Dialogue Partners, https://asean.org/asean-economic-community/free-trade-agreements-with-dialogue-partners/ (last visited Feb. 2, 2021); ASEAN, supra note 56, at 132.

200. Pasha L. Hsieh, China-Taiwan Free Trade Agreement, in Bilateral and Regional Trade Agreements: Case Studies 97, 102-09 (Simon Lester et al. eds. 2d ed. 2015).

201. David Chin Soon Siong, ASEAN's Journey towards Free Trade, in Economic Diplomacy: Essays and Reflections by Singapore's Negotiations 209, 218-19 (C. L. Lim & Margaret Liang eds. 2011).

202. GATT, chapeau to art. XXIV:5, XXIV:5(a) & (b), and XXIV:7(a).

203. Id. XXIV:5(c).

204. Understanding on the Interpretation of Article XXIV of the GATT, para. 3.

205. Huang Xilian, Building Stronger ASEAN-China Relations in New Era, Jakarta Post, Nov. 2, 2019, https://www.thejakartapost.com/academia/2019/11/02/building-stronger-asean-china-relations-in-new-era.html (last visited Dec. 3, 2019); Rajiv Biswas, ASEAN-China Trade Boosting Growth, China Daily, Nov. 19, 2018, https://global.chinadaily.com.cn/a/201811/19/

WS5bf1f6a6a310eff303289619.html (last visited Dec. 3, 2019).

206. Framework Agreement on Comprehensive Economic Co-operation between the Association of South East Asian Nations and the People's Republic of China (2002), arts. 2 & 8.

207. Id. art. 6.

208. Chin, supra note 201, at 221-40.

209. Shujiro Urata, Constructing and Multilateralizing the Regional Comprehensive Economic Partnership: An Asian Perspective, ADBI Working Paper Series, No. 449 (2013), at 15.

210. Previously, the rules of origin under the ASEAN-China FTA allowed primarily the Regional Value Content (RVC 40% rule. The 2015 Updating Protocol includes the Change in Tariff Classification (CTC) option. Ministry of Trade and Industry Singapore, A Guide to Understanding the ASEAN-China Free Trade Area Update (2016), at 2.

211. The ASEAN-India FTA follows Change in Tariff Subheading (the equivalent of CTC at the Harmonized System at six-digit level) and RVC 35% rules, while other ASEAN Plus One FTAs allow CTC or RVC 40%. Urata, supra note 209, at 15; Sanchita Basu Das et al., Can ASEAN+1 FTAs be a Pathway towards Negotiating and Designing the Reigional Comprehensive Economic Partnership (RCEP) Agreement?, 50(2) J. World Trade 253, 266-67 (2016).

212. Yoshifumi Fukunaga & Hikari Ishido, Assessing the Progress of Services Liberalization in the ASEAN-China Free Trade Area (ACFTA), ERIA Discussion Paper Series (2013), at 3-17; ASEAN, supra note 56, 134-36.

1. Joint Leaders' Statement on the Regional Comprehensive Economic Partnership (RCEP) (Joint Leaders' Statement on the RCEP) (2020).

2. Id.

3. Id.; United Nations Conference on Trade and Development (UNCTAD), RCEP Agreement as a Potential Boost for Investment in Sustainable Post-COVID Recovery, Investment Trends Monitor (2020), at 8.

4. Joint Leaders' Statement on the RCEP, supra note 1; Association of Southeast Asian Nations (ASEAN) Secretariat, ASEAN Integration Report 2019 (2019), at 127; Government of Canada, About the Comprehensive and Progressive Agreement for Trans-Pacific Partnership, July 16, 2019, https://www.international.gc.ca/trade-commerce/trade-agreements-accords-commerciaux/agr-acc/cptpp-ptpgp/backgrounder-document_information.aspx?lang=eng (last visited Dec. 31, 2019).Gross domestic product of the United States-Mexico-Canada Agreement (3 countries), the European Union (27 countries, after Brexit), African Continental Free Trade Area (55 countries), Mercosur (5 countries), the Pacific Alliance (4 countries) are based on statistics of the World Bank at https://data.worldbank.org/indicator/NY.GDP.MKTP.CD and the International Monetary Fund at https://www.imf.org/external/datamapper/

PPPSH@WEO/OEMDC/ADVEC/WEOWORLD/VUT (last visited Dec. 31, 2020).

5. E.g., Theotonio Dos Santos, The Structure of Dependence, 60 Am. Econ. Rev. 231, 232-34 (1970); Fernando Henrique Cardoso & Enzo Faletto, Dependency and Development in Latin America 16–17 (Marjory Mattingly Urquidi trans., 1979).

6. Alvin Y. So, Social Change and Development: Modernization, Dependency, and World-System Theories 95-102 (1990).

7. Id. at 164-65.

8. Id. at 157-64; Thomas Baron Gold, State and Society in the Taiwan Miracle 21-90 (1986).

9. E.g., Amitav Acharya, Whose Ideas Matter? Agency and Power in Asian Regionalism 27 (2009); Fredrik Söderbaum, Rethinking Regionalism 7-8 & 175 (2016).

10. E.g., Keith Bradsher & Ana Swanson, China-Led Trade Pact is Signed, in Challenge to U.S., Nov. 15, 2020, N.Y. Times, https://www.nytimes.com/2020/11/15/business/china-trade-rcep.html (last visited Jan. 2021).

11. Joint Leaders' Statement on the RCEP, supra note 1; Grace Ho, RCEP Negotiators Recount Twists and Turns in 8-year Journey to World's Biggest Trade Pact, Nov. 28, 2020, Straits Times, https://www.straitstimes.com/business/economy/rcep-negotiators-recount-twists-and-turns-in-8-year-journey-to-worlds-biggest-trade (last visited Jan. 1, 2020).

12. Joint Leaders' Statement on the RCEP, supra note 1; Deng Xijun, RCEP: Historic Milestone for ASEAN Centrality, Nov. 20, 2020, Jakarta Post, https://www.thejakartapost.com/academia/2020/11/20/rcep-historic-milestone-for-asean-centrality.html (last visited Jan. 1, 2021).

13. For information on the Brussels Effect, see Anu Bradford, The Brussels Effect: How the European Union Rules the World 26-36 (2020).

14. Jeffery D. Wilson, Mega-Regional Trade Deals in the Asia-Pacific: Choosing Between the TPP and RCEP? 45(2) J. Contemp. Asia 343, 349 (2015); Tim McDonald, What is the Regional Comprehensive Economic Partnership (RCEP)? Nov. 16, 2020, BBC, https://www.bbc.com/news/business-54899254 (last visited Jan. 1, 2020).

15. Joint Leaders' Statement on the RCEP, supra note 1.

16. Peter A. Petri & Michael G. Plummer, East Asia Decouples from the United States: Trade war, COVID-19, and East Asia's New Trade Blocs, Peterson Institute for International Economics Working Paper (2020), at 4-5.

17. RCEP: A Guide to the World's Largest Trade Agreement, Asia House Advisory Briefing (2020), at 5.

18. Richard Baldwin & Masahiro Kawai, Multilateralizing Asian Regionalism, ADBI Working Paper Series, No. 431 (2013), at 11-12; AEC Blueprint 2025, para. 10(ii).

19. Deborah K. Elms & C.L. Lim, An Overview and Snapshot of the TPP Negotiations, in The Trans-Pacific Partnership: A Quest for a Twenty-first-Century Trade Agreement 21, 35-37 (C.L. Lim et al. eds. 2012).

20. Regional Comprehensive Economic Partnership (2020) (RCEP), art. 20.2.

21. E.g., Surendar Singh & Ram Singh, Domestic Sources of India's Trade Policy References in RCEP Negotiations, 54(4) J. World Trade 503, 503-13 (2020).
22. Asian Development Bank, Asia 2050: Realizing the Asian Century: Executive Summary (2011), at 3-5.
23. ASEAN Secretariat, ASEAN Key Figures 2020 (2020), at 39.
24. Centre for Economics and Business Research (CEBR), World Economic League Table 2021 (2020), at 70-71.
25. Id. at 113-14; Australian Government, ASEAN's Economic Growth, https://www.austrade.gov.au/asean-now/why-asean-matters-to-australia/asean-economic-growth/ (last visited Jan. 4, 2021).
26. 1994 Leaders' Declaration (1994), para. 6.
27. ASEAN Plus Three countries (China, Korea and Japan) created the currency swap arrangement, the Chiang Mai Initiative, which was the predecessor to the Chiang Mai Initiative Multilateralisation Agreement.
28. Report of the East Asian Vision Group II (EAVGII) (2012), at 43-46; Rodolfo C. Severino, Japan's Relations with ASEAN, in ASEAN-Japan Relations 17, 26-28 (Takashi Shiraishi & Takaaki Kojima eds., 2014)
29. Severino, supra note 28, at 27-28; Tamura Akihiko, "Extrovert Regionalism" – CEPEA Portends Direction of Japan's New Trade Policy, Japan Spotlight, July/Aug. 2017, at 38.
30. Seungjoo Lee, Institutional Balancing and the Politics of Mega-FTAs in East Asia, 56 Asian Survey 1055, 1069 (2016); Sueo Sudo, Japan's ASEAN Policy: In Search of Proactive Multilateralism 69-75 (2015).
31. Asia-Pacific Economic Cooperation (APEC), ABAC Recommendations to APEC Leaders, Nov. 11, 2004, https://www.apec.org/Press/News-Releases/2004/1111_abacrecmdleaders (last visited Jan. 4, 2021); Ian F. Fergusson & Brock R. Williams, The Trans-Pacific Partnership (TPP): Key Provisions and Issues for Congress, Congressional Research Service (2016), at 1-3.
32. Department of Foreign Affairs and Trade (DFAT), Background to the Regional Comprehensive Economic Partnership (RCEP) Initiative, https://www.dfat.gov.au/trade/agreements/negotiations/rcep/Pages/background-to-the-regional-comprehensive-economic-partnership-rcep-initiative (last visited Jan. 5, 2020).
33. Id.
34. See generally ASEAN Framework for Regional Comprehensive Economic Partnership (2011).
35. Id.
36. See generally Guiding Principles and Objectives for Negotiating the Regional Comprehensive Economic Partnership (2012) (RCEP Guiding Principles and Objectives).
37. DFAT, supra note 32; Joint Declaration on the Launch of Negotiations for the Regional Comprehensive Economic Partnership (2012); DFTA, RCEP News, https://www.dfat.gov.au/trade/agreements/not-yet-in-force/rcep/news (last visited Jan. 5, 2021).
38. RCEP Guiding Principles and Objectives, sec. VIII.
39. DFAT, Eleventh Round of Negotiations – 15-19 February 2016, Bander Seri Begawan, Brunei Darussalam, https://www.dfat.gov.au/trade/agreements/negotiations/rcep/news/Pages/eleventh-round-of-negotiations-15-19-february-2016-bander-seri-begawan-brunei-darussalam (last visited Jan. 5, 2021).
40. DFAT, supra note 37.
41. ASEAN Economic Community Blueprint 2025 (2015), para. E.
42. See generally ASEAN, Free Trade Agreements with Dialogue Partners, https://asean.org/asean-economic-community/free-trade-agreements-with-dialogue-partners/ (last visited Jan. 5, 2021).
43. ASEAN Secretariat, supra note 4, at 132. For the analysis of the pragmatic incrementalism in domestic law, see Shyamkrishna Balganesh, The Pragmatic Incrementalism of Common Law Intellectual Property, 63(6) Vanderbilt L. Rev. 1543, 1564-67 (2010); Arie Freiber, Therapeutic Jurisprudence in Australia: Paradigm Shift or Pragmatic Incrementalism? 20(2) L. in Context 6, 11 (2003).
44. Congyan Cai, New Great Powers and International Law in the 21st Century, 24(3) Eur. J. Int'l L. 755, 775-90 (2013).
45. Lia Eustachewich, Joe Biden Calls Russia an 'Opponent', China a 'Competitor' during Town Hall, Sept. 18, 2020, N.Y. Post, https://nypost.com/2020/09/18/joe-biden-calls-russia-an-opponent-and-china-a-competitor/ (last visited Nov. 26, 2020); European Commission & High Representative of the Union for Foreign Affairs and Security Policy, EU-China – Strategic Outlook, Joint (2019) 5 final (2019), at 1.
46. Gregory Shaffer & Henry Gao, A New Chinese Economic Order? 23(3) J. Int'l Econ. L. 607, 610-11 (2020).
47. Jean Marc Coicaud, Legitimacy and Politics: A Contribution to the Study of Political Right and Political Responsibility 10 (2002).
48. Jacques deLisle, China's Rise, the U.S., and the WTO: Perspectives from International Relations Theory, 2018 Univ. Ill. L. Rev. 57, 64 (2018); Jappe Eckhardt & Hongyu Wang, China's New Generation Trade Agreements: Importing Rules to Lock in Domestic Reform, Reg. & Governance (2019), https://onlinelibrary.wiley.com/doi/abs/10.1111/rego.12258 (last visited Jan. 6, 2021).
49. Wang Fan, China Vows to Expand Global Free Trade Area Network, Nov. 25, 2020, ECNS, http://www.ecns.cn/news/economy/2020-11-25/detail-ihaeatyh1835100.shtml (last visited Jan. 6, 2021); Ines Willemyns, The EU, China and the Free Flow of Data – How Domestic Concerns Might Prevent Agreement at the Multilateral Level, Nov. 15, 2019, https://www.qmul.ac.uk/euplant/blog/items/the-eu-china-and-the-free-flow-of-data--how-domestic-concerns-might-prevent-agreement-at-the-multilateral-level.html (last visited Jan. 6, 2021); Regional Comprehensive Economic Partnership (2020) (RCEP), arts. 12.14 & 12.15.
50. 中共中央关于制定国民经济和社会发展第十四个五年规划和二〇三五年远景目标的建议 [The Central Committee of the Chinese Community Party's Proposals for Formulating the 14th Five-Year Plan (2021-2025) for National Economic and Social Development and the Long-Range Objectives

through the Year 2035] (2020) (14th Five-Year Plan), http://www.gov.cn/zhengce/2020-11/03/content_5556991.htm (last visited Dec. 10, 2020).

51. Denise Jia, 'Dual circulation': 5 Things to Know about China's New Economic Development Strategy, Sept. 8, 2020, Straits Times, https://www.straitstimes.com/asia/east-asia/chinas-new-economic-development-pattern-of-dual-circulation-5-things-to-know-about-it (last visited Jan. 6, 2020); CEBR, supra note 24, at 70.

52. Office of the Secretary of State, The Elements of the China Challenge (2020), at 4-36.

53. Julien Chaisse & Mitsuo Matshshita, China's 'Belt and Road' Initiative: Mapping the World Trade Normative and Strategic Implications, 52(1) J. World Trade 163, 165-70 (2018).

54. Heng Wang, China's Approach to the Belt and Road Initiative: Scope, Character and Sustainability, 22(1) J. Int'l Econ. L. 29, 35-41 (2019).

55. Asian Infrastructure Investment Bank, Members and Prospective Members of the Bank, Jan. 6, 2021, https://www.aiib.org/en/about-aiib/governance/members-of-bank/index.html (last visited Jan. 7, 2021).

56. State Council, 国务院关于加快实施自由贸易区战略的若干意见 [Several Opinions of the State Council on Accelerating the Implementation of the Strategies for Free Trade Areas] (2015).

57. 14th Five-Year Plan, supra note 50.

58. Wendy Leutert & Zachary Haver, From Cautious Interaction to Mature Influence: China's Evolving Engagement with the International Investment Regime, 93(1) Pac. Aff. 59, 70-73 (2020); Julien Chaisse & Jamieson Kirkwood, Chinese Puzzle: Anatomy of the (Invisible) Belt and Road Investment Treaty, 23(1) J. Int'l Econ. L. 245, 251-52 (2020).

59. Ministry of Foreign Affairs of the People's Republic of China, Li Keqiang Attends the 4th RCEP Summit, Nov. 15, 2020, https://www.fmprc.gov.cn/mfa_eng/zxxx_662805/t1832894.shtml (last visited Jan. 7, 2021).

60. ASEAN, supra note 42; ASEAN Secretariat, supra note 4, at 132.

61. ASEAN Secretariat, supra note 4, at 127; The State Council of the People's Republic of China, Full text: Speech by Premier Li Keqiang at 23rd China-ASEAN Summit, Nov. 13, 2020, http://english.www.gov.cn/premier/speeches/202011/13/content_WS5fade6dbc6d0f7257693f972.html.

62. Nirmala Ganapathy, Indian Official Says Delhi's Thinking Over Pact Has Not Changed, Nov. 16, 2020, Straits Times, at A9.

63. Prachi Priya & Aniruddha Ghosh, India's Out of RCEP: What's Next for the Country and Free Trade? Nov. 15, 2020, Diplomat, https://thediplomat.com/2020/12/indias-out-of-rcep-whats-next-for-the-country-and-free-trade/ (last visited Jan. 7, 2020).

64. World Trade Organization (WTO), Trade Policy Review, Report by India, WT/TPR/G403 (2020), at 6.

65. Id. at 8-9.

66. Dutch Ministry of Agriculture, Nature and Food Quality, Tariff Changes on Import of Agricultural Products in India, Mar. 13, 2020, https://www.agroberichtenbuitenland.nl/actueel/nieuws/2020/03/13/tariff-changes-agricultural-products-in-india (last visited Jan. 7, 2021).

67. See generally Special Session of the Council for Trade in Services, Communication from India: Proposed Liberalisation of Movement of Professionals Under General Agreement on Trade in Services (GATS), WTO Doc. S/CSS/W/12 (2000); Special Session of the Council for Trade in Services, Communication from Brazil, Colombia, Dominican Republic, El Salvador, India, Indonesia, Nicaragua, The Philippines and Thailand: Review of Progress in Negotiations, Including Pursuant to Paragraph 15 of the Guidelines for Negotiations, WTO Doc. TN/S/W/23 (2004).

68. Chairman's Statement of the 17th ASEAN-Indian Summit (2020), paras. 4 & 7.

69. Id. para. 6.

70. WTO, supra note 64, at 18; Rodolfo C. Severino, Southeast Asia in Search of an ASEAN Community: Insights from the Former ASEAN Secretary-General 290-94 (2006).

71. Razeen Sally, ASEAN FTAs: State of Play and Outlook for ASEAN's Regional and Global Integration, in The ASEAN Economic Community: A Work in Progress 320, 356-57 (Sanchita Basu Das et al. eds., 2013).

72. ASEAN, supra note 42.

73. See ISEAS Yusof Ishak Institute, Webinar on "Trade Implication of RCEP for ASEAN and India," Dec. 15, 2020, https://www.iseas.edu.sg/media/event-highlights/webinar-on-trade-implication-of-rcep-for-asean-and-india/ (last visited Jan. 8, 2021) (referring to Pralok Gupta's observations).

74. ASEAN Secretariat, supra note 4, at 127.

75. Amiti Sen, India Pushes for Easy Visa for Professionals under RCEP, Nov. 23, 2018, Hindu Bus. Line, https://www.thehindubusinessline.com/economy/india-pushes-for-easy-visa-for-professionals-under-rcep/article7792816.ece (last visited Jan. 8, 2021).

76. Ashok Sajjanhar, Taking Stock of India's 'Act East Policy,' ORF Issue Brief, No. 142 (2016), at 1-4.

77. WTO, supra note 64, at 11.

78. Petri & Plummer, supra note 16, at 24.

79. Gaurav Choudhury, India Decides Not to Join RCEP: Decoding The Reasons behind its Decision, Nov. 4, 2019, https://www.moneycontrol.com/news/economy/policy/india-decides-not-to-join-rcep-decoding-the-reasons-behind-its-decision-4602701.html (last visited Jan. 8, 2021); Sachin Kumar Sharma et al., A Quantitative Assessment of India's Withdrawal from RCEP: Issues and Concerns (2020), at 6-7.

80. ISEAS Yusof Ishak Institute, supra note 73; Sharma et al., supra note 79, at 4.

81. Choudhury, supra note 79; Prachi Priya & Aniruddha Ghosh, India's Out of RCEP: What's Next for the Country and Free Trade? Dec. 15, 2020, Diplomat, https://thediplomat.com/2020/12/indias-out-of-rcep-whats-next-for-the-country-and-free-trade/ (last visited Jan. 8, 2021).

82. Singh & Singh, supra note 21, at 511; see also Asit Ranjan

Mishra, India's New Stance at RCEP May Benefit China, Aug. 9 2016, Livemint, https://www.livemint.com/Politics/qGEPZqVoHO4U4YYvfBgCNP/Indias-new-stance-at-RCEP-may-benefit-China.html ("[India] proposed 80% tariff cuts to [ASEAN] countries, 65% to South Korea and Japan and finally 42.5% tariff liberalization to China, Australia and New Zealand with which it does not have free-trade agreements").

83. Choudhury, supra note 79; ISEAS Yusof Ishak Institute, supra note 73.

84. Ministers' Declaration on India's Participation in the Regional Comprehensive Economic Partnership (RCEP) (2020) (Ministers' Declaration on India's Participation).

85. United Nations Economic and Social Commission for Asia and the Pacific (UN ESCAP), Preferential Trade Agreements in Asia and the Pacific: Trends and Development, Asia-Pacific Trade and Investment Trends 2020/2021 (2020), at 7 & fn 8.

86. See ISEAS Yusof Ishak Institute, supra note 73 (referring to Sulaimah Mahmood's discussion).

87. Petri & Plummer, supra note 16, at 7-9; RCEP: A Guide to the World's Largest Trade Agreement, supra note 17, at 1-3; Fung Business Intelligence, RCEP: A game changer for trade in Asia – Textile and Apparel Supply Chains Are Key Beneficiaries (2020), at 5; DFAT, CPTPP News, https://www.dfat.gov.au/trade/agreements/in-force/cptpp/news/Pages/cptpp-news (last visited Jan. 8, 2020); Comprehensive and Progressive Agreement for Trans-Pacific Partnership (2018) (CPTPP).

88. Government of Canada, About Tariff Elimination under the CPTPP, Feb. 11, 2019, https://www.international.gc.ca/trade-commerce/trade-agreements-accords-commerciaux/agr-acc/cptpp-ptpgp/tariff-elimination-droits_de_douane.aspx?lang=eng (last visited Jan. 11, 2021); Ministry of Trade Industry Singapore (MTI), Regional Comprehensive Economic Partnership Agreement Signed (2020), at 4.

89. Yoshifumi Fukunaga & Ikumo Isono, Taking ASEAN+1 FTAs towards the RCEP: A Mapping Study, ERIA Discussion Paper Series, ERIA-DP-2013-2 (2013), at 8.

90. Ho, supra note 11.

91. Stephen Olson, Keep RCEP in Perspective, Nov. 17, 2020, Hinrich Foundation, https://www.hinrichfoundation.com/research/article/ftas/keep-rcep-in-perspective/ (last visited Jan. 11, 2021); The Meaning of RCEP, the World's Biggest Trade Agreement, Nov. 15, 2020, Economist, https://www.economist.com/finance-and-economics/2020/11/15/the-meaning-of-rcep-the-worlds-biggest-trade-agreement (last visited Jan. 11, 2021).

92. Shujiro Urata, Constructing and Multilateralizing the Regional Comprehensive Economic Partnership: An Asian Perspective, ADBI Working Paper Series, No. 449 (2013), at 14-15.

93. See e.g., RCEP, Annex 1, Schedule of Tariff Commitments: Cambodia, at 2-3 (indicating that tariffs on certain products will only be eliminated in Year 20).

94. See RCEP, Annex 1: Schedule of Tariff Commitments of China: Section C: For Japan, at 1069-72 (referring to categories of HS Codes 8703 and 8708).

95. Petri & Plummer, supra note 16, at 11.

96. Pan Tzu-yu et al., Taiwan Not Expected to Be Hard Hit by New Regional Trade Pact: Experts, Nov. 15, 2020, Focus Taiwan: CAN English News, https://focustaiwan.tw/business/202011150013 (last visited Jan. 12, 2021).

97. Jon Emont & Alastair Gale, Asia-Pacific Countries Sign Major Trade Pact in Test for Biden, Nov. 15, 2020, Wall St. J., https://www.wsj.com/articles/asia-pacific-nations-sign-major-china-backed-trade-deal-11605434779 (last visited Jan. 12, 2021).

98. Kentaro Iwamoto, Five RCEP Takeaways: Asia Cements Grip as Free Trade Torchbearer, Nov. 16, 2020, Nikkei Asia, https://asia.nikkei.com/Politics/International-relations/Five-RCEP-takeaways-Asia-cements-grip-as-free-trade-torchbearer (last visited Jan. 12, 2021).

99. ASEAN Secretariat, supra note 4, at 132; 266-67; Sanchita Basu Das et al., Can ASEAN+1 FTAs Be a Pathway towards Negotiating and Designing the Regional Comprehensive Economic Partnership (RCEP) Agreement? 50 J. World Trade 253, 266-67 (2016); see also MTI, A Guide to Understanding the ASEAN-China Free Trade Area Upgrade (2016), at 2 ("Previously, the majority of ACFTA exports would only qualify as originating when at least 40% of the value of a finished good originates from ACFTA Parties (RVC40).").

100. See generally RCEP, ch. 3, Annex 3A: Product-Specific Rules; ASEAN, Summary of the Regional Comprehensive Economic Partnership Agreement (2020), at 3.

101. Asian Development Bank (ADB), Regional Comprehensive Economic Partnership Agreement: Overview and Economic Impact, ADB Brief, No. 164 (2020), at 3.

102. Gegory Spak et al., Overview of Chapter 4 (Rules of Origin) of the US-Mexico-Canada Trade Agreement (2018), at 2 & 6 fn 16.

103. RCEP, art. 3.4.

104. Erlinda M. Medalla & M. Supperamaniam, Suggested Rules of Origin Regime for EAFTA, Philippine Inst. for Dev. Stud. Discussion Paper Series, No. 2008-22 (Rev.) (2009), at 15-16.

105. Singapore Customs, Application Procedures for a Certificate of Origin via TradeNet and Related Administrative Matters (2020), at 4.

106. Masahiro Kawai & Ganeshan Wignaraja, Main Findings and Policy Implications, in Asia's Free Trade Agreements: How is Business Responding? 33, 34 (2011); Lili Yan Ing et al., How Do Exports and Imports Affect the Use of Free Trade Agreements? Firm-level Survey Evidence from Southeast Asia, ERIA Discussion Paper Series (2016), at 7.

107. See generally RCEP, Annex I - Schedules of Tariff Commitments.

108. RCEP, arts. 3.16.1(b) & 4.11.6(a).

109. See e.g., RCEP, ch. 4, Annex 4A: Periods of Time to Implement the Commitments.

110. WTO, Background Note by Secretariat, Council for Trade in Services: Mode 3 – Commercial Presence, S/C/W/314 (2010), para. 24; Pasha L. Hsieh, Reassessing the Trade-Development Nexus in International Economic Law: The Paradigm Shift in Asia-Pacific Regionalism, 37(2) NW. J. Int'l

L. & Bus. 321, 346-47 (2017).

111. RCEP, Annex II – Schedules of Specific Commitments for Services & Annex III – Schedules of Reservations and Non-Conforming Measures for Services and Investment.

112. Korea's and Malaysia's schedules include 112 and 137 pages, respectively.RCEP, Annex III – Schedules of Reservations and Non-Conforming Measures for Services and Investment.

113. Constitution of the Republic of the Union of Myanmar (2008), art. 37(a); Constitution of the Republic of the Philippines (1987), art. XII, secs. 2 & 10.

114. RCEP, Annex III: Schedules of Reservations and Non-Conforming Measures for Services and Investment: Myanmar, at 19 & Annex III: Schedules of Reservations and Non-Conforming Measures for Services and Investment: The Philippines, at 10.

115. RCEP, Arts. 8.7.3, 8.7.4 and 10.8.1; New Zealand Foreign Affairs & Trade, Regional Comprehensive Economic Partnership: National Interest Analysis (2020), at 36.

116. RCEP, art. 8.12.7.

117. Id.

118. MTI, supra note 88, at 4.

119. Fukunaga & Isono, supra note 89, at 16.

120. DFAT, Regional Comprehensive Economic Partnership: Outcomes: Services and Investment (2020), at 4-6.

121. RCEP, Annex 8A: Financial Services; Annex 8B: Telecommunication Services; and Annex 8C: Professional Services; New Zealand Foreign Affairs & Trade, supra note 115, at 37-40.

122. RCEP, Annex IV – Schedules of Specific Commitments on Temporary Movement of Natural Persons.

123. UNCTAD, supra note 3, at 6

124. RCEP, arts. 8.4, 8.6, 10.3 and 10.4; Das et al., supra note 99, at 271-72.

125. RCEP, art. 10.6; Annex 10B: Expropriation, art. 2.

126. Agreement on Investment among the Governments of the Hong Kong Special Administrative Region of the People's Republic of China and the Member States of the Association of Southeast Asian Nations (2017) (ASEAN-Hong Kong Investment Agreement), at art. 22.1(e).

127. RCEP, art. 10.18.1.

128. RCEP Guiding Principles and Objectives, sec. III.

129. DFAT, Regional Comprehensive Economic Partnership (RCEP): Discussion Paper on Investment (2017), at 4.

130. Belinda Townsend, Update on the Regional Comprehensive Economic Partnership agreement – NGO briefing (2015), at 2.

131. Post-Cabinet Press Conference: Monday, 31 October 2017 (2017), at 1; Deborah Elms on the Absence of ISDS, Prospects for a Secretariat, and Dispute Settlement in RCEP, Nov. 18, 2020, Int'l Eco. L. & Policy Blog, https://ielp.worldtradelaw.net/2020/11/the-absence-of-isds-in-rcep.html (last visited Jan. 18, 2021).

132. DFAT, CPTPP Suspensions Explained (2019), at 1-2; New Zealand's CPTPP Investor-State Dispute Settlement Side Letters with Australia, Brunei, Malaysia, Peru and Vietnam (2018).

133. RCEP, art. 17.11; Michael Ewing-Chow & Junianto James Losari, The RCEP Investment Chapter: A State-to-State WTO Style System for Now, Dec. 8, 2020, Kluwer Arb. Blog, http://arbitrationblog.kluwerarbitration.com/2020/12/08/the-rcep-investment-chapter-a-state-to-state-wto-style-system-for-now/ (last visited Jan. 19, 2021).

134. RCEP, art. 17.12.

135. RCEP, art. 17.13(b)(iii) & (iv).

136. Panel Report, Russia – Measures Concerning Traffic in Transit, WT/DS512/R (2019), para. 7.72.

137. RCEP, art. 19.18.

138. Agreement Establishing the ASEAN-Australia-New Zealand Free Trade Area (2009) (AANZFTA), ch. 17, art. 18; ASEAN-Hong Kong Investment Agreement, at art. 18

139. E.g., RCEP, arts. 15.6 & 19.18.

140. RCEP, art. 19.18; Diane Desierto, The Regional Comprehensive Economic Partnership (RCEP)'s Chapter 19 Dispute Settlement Procedures, Nov. 16, 2020, EJIL: Talk! https://www.ejiltalk.org/the-regional-comprehensive-economic-partnership-rceps-chapter-19-dispute-settlement/ (last visited Jan. 19, 2021).

141. CPTPP, chs. 17, 19, 20 and 26.

142. RCEP, art. 17.10.

143. E.g., European Commission, EU-China Comprehensive Agreement on Investment (2020), at 1.

144. E.g., RCEP, arts. 12.17.3 and 16.8.

145. These five countries include Australia, Japan, Korea, New Zealand, Singapore.WTO, Parties, Observers and Accessions, https://www.wto.org/english/tratop_e/gproc_e/memobs_e.htm (last visited Jan. 19, 2021).

146. ASEAN, supra note 100, at 7; ADB, supra note 101, at 4; RCEP, arts. 16.4, 16.5 & 16.8.

147. RCEP, arts. 16.6, 16.8 & 20.8.

148. Mckinsey Global Institute, Digital Globalization: The New Era of Global Flows (2016), at 7.

149. Organisation for Economic Co-operation and Development, Leveraging Digital Trade to Fight the Consequences of COVID-19 (2020), at 10-11.

150. Dani Rodrik, Straight Talk on Trade: Ideas for a Sane World Economy 89-91 (2018).

151. Jeff Paine, Asean's Digital Economy Offers Potential in Post-Covid World, Bus. Time, Nov. 17, 2020, at A19.

152. RCEP, arts. 12.1(b)(iii) & 12.3.2.

153. RCEP, art. 12.11.

154. RCEP, arts. 12.14-12-15.

155. RCEP, fns 11 & 13.

156. RCEP, arts. 12.14 & 12.15.

157. RCEP, arts. 12.14.3(b) & 12.15.3(b) & fns 12 & 14.

158. ASEAN Agreement on Electronic Commerce (2019), arts. 4(a) & 6(b).

159. RCEP Guiding Principles and Objectives, principle 5.

160. RCEP, art. 20.2.1.

161. RCEP, art. 10.18.1(a).

162. Appellate Body Report, Mexico – Tax Measures on Soft Drinks and Other Beverages, WT/DS308/AB/R (2006), para. 42.

163. Id. paras. 42 & 54; North American Free Trade Agreement

(1993), art. 2005.6.

164. Appellate Body Report, supra note 162, paras. 46 & 48-53.

165. Id. para. 54.

166. Appellate Body Report, Peru – Additional Duty on Imports of Certain Agricultural Products, WT/DS457/AB/R (2015), para. 4.1.

167. See id. para. 5.19 ("Peru alleges that Guatemala . . . acted contrary to good faith . . . obligations under Articles 3.7 and 3.10 of the DSU.").

168. Id. para. 5.25.

169. See id. at 21, fn106 ("[W]e do not consider that Members may relinquish their rights and obligations under the DSU beyond the settlement of specific disputes.").

170. RCEP, art. 19.3.2.

171. RCEP, arts. 19.5.1 & 19.5.2.

172. E.g., Agreement on Comprehensive Economic Partnership among Member States of the Association of Southeast Asian Nations and Japan (2008) (ASEAN-Japan FTA), art. 10.3.

173. RCEP, art. 20.2.1.

174. RCEP, art. 20.2; AANZFTA, art. 2; ASEAN-Japan FTA, art. 10.

175. RCEP, art. 20.2.1(b).

176. RCEP, art. 20.2.2.

177. RCEP, art. 20.2.2 & fn 1.

178. ASEAN-Japan FTA, art. 10.4.

179. Vienna Convention on the Law of Treaties (1969), art. 10.3; see also Alexander Orakhelashvili, Article 30 of the 1969 Vienna Convention on the Law of Treaties: Application of the Successive Treaties Relating to the Same Subject-Matter, 31 ICSID Rev. 344, 361 (2016) ("[T]o what extent the lex posterior rule stated in Article 30 VCLT would be applied in arbitral practice is not certain . . . .").

180. E.g., Tania Voon & Elizabeth Sheargold, Australia, China and the Co-Existence of Successive International Investment Agreements, in The China-Australia Free Trade Agreement: A 21st Century Model 215, 228 (Colin B. Picker et al. eds., 2017).

181. EU-Singapore Investment Protection Agreement (IPA) (2018), ch. 4, annex 5; EU-Singapore IPA (2019), ch. 4, annex 6.

182. Free Trade Agreement between the Government of the People's Republic of China and the Government of the Republic of Singapore (2009), art. 84.1.

183. Yaung Chi Oo Trading Pte Ltd. v. Gov't of the Union of Myanmar, ASEAN I.D. Case No. ARB/01/1 (Mar. 31, 2003), 42 I.L.M. 540 (2003), paras. 76-78.

184. Id. paras. 77-82.

185. Id. para. 79.

186. Id. paras. 80-82.

187. RCEP, art. 20.2.1.

188. E.g., AANZFTA, ch. 2, art. 11; ASEAN-Japan FTA, art. 11; Framework Agreement on Comprehensive Economic Cooperation Among the Governments of the Member Courtiers of the Association of Southeast Asian Nations and the Republic of Korea (2005), art. 5.4.

189. RCEP, arts. 18.2 & 18.3.1(i).

190. CPTPP, art. 27.1.

191. RCEP, art. 20.5; CPTPP, art. 30.7.

192. ASEAN, ASEAN Secretariat, https://asean.org/asean/asean-secretariat/ (last visited Jan. 26, 2021); Agreement between the Government of Indonesia and ASEAN Relating to the Privileges and Immunities of the ASEAN Secretariat (1979), arts. 2 & 3.

193. Charter of the Association of Southeast Asian Nations (2007) (ASEAN Charter), art. 3.

194. ASEAN Charter, ch. VI; Agreement on Privileges and Immunities of the Association of Southeast Asian Nations (2009), arts. 2-3.

195. E.g., RCEP, arts. 15.3 & 15.4; AANZFTA, ch. 12.

196. UN, The 17 Goals, https://sdgs.un.org/goals (last visited Jan. 26, 2021); ASEAN, Initiative for ASEAN Integration (IAI Work Plan IV (2021-2025) (2020), at 7-9.

197. APEC, APEC Putrajaya Vision 2040, https://www.apec.org/Meeting-Papers/Leaders-Declarations/2020/2020_aelm/Annex-A (last visited Jan. 26, 2021).

198. RCEP, art. 20.9; CPTPP, art. 30.4.

199. Ministers' Declaration on India's Participation, supra note 84.

200. Natalie Wong, Mainland Chinese Commerce Official Backs Hong Kong Joining RCEP Trade Bloc, with City Leader Carrie Lam Hoping to Start Talks 'at Earliest Opportunity,' Nov. 30, 2020, S. China Morning Post, https://www.scmp.com/news/hong-kong/hong-kong-economy/article/3111913/mainland-commerce-official-backs-hong-kong-joining (last visited Jan. 26, 2021).

肆

1. Commission of the European Communities, Towards a New Asia Strategy, COM(94) 314 final (1994), at 3-10.

2. European Commission, Europe's Moment: Repair and Prepare for the Next Generation, COM(2020) 456 final (2020), at 12-13.

3. Id.

4. European Commission, Trade for All: Towards a More Responsible Trade and Investment Policy (2015), at 31-32.

5. Csilla Lakatos & Lars Nilsson, The EU-Korea Free Trade Agreement: Anticipation, Trade Policy Uncertainty and Impact, Chief Economist Note (2015), at 4; Ministry of Foreign Affairs of Japan, The Signing of the Agreement between the European Union and Japan for an Economic Partnership, July 17, 2018, https://www.mofa.go.jp/press/release/press4e_002107.html (last visited Sept. 1, 2020).

6. European Commission & High Representative of the Union for Foreign Affairs and Security Policy, EU-China – Strategic Outlook, Joint (2019) 5 final (2019), at 6; European Parliament, European Parliament Resolution of 7 October 2020 on the Implementation of the Common Commercial Policy – Annual Report 2018, P9_TA-PROV(2020)0252 (2020), para. 38; European Commission, EU and China Reach Agreement in Principle on Investment, Dec. 30, 2020, https://trade.ec.europa.eu/doclib/press/index.cfm?id=2233 (last visited Feb. 4, 2021).

7. European Commission, supra note 4, at 31.
8. European Commission, Overview of FTA and Other Trade Negotiations (Updated Aug. 2020), at 2-3.
9. European External Action Service (EEAS), EU-ASEAN: Natural Partners (2013), at 1.
10. European Commission, Association of South East Asian Nations (ASEAN), May 5, 2020, https://ec.europa.eu/trade/policy/countries-and-regions/regions/asean/ (last visited Sept. 2, 2020); ASEAN, Investing in ASEAN: Association of Southeast Asian Nations (2019/2020), at 5.
11. EEAS, Annual German Ambassadors' Conference 2020: Opening remarks by High Representative/Vice President Josep Borrell, May 25, 2020, https://eeas.europa.eu/headquarters/headquarters-homepage/79817/annual-german-ambassadors%E2%80%99-conference-2020-opening-remarks-high-representative-vice-president_en (last visited Sept. 2, 2020); European Commission & High Representative of the Union for Foreign Affairs and Security Policy, supra note 6, at 1.
12. Co-Chairs' Press Release: 23rd ASEAN-EU Ministerial Meeting (2020) (23rd ASEAN-EU Ministerial Meeting), paras. 4-16; Joint Statement of the 22nd EU-ASEAN Ministerial Meeting (2019), at 1-3. European Commission, Indo-Pacific: Council Adopts Conclusions on EU Strategy for Cooperation, Apr. 19, 2021, www.consilium.europa.eu/en/press/press-releases/2021/04/indo-pacific-council-adopts-conclusions-on-eu-strategy-for-cooperation/ (last visited Aug. 1, 2021).
13. European Parliament, European Parliament Resolution on Regional Free Trade Areas And Trade Strategy in the European Union (2002/2044(INI)), P5_TA(2003)0237 (2003), para. D; Foreword by Singapore Minister for Communications & Information and Minister-in-Charge of Trade Relations S Iswaran, in European Commission & Ministry of Trade and Industry Singapore (MTI), European Union – Singapore Trade and Investment Agreements (2019), at 5.
14. Agreement on the withdrawal of the United Kingdom of Great Britain and Northern Ireland from the European Union and the European Atomic Energy Community, 2019/C 384 I/01 (2019), arts. 2 & 126-27.
15. Singapore and Vietnam are the European Union (EU's 16th and 17th trade partners in the world.Other Asian countries among the EU's top 15 partners include China, Japan, South Korea, India and Taiwan.European Commission, Client and Supplier Countries of the EU 27 in Merchandise Trade (Value %) (2019, Excluding Intra-EU Trade) (2019), at 1.
16. ASEAN, ASEAN Key Figures 2019 (2019), at 32.
17. As of 2020, Singapore concluded 25 free trade agreements (FTAs).World Trade Organization (WTO), Regional Trade Agreements Database, http://rtais.wto.org/UI/PublicSearchByMemberResult.aspx?MemberCode=702&lang=1&redirect=1 (last visited Sept. 2, 2020).
18. The ASEAN Free Trade Area, the predecessor to the ASEAN Economic Community, and the Asia-Europe Meeting were initiated by Singapore Prime Minister Goh

Chok Tong.Rodolfo C. Severino, Southeast Asia in Search of An ASEAN Community: Insights from the Former ASEAN Secretary-General 29 & 334 (2006).
19. World Bank, The World Bank in Vietnam, Apr. 27, 2020, https://www.worldbank.org/en/country/vietnam/overview (last visited Sept. 2, 2020).
20. VOA News, US-China Trade War Seen as Boosting Vietnam Growth, Jan. 12, 2020, https://www.voanews.com/east-asia-pacific/us-china-trade-war-seen-boosting-vietnam-growth (last visited Sept. 2, 2020).
21. European Parliament, European Parliament Resolution of 8 May 2008 on Trade and Economic Relations with the Association of South East Asian Nations (ASEAN), P6_TA(2008)0195 (2008), para. H.
22. See generally Opinion 2/15 of the Court (2017).
23. Id.The European Union (EU) and Singapore completed negotiations for provisions on goods and services and provisions on investment protection of the original EU-Singapore FTA in 2013 and 2014, respectively.MTI, EUSFTA, https://www.mti.gov.sg/Improving-Trade/Free-Trade-Agreements/EUSFTA (last visited Sept. 2, 2020).
24. European Parliament, CJEU Opinion on the EU-Singapore Agreement (2017), at 2.
25. Andrei Suse & Jan Wouters, Exploring the Boundaries of Provisional Application: The EU's Mixed Trade and Investment Agreements, 53(3) J. World Trade 395, 399 (2019).
26. European Commission, Agreement with Singapore Set to Give a Boost to EU-Asia Trade, Feb. 13, 2019, http://trade.ec.europa.eu/doclib/press/index.cfm?id=1980 (last visited Sept. 2, 2020).
27. David Kleimann & Gesa Kübek, The Signing, Provisional Application, and Conclusion of Trade and Investment Agreements in the EU: The Case of CETA and Opinion 2/15, 45(1) Legal Issues Eco. Integration 13, 22-24 (2018); Parliament of the United Kingdom, 8 EU - Singapore Partnership and Cooperation Agreement, Jan. 15, 2019, https://publications.parliament.uk/pa/cm201719/cmselect/cmeuleg/301-xlix/30111.htm (last visited Sept. 3, 2020).
28. European Commission, EU-Viet Nam Free Trade Agreement - Joint Press Statement by Commissioner Malmström and Minister Tran Tuan Anh, June 30, 2019, http://trade.ec.europa.eu/doclib/press/index.cfm?id=2041&utm_source=dlvr.it&utm_medium=facebook (last visited Sept. 3, 2020); World Bank, Vietnam: Deepening International Integration and Implementing the EVFTA (2020), at 20.
29. Maia de la Baume, Walloon Parliament Rejects CETA Deal, Oct. 14, 2016, POLITICO, https://www.politico.eu/article/walloon-parliament-rejects-ceta-deal/ (last visited Sept. 3, 2020); Raoul Leering, Dutch Rejection of Mercosur Now Threatens Wider EU Trade Deals, June 3, 2020, ING, https://think.ing.com/snaps/dutch-rejection-of-mercosur-sign-of-the-times/ (last visited Sept. 3, 2020).
30. European Commission & MTI, supra note 13, at 10-11.
31. European Commission, supra note 4, at 20-23; European Parliament, Free Trade Agreement between the EU and the Republic of Singapore – Analysis (2018), at 14-15.

32. These agreements are the 1980 ASEAN- European Economic Community (EEC) Cooperation Agreement and the 1985 EEC-China Cooperation Agreement.
33. EU Mission to ASEAN, Blue Book 2020: EU-ASEAN Natural Partners (2020), at 6.
34. Federal Foreign Office, "Germany – Europe – Asia: shaping the 21st century together" : The German Government adopts policy guidelines on the Indo-Pacific region, Sept. 1, 2020, https://www.auswaertiges-amt.de/en/aussenpolitik/regionaleschwerpunkte/asien/german-government-policy-guidelines-indo-pacific/2380510 (last visited Sept. 3, 2020).
35. For criticism on the view of Euro-centrism, see e.g., Amitav Acharya, Whose Ideas Matter? Agency and Power in Asian Regionalism 27 (2009); Fredrik Söderbaum, Rethinking Regionalism 7-8 & 175 (2016).
36. EU Mission to ASEAN, supra note 33, at 11.
37. WTO, The WTO's Rules, https://www.wto.org/english/tratop_e/region_e/regrul_e.htm (last visited Sept. 4, 2020).
38. Fredrik Söderbaum & Luk Van Langenhove, Introduction: The EU as a Global Actor and the Role of Interregionalism, 27(3) Eur. Integration 249, 258 (2005).
39. Julie Gilson, New Interregionalism? The EU and East Asia, 27(3) Eur. Integration 307, 309-10 (2005); Ralf Roloff, Interregionalism in Theoretical Perspective: State of the Art, in Interregionalism and International Relations: A Stepping Stone to Global Governance? 17, 18 (Jürgen Ruland et al. 2005).
40. Vinod K. Aggarwal & Edward A. Fogarty, Between Regionalism and Globalism: European Union Interregional Trade Strategies, in EU Trade Strategies: Between Regionalism and Globalism 1, 5 (Vinod K. Aggarwal & Edward A. Fogarty eds. 2004); Söderbaum, supra note 35, at 176-77.
41. Jürgen Ruland, Interregionalism: An Unfinished Agenda, in Interregionalism and International Relations: A Stepping Stone to Global Governance? 295, 296 (Jürgen Ruland et al. 2005); Söderbaum, supra note 35, at 177.
42. Söderbaum, supra note 35, at 177; Aggarwal & Fogarty, supra note 40, at 5; Heiner Hänggi, Interregionalism as a Multifaceted Phenomenon: In Search of a Typology, in Interregionalism and International Relations: A Stepping Stone to Global Governance? 31, 40-41 (Jürgen Ruland et al. 2005).
43. Andrew Hurrell, Regionalism in Theoretical Perspective, in Regionalism in World Politics: Regional Organization and International Order 37, 48-49 (Louise Fawcett & Andrew Hurrell eds. 1995).
44. Id. at 46-50; Tobias Lenz & Gary Marks, Regional Institutional Design, in The Oxford Handbook of Comparative Regionalism 513, 517-18 (Tanja A. Börzel & Thomas Risse 2016).
45. Ian Manners, Normative Power Europe: A Contradiction in Terms? 40(2) J. Common Market Stud. 235, 236-52 (2002).
46. Adrian Hyde-Price, 'Normative' Power Europe: a Realist Critique, 13(2) J. Eur. Pub. Pol'y 217, 218-20 (2006); Anu Bradford, The Brussels Effect, 107(1) NW. Univ. L. Rev. 1, 66 (2012); Anu Bradford, The Brussels Effect: How the European Union Rules the World 26-36 (2020).
47. European Commission, supra note 4, at 20-23.
48. Ha Hai Hoang & Daniela Sicurelli, The EU's Preferential Trade Agreements with Singapore and Vietnam: Market vs. Normative Imperatives, 23(4) Contemp. Pol. 369, 371-79; Ha Hau Hoang, Normative Power Europe through Trade: Vietnamese Perceptions, 30(2) Int'l Rel. 176, 191-94 (2015).
49. Darren J. Lim & Zack Cooper, Reassessing Hedging: The Logic of Alignment in East Asia, 24(4) Sec. Stud. 696, 697-99 (2015); Trang (Mae) Nguyen, International Law as Hedging: Perspectives from Secondary Authoritarian States, 114 Am. J. Int'l L. Unbound 237, 237-40 (2020).
50. Hurrell, supra note 43, at 59-60.
51. Ruland, supra note 41, at 302-03; Lenz & Marks, supra note 44, at 518-20.
52. Ruland, supra note 41, at 303; Hurrell, supra note 43, at 60; Amitav Acharya, Regionalism beyond EU-centrism, in The Oxford Handbook of Comparative Regionalism 109, 110-19 (Tanja A. Börzel & Thomas Risse 2016).
53. Björn Hettne, The New Regionalism: Implications for Development and Peace, in Björn Hettne & András Inotai, The New Regionalism: Implications for Global Development and International Security, UNU/WIDER World Institute for Development Economics Research 1, 11 (1994); Fredrik Söderbaum, Old, New, and Comparative Regionalism: The History and Scholarly Development of the Field, in The Oxford Handbook of Comparative Regionalism 16, 26-28 (Tanja A. Börzel & Thomas Risse 2016).
54. Amitav Acharya, The Making of Southeast Asia: International Relations of A Region 11-12 (2012); Söderbaum supra note 53, at 27.
55. Alexander Wendt, Collective Identity Formation and the International State, 88(2) Am. Pol. Sci. Rev. 384, 384-85 (1994); Lenz & Marks, supra note 44, at 520-21.
56. Aggarwal & Fogarty, supra note 40, at 18-19; Ian Manners & Richard Whitman, The "Difference Engine" : Constructing and Representing the International Identity of the European Union, 10(3) J. Eur. Pub. Pol'y 380, 385 (2003).
57. Bernard Ong, Recognizing Regions: ASEAN' Struggles for Recognition, 25(4) Pac. Rev. 513, 525-26 (2012); Lay Hwee Yeo, EU-ASEAN Security Cooperation, in EU Security Strategies: Extending the EU System of Security Governance 67, 77 (Spyros Economides & James Sperling eds. 2018).
58. The EU's share of the world's gross domestic product is expected to fall from 15% to 9% by 2050.PWC, The Long View: How Will the Global Economic Order Change by 2050? (2017), at 4.
59. By 2024, the five largest economies are expected to be China, the United States, India, Japan and Indonesia. Katharina Buchholz, Continental Shift: The World's Biggest Economies Over Time, July 13, 2020, https://www.statista.com/chart/22256/biggest-economies-in-the-world-timeline/ (last visited Sept. 3, 2020).
60. Pasha L. Hsieh, Reassessing the Trade-Development Nexus in International Economic Law: The Paradigm Shift in Asia-Pacific Regionalism, 37(3) Northwestern J. Int'l L. & Bus.

321, 339-40 (2017).

61. Jagdish Bhagwati, Termites in the Trading System: How Preferential Agreements under Free Trade 29-35 (2008); WTO, World Trade Report 2011: The WTO and Preferential Trade Agreements: From Co-existence to Coherence (2011), at 52-55.

62. ASEAN and the EU Through the Years, in 6/2016 ASEAN Focus 12 (2016), at 12-13; European Commission, European Neighbourhood Policy and Enlargement Negotiations, Jan. 31, 2020, https://ec.europa.eu/neighbourhood-enlargement/policy/from-6-to-27-members_en#:~:text=Ten%20new%20countries%20join%20the,the%20whole%20of%20western%20Europe. (last visited Sept. 2, 2020); ASEAN Historical Timeline, in 50 Years of ASEAN and Singapore xiii, xiii-xvi (Tommy Koh et al. eds. 2017).

63. The European Community and ASEAN, in Europe Information: External Relations, 16/79 (1979), at 4-5; Paul Joseph Lim, ASEAN's Relations with the EU: Obstacles and Opportunities, EU External Aff. Rev. 46, 47 (2012); Commission of the European Communities, Creating a New Dynamic in EU-ASEAN Relations, COM(96) 314 final (1996), at 66.

64. Commission of the European Communities, supra note 63, at 66.

65. The European Community and ASEAN, supra note 63, at 5.

66. Id.; Commission of the European Communities, supra note 63, at 66; ASEAN and the EU Through the Years, supra note 62, at 13.The EU and ASEAN "entered a relationship in 1972" and the "relationship was formalised in 1977." Tommy Koh & Yeo Lay Hwee, ASEAN and EU: The Untold Story, Oct. 14, 2020, Straits Times, at A18.

67. Severino, supra note 18, at 330; Ong, supra note 57, at 525-26.

68. See generally Cooperation Agreement between the European Economic Community and Indonesia, Malaysia, the Philippines, Singapore and Thailand – Member Countries of the Association of South-East Asian Nations (1980).

69. Severino, supra note 18, at 330.

70. Andrew J. Crozier, The Trade and Aid Policy of the European Union: A Historical Perspective, in EU-ASEAN: Facing Economic Globalisation 57, 69 (Paul J.J. Welfens et al. 2009); Severino, supra note 18, at 330.

71. ASEAN Inter-Parliamentary Organization (AIPO), Resolution of the Sixth AIPO General Assembly on ASEAN-EC Economic Cooperation, 6GA/RES.11/83 (1983), at 1; AIPO, Resolution of the Ninth General Assembly of AIPO on the ASEAN-EC Economic Cooperation, WC/GA9/88/KL/29/6 (1988), at 1.

72. Laurence Vandewalle, The ASEAN Inter-Parliamentary Assembly (AIPA): A Privileged Interlocutor for the European Parliament in South East Asia (2015), at 1-6.

73. Council Regulation (EEC) No 443/92 of 25 February 1992 on Financial and Technical assistance to, and Economic Cooperation with, the Developing countries in Asia and Latin America (1992).

74. Commission of the European Communities, supra note 1, at 3-24.

75. Severino, supra note 18, at 334; Asia-Europe Meeting, 30 European Countries, the European Union & 21 Asian Countries, the ASEAN Secretariat, https://www.aseminfoboard.org/about/partners (last visited Sept. 8. 2020).

76. Severino, supra note 18, at 334

77. Noel M. Moranda, Europe and Southeast Asia: ASEAN-EU 4(3) Rev. Eur. Stud. 89, 96 (2012); Maria-Gabriela Manea, Human Rights and the Interregional Dialogue between Asia and Europe: ASEAN-EU Relations and ASEM, 21(3) Pac. Rev. 369, 379 (2008).

78. Scholars refer to the new developments as the third-generation or post-hegemonic regionalism.Söderbaum & Van Langenhove, supra note 38, at 256-58; Mario Telò, Introduction: Globalization, New Regionalism and the Role of the European Union, in European Union and New Regionalism: Competing Regionalism and Global Governance in a Post-Hegemonic Era 1, 5 (Mario Telò ed. 2014).

79. Charter of the ASEAN (2007), art. 3.

80. Commissions of the European Communities, Communication from the Commission: A New Partnership with South East Asia, COM (2003) 399 final (2003), at 6.

81. Commission of the European Communities, Europe and Asia: A Strategic Framework for Enhanced Partnerships, COM(2001) 469 final (2001), at 5-21; id. at 3-6; 23rd ASEAN-EU Ministerial Meeting, para. 4.

82. Commission of the European Communities, A New Partnership with South East Asia, COM(2003) 399 final (2003), at 18-31.

83. It is the "EU + x" dialogue mechanism.Id. at 31.

84. The initiative was previously known as the Regional EC-ASEAN Dialogue Instrument (READI).Lay Hwee Yeo, Political Cooperation between the EU and ASEAN: Searching for a Long-Term Agenda and Joint Projects, in EU-ASEAN: Facing Economic Globalisation 45, 53-54 (Paul J.J. Welfens et al. 2009); EEAS, Enhanced Regional EU-ASEAN Dialogue Instrument (E-READI, May 27, 2019, https://eeas.europa.eu/delegations/thailand/49815/enhanced-regional-eu-asean-dialogue-instrument-e-readi_km (last visited Sept. 9. 2020).

85. EU Mission to ASEAN, supra note 33, at 17.

86. Mission of the EU to ASEAN, EU Announces New Development Cooperation Projects with ASEAN to Support Sustainable Urbanisation, Forest Management and Government Accountability, Aug. 13, 2020, https://eeas.europa.eu/delegations/association-southeast-asian-nations-asean/84050/eu-announces-new-development-cooperation-projects-asean-support-sustainable-urbanisation_en#:~:text=and%20government%20accountability,Today%20(13%2F8)%2C%20the%20European%20Union%20(EU,and%20ASEAN%20Supreme%20Audit%20Institutions. (last visited Sept. 8, 2020).

87. ASEAN Regional Integration Support from the EU, Background, https://ariseplus.asean.org/about/ (last visited Sept. 8, 2020); 23rd ASEAN-EU Ministerial Meeting, para. 14.

88. ASEAN-EU Plan of Action (2018-2022) (2017); European Commission, Connecting Europe and Asia – Building Blocks for an EU Strategy, JOIN(2018) 31 final (2018), at 8.

89. European Commission & High Representative of the Union for Foreign Affairs and Security Policy, supra note 6, at 1-2.

90. Charles Krauthammer, The Unipolar Moment, 70 Foreign Aff. 23 (1990-91).

91. E.g., Luke Baker & Robin Emmott, As China Pushes Back on Virus, Europe Wakes to 'Wolf Warrior' Diplomacy, May 14, 2020, Diplomat, https://www.reuters.com/article/us-health-coronavirus-europe-china-insig/as-china-pushes-back-on-virus-europe-wakes-to-wolf-warrior-diplomacy-idUSKBN22Q2EZ (last visited Sept. 9, 2020).

92. European Services Forum, Letter to the Commissioner for Trade, 12 July 2020, at 1-2; Alfred C. Robles, Jr, An EU-ASEAN FTA: The EU's Failure as An International Actor, 13 Eur. Foreign Aff. Rev. 541, 542 (2008); David Camroux, Interreginalism or Merely a Fourth-Level Game? An Examination of the EU-ASEAN Relationship, 27 E. Asia 57, 67 (2010).

93. ISEAS-Yusof Ishal Institute, The State of Southeast Asia: 2020 Survey Report (2002), at 3; EU-ASEAN Business Council, 2020 EU-ASEAN Sentiment Survey (2020), at 7 & 30.

94. WTO, Trade Set to Plunge as COVID-19 Pandemic Upends Global Economy, Apr. 8, 2020, https://www.wto.org/english/news_e/pres20_e/pr855_e.htm (last visited Sept. 9., 2020).

95. Iacopo Monterosa et al., Trade in Time of Corona: What's Next for the EU? June 2020, ECIPE, https://ecipe.org/blog/trade-in-time-of-corona/ (last visited Sept. 9, 2020); VOA News, Virus-Fueled Recession Interrupts ASEAN Path to Middle-Income Status, Apr. 28, 2020, VOA News, https://www.voanews.com/covid-19-pandemic/virus-fueled-recession-interrupts-asean-path-middle-income-status (last visited Sept. 9, 2020).

96. European Commission, supra note 2, at 12-13.

97. United Nations Conference on Trade and Investment (UNCTAD), Investment Trends Monitor (2021), Issue 38, at 1; European Commission & MTI, supra note 13, at 7.

98. WTO, Trade in Medical Goods in the Context of Tackling COVID-19 (2020), at 5.

99. Josep Borrell, Strengthening EU-ASEAN Partnership, A Urgent Necessity, Sept. 20, 2020, EEAS, https://eeas.europa.eu/headquarters/headquarters-homepage/85434/strengthening-eu-asean-partnership-urgent-necessity_en (last visited Sept. 25, 2020).

100. Consolidated Version of the Treaty on the Functioning of the European Union, OJ C 326/47 (TFEU) (2012), arts. 207(3).

101. Id. arts. 207 & 218; WTO, Trade Policy Review, Report by the Secretariat: European Union, WT/TPR/S/395 (2019), at 33-34.

102. Lachlan Mckenzie & Katharina L. Meissner, Human Rights Conditionality in European Union Trade Negotiations:The Case of the EU-Singapore FTA, 55(4) J. Common Market Stud. 832, 838 (2017).

103. Charter of the ASEAN (2007), art. 41(7); Rules of Procedure for Conclusion of International Agreements by ASEAN (2011), rule 1.

104. European Parliament, supra note 13, paras. D, X and 23.

105. Goh Chok Tong, Asia – Catalyst for Global Economic Integration, 2 Asia Eur. J. 1, 4 (2004); Pascal Lamy, Unlocking the Potential of the ASEAN-EU Partnership: The Role of Singapore, 2 Asia Eur. J 485, 486-87 (2004); Robles, supra note 92, at 545.

106. Lamy, supra note 105, 486.

107. Id.

108. European Commission, Global Europe: Competing in the World (2006), at 11.

109. ASEAN-EU Vision Group, Report of the ASEAN-EU Vision Group: Transregional Partnership for Shared and Sustainable Prosperity (2006), at 11-12.

110. Id.; Commission of the European Communities, Report on the State of Play of the FTA Negotiations with ASEAN, India, the Andean Community and Central America, SEC(2009) 681 final (2009), at 4.

111. ASEAN-EU Vision Group, supra note 109, at 11.

112. Commission of the European Communities, supra note 110, at 4-5.

113. EU-ASEAN FTA - EC Negotiating Mandate (Draft, 2007), https://www.bilaterals.org/?draft-eu-asean-fta-negotiating (last visited Sept. 10, 2020), part. 2; European Parliament, supra note 21, para. H.

114. Commission of the European Communities, supra note 110, at 5.

115. Id.; ASEAN-EU Vision Group, supra note 109, at 12 fn 2.

116. Commission of the European Communities, supra note 110, at 5.

117. Id.

118. European Commission, supra note 4, at 31-32.

119. Id.

120. European Parliament, supra note 13, paras. D, X and 23.

121. MTI, PowerPoint Slides: The EUSFTA: New Opportunities for Our Business (2020), at 2.

122. World Bank, supra note 28, at 20.

123. ASEAN, ASEAN Economic Community 2025 Consolidated Strategic Action Plan (2017), at 46-47.

124. European Commission, supra note 8, at 2; ASEAN-EU Plan of Action (2018-2022) (2017), para. 2.1(c).

125. MTI, supra note 121, at 2.

126. World Bank, supra note 28, at 20.

127. C.L. Lim & Mahdev Mohen, Ch. 05 Singapore and International Law, Jan. 1, 2015 https://singaporelawwatch.sg/About-Singapore-Law/Overview/ch-05-singapore-and-international-law (last visited Sept. 11, 2020).

128. MTI, supra note 121, at 2.

129. World Bank, supra note 28, at 20; Dezan Shira & Associates, Vietnam-EU Trade: EVFTA Comes into Effect, Aug. 3, 2020, https://www.vietnam-briefing.com/news/

vietnam-eu-trade-evfta-comes-into-effect.html/ (last visited Sept. 11, 2020).

130. European Commission, EU-Vietnam Trade Agreement Enters into Force (2020), at 1.

131. EU-Vietnam Framework Agreement on Comprehensive Partnership and Cooperation (2012) (PCA), annex: joint declaration on market economy status.

132. Trade Regulations, Customs and Standards, https://2016. export.gov/singapore/doingbusinessinsingapore/trader egulationscustomsandstandards/index.asp (last visited Sept. 11, 2020); WTO, Trade Policy Review, Report by the Secretariat, Singapore, WT/TPR.S.343 (2016), at 27-28.

133. WTO, supra note 132, at 27; Toh Boon Ho, PowerPoint Slides: EUSFTA Trade in Goods: Increase Your Products' Price Competitiveness in the EU (2020), at 15.

134. EU tariffs on 84% of Singapore's exports to the EU were eliminated in the first year, 2019.Singapore International Chamber of Commerce (SICC), Plain English Guide to the European Union-Singapore Free Trade Agreement (2020), at 12.

135. Toh, supra note 133, at 16.

136. Id.; European Parliament, supra note 31, at 39.

137. European Commission, EU-Vietnam Trade Agreement – MEMO, July 31, 2020, https://trade.ec.europa.eu/doclib/press/index.cfm?id=1922 (last visited Sept. 11, 2020).

138. Id.; European Chamber of Commerce in Vietnam (EuroCham), 2019 EVFTA Report: The EU-Vietnam Free Trade Agreement: Perspectives from Vietnam (2019), at 6.

139. SICC, Plain English Guide to the European Union-Vietnam Free Trade Agreement (2020), at 11.

140. European Parliament, The Generalised Scheme of Preferences Regulation (No 978/2012): European Implementation Assessment (2018), at 93 fn 32.In the case of Vietnam, the EU will use quotas to limit Vietnam's export of sensitive agricultural products such as rice, eggs and canned tuna.United States Department of Agriculture & Global Agricultural Information Network, European Union – Vietnam Free Trade Agreement Ratified (2020), at 6.

141. Comprehensive and Progressive Agreement for Trans-Pacific Partnership (CPTPP) (2018) (CPTPP), ch.1, sec. B, art. 1.3; EU-Vietnam FTA (2019), art. 2.3(k).

142. EU-Vietnam FTA, art. 2.3(k).

143. CPTPP, art. 2.11.1.

144. EU-Vietnam FTA, art. 2.6.

145. World Bank, supra note 28, at 20; EuroCham, supra note 138, at 54.Note that Article 2.11.2 of the CPTPP does not apply to Vietnam.CPTPP, art. 2.11.2 fn 6.

146. Delegation of the European Union to Vietnam, Guide to the EU-Vietnam Trade and Investment Agreements (2016), at 28-29.

147. EU-Singapore FTA (2018), art. 2.10.

148. ASEAN Economic Community (AEC Blueprint 2025 (2015), para. 7.

149. SICC, supra note 134, at 13; SICC, supra note 139, at 19.

150. Minh Hue Nguyen et al., The ASEAN Trade in Goods Agreement: Evolution and Regional Implications, in ASEAN Law in the New Regional Economic Order: Global Trends

and Shifting Paradigms 22, 39 (Pasha L. Hsieh & Bryan Mercurio eds. 2019).

151. European Parliament, supra note 140, at 93 fn 32.Even upon the entry into force of the EU-Vietnam FTA, Vietnamese exporters may also continue to enjoy GSP benefits until 2022.EY, EU-Vietnam Free Trade Agreement Enters into Force as of 1 August 2020 (2020), at 3; Regulation (EU) No 978/2012 of the European Parliament and the Council of 25 October 2012 (2012), art. 5(2)(b).

152. ASEAN-Japan Agreement on Comprehensive Economic Partnership (2008), art. 24(c). From 2002 to 2008, Japan signed FTAs with Singapore, Malaysia, the Philippines, Thailand, Brunei, Indonesia and Vietnam.

153. EU-Singapore FTA, protocol 1, art. 3.2; EU-Vietnam FTA, protocol, art. 3.2.

154. Richard Baldwin, A Domino Theory of Regionalism, NBER Working Paper Series, No. 4465 (1993), at 2-5.

155. EU-Vietnam FTA, protocol 1, annex III.

156. EU-Singapore FTA, protocol 1, art. 34; EU-Vietnam FTA, protocol, art. 37.

157. EU-Singapore FTA, art. 3(9) & protocol 1, annex D.

158. EU-Vietnam FTA, protocol 1, annex D; European Parliament, supra note 31, at 40 fn 181.

159. CPTPP, ch. 4 & annex 4-A; EU-Vietnam FTA, protocol 1, art. 7; Tomoo Kikuchi et al., The Effects of Mega-Regional Trade Agreements to Vietnam, 55 J. Asian Eco. 4, 6-7.

160. Kikuchi et al., supra note 159, at 9.

161. E.g., Choe Nam-suk, When a New Change is for a Better Tomorrow, it Has the True Value, June 27, 2019, Korea Post, http://www.koreapost.com/news/articleView.html?idxno=9411 (last visited Sept. 11, 2020).

162. Delegation of the European Union to Vietnam, supra note 146, at 29.

163. EU-Singapore FTA, protocol 1, annex B.In my view, it is unique and useful to include Chinese translations for selected food products.

164. EU-Singapore FTA, protocol 1, annex B & annex B(a).

165. Id.; Singapore Customs, PowerPoint Slides: Rules of Origin (2020), at 13.

166. Japan-Singapore Economic Partnership Agreement (2002), annex II.A.

167. Annex A: Key Benefits of the EUSFTA & EUSIPA, in MTI, European Union and Singapore Sign Free Trade and Investment Protection Agreements (2018), at 3, fn 2.

168. EU-Singapore FTA, protocol 1, annex B(a).

169. UNCTAD, The Use of the EU's Free Trade Agreements: Exporters and Importer Utilization of Preferential Tariffs (2018), at 17.

170. World Bank, supra note 28, at 10 & 36.

171. Both FTAs have Chapter 8 on "Services, Establishment and Electronic Commerce."

172. WTO, Trade in Services in the Context of COVID-19 (2020), at 1-9.

173. Statista, Singapore: Distribution of Gross Domestic Product (GDP) across Economic Sectors from 2009 to 2019, https://www.statista.com/statistics/378575/singapore-gdp-distribution-across-economic-sectors/ (last visited Sept. 16.

2020); Delegation of the European Union to Vietnam, supra note 146, at 51.

174. See generally Aaron Flaaen et al., How to Avoid Middle-Income Traps? Evidence from Malaysia, World Bank: Economic Premise, No. 120 (2013), at 1-2.

175. European Commission, Trade in Services Agreement (TiSA): Factsheet (2016), at 2.

176. EU-Vietnam FTA, art. 8.6; European Parliament, supra note 31, at 13-14.

177. European Parliament, supra note 31, at 13-14.

178. EU-Singapore FTA, annex 8-B.

179. MTI, supra note 121, at 11; Delegation of the European Union to Vietnam, supra note 146, at 52.

180. General Agreement on Trade in Services, Singapore: Schedule of Specific Commitments, GATS/SC/76 (1994); EU-Singapore FTA (2018), ch. 8, annex 8-B

181. EU-Singapore FTA (2018), ch. 8, annex 8-B; European Parliament, supra note 31, at 79.

182. EuroCham, supra note 138, at 36.

183. Id.; Delegation of the European Union to Vietnam, supra note 146, at 52.

184. EU-Vietnam FTA, art. 8.14.2; World Bank, supra note 28, at 45.

185. EU-Singapore FTA (2018), arts. 8.13 & 8.14.

186. EU-Vietnam FTA (2019), arts. 8.13(i) & 8.14.2(c).

187. ASEAN-EU Plan of Action (2018-2022), at 2 & 6.

188. Id.; Monetary Authority of Singapore, Types of Deposit-Taking Institutions, June 23, 2019, https://www.mas.gov.sg/regulation/Banking/Types-of-Deposit-Taking-Institutions (last visited Sept. 17, 2020).

189. US-Singapore FTA (2003), schedule of Singapore to annex 10B, sec. B.

190. EU-Singapore FTA, annex 8-B.

191. US-Singapore FTA, art. 8(4); EU-Singapore FTA (2018), annex 8-B.

192. EU-Singapore FTA, annex 8-B.

193. Australia-Singapore FTA (2003), annex 4-1(B); US-Singapore FTA, annex 8A.

194. Legal Profession (Qualified Persons) Rules (2002), First, Second, Fourth and Fifth Schedules; Pasha L. Hsieh, Transnational Legal Services in Asia: Legal Implications of the AEC and the CPTPP, in ASEAN Law in the New Regional Economic Order: Global Trends and Shifting Paradigms 168, 180 (Pasha L. Hsieh & Bryan Mercurio 2019).

195. Legal Profession (Qualified Persons) Rules (2002), First & Second Schedules.

196. EU-Singapore FTA, arts. 8.57-8.61; EU-Vietnam FTA, arts. 8.50-8.52.

197. MTI, supra note 121, at 2; World Bank, supra note 28, at 20.I appreciate the insight of Mary Elizabeth Chelliah.

198. EU-Singapore FTA, arts. 8.26.3 & 8.58; EU-Vietnam FTA, arts. 8.31.3 & 8.51.

199. EU-Singapore FTA, arts. 8.61; EU-Vietnam FTA, arts. 8.52.

200. EU-Singapore FTA, art. 8.60.

201. CPTPP, art. 14.6.1.

202. European Commission, State of the Union Address 2020 (2020), at 12.

203. E.g. CPTPP, arts. 14.7, 14.8, 14.16 and 14.17.

204. Australia-Singapore Digital Economy Agreement (DEA) (2020), art. 31-32.Other existing and prospective DEA partners include Chile, New Zealand and Korea.MTI, Digital Economy Agreements, https://www.mti.gov.sg/Improving-Trade/Digital-Economy-Agreements (last visited Sept. 21, 2020).

205. CPTPP, art. 14.13; ASEAN Agreement on Electronic Commerce (2018), art. 7(6); Benjamin Wong, Data Localization and ASEAN Economic Community, 10 Asian J. Int'l L. 158, 177-78 (2020).

206. EuroCham, supra note 138, at 45.

207. The CPTPP and three side letters accord Vietnam grace periods of two and five years, respectively, after the agreement came into effect for Vietnam in 2019.CPTPP, 14.18.2; Frederick (Fred) R. Burke & Thanh Vinh Nguyen, Vietnam Has Ratified the CPTPP, Nov. 14, 2018, https://www.lexology.com/library/detail.aspx?g=adb9dec6-e374-452f-a65a-873c18517799 (last visited Sept. 21, 2020). I thank Neha Mistra for providing useful information on this issue.

208. CPTPP, art. 18.5 fn 5.

209. CPTPP, art. 14.11.3 & 14.13.3.

210. EuroCham, supra note 138, at 45-46; General Data Protection Regulation (2016), art. 5.1.

211. ASEAN, Master Plan on ASEAN Connectivity 2025 (2016), at 19-21; European Commission, supra note 88, at 2-3.

212. ASEAN Business Advisory Council & EU-ASEAN Business Council, Non-Tariff Barriers (NTBs) in ASEAN and Their Elimination from a Business Perspective (2019), at 19.

213. United Nations Economic and Social Commission for Asia and the Pacific (UNESCAP) & UNCTAD, Asia-Pacific Trade and Development Report 2019 (2019), at 39.

214. ASEAN, ASEAN Integration Report 2019 (2019), at 20; Lili Yan Ing et al., NTMs in ASEAN: Ways toward Regulatory Convergence, in Regional Integration and Non-Tariff Measures in ASEAN 90, 91-92 (Lili Yan Ing et al. eds. 2019).

215. Ing et al., supra note 214, at 93.

216. ASEAN Business Advisory Council & EU-ASEAN Business Council, supra note 212, at 34; EU-Singapore FTA, chs. 4, 5 and 7; EU-Vietnam FTA, chs. 5, 6 and 7.

217. EU-Vietnam FTA, art. 5.9.2(e); EU-Singapore FTA, art. 4.10.2(e).

218. EU-Singapore FTA, art. 4.10.2(f); EU-Vietnam FTA, art. 5.9.2(f).

219. Almudena Minguez Matorras, PowerPoint Slides: Sanitary and Phytosanitary (SPS) Measures: How the EU SPS Regime Works – Tools to Aid Companies Better Understand the EU SPS Requirements (2020), at 13.

220. EU-Singapore FTA, annex 2-C, art. 1(a); EU-Vietnam FTA, annex 2-C, art. 1(a); WTO, The Treatment of Medical Products in Regional Trade Agreements (2020), at 7.

221. EU-Singapore FTA, annex 2-C, arts. 1(d) & 2; EU-Vietnam FTA, annex 2-C, art. 1(b) & 3.

222. EU-Singapore FTA, annex 2-C, art. 3.3; EU-Vietnam FTA, annex 2-C, art. 4.4.

223. EU-Singapore FTA, annex 2-C, art. 3.3(c); EU-Vietnam FTA, annex 2-C, art. 4.4(c).

224. Comprehensive Economic and Trade Agreement (2016), protocol on the mutual recognition of the compliance and enforcement programme regarding good manufacturing practices for pharmaceutical products.
225. See generally Lim Hng Kiang to Anand Sharma, Special Scheme for Registration of Generic Medicinal Products from India (2010).
226. Id.
227. CPTPP, annex 8-C, art. 11 & annex 8-E, art. 12(c).
228. CPTPP, annex 8-C, art. 12(c) & annex 8-E, art. 13(c).
229. Iulianna Romanchyshyna, Tackling Technical Barriers to Trade in EU 'New Generation' FTAs: An Example of Open or Conflicting Regionalism? in Global Politics and EU Trade Policy: Facing the Challenges to a Multilateral Approach, Special Issue: Eur. YB Int'l Econ. L. 41, 58 (Wolfgang Weiß & Cornelia Furculita eds. 2020).
230. EU-Singapore FTA, annex 2-B, arts. 1-3; EU-Vietnam FTA, annex 2-B arts. 1-3; Id. at 58.
231. European Commission, Results of the Industry Consultation from 2010 on a Possible EU Singapore Trade Agreement (2015), https://trade.ec.europa.eu/doclib/docs/2015/july/tradoc_153666.pdf (last visited Sept. 22, 2020).
232. Land Transport Authority, Annual Vehicle Statistics 2019, https://www.lta.gov.sg/content/dam/ltagov/who_we_are/statistics_and_publications/statistics/pdf/MVP01-6_Cars_by_make.pdf (last visited Sept. 22, 2020).
233. Id.
234. Tomoya Onishi, Vietnam Car with BMW Tech Takes on Japanese Rivals, June 15, 2019, Nikkei Asian Rev., https://asia.nikkei.com/Business/Companies/Vietnam-car-with-BMW-tech-takes-on-Japanese-rivals#:~:text=HANOI%20%2D%2D%20Leading%20Vietnamese%20conglomerate,factory%20Friday%20against%20all%-20expectations.&text=%22I'm%20convinced%20that%20Vingroup,%2C%22%20the%20prime%20minister%20said. (last visited Sept. 22, 2020).
235. Id.
236. EU-Singapore FTA, ch. 7; EU-Vietnam FTA, ch. 7.Both FTAs also have separate chapters on "Trade and Sustainable Development."
237. European Commission, 2020 Strategic Foresight Report (2020), at 23-26; European Commission, supra note 4, at 20-23; European Commission, supra note 88, at 2; ASEAN, supra note 211, at 7; UNESCAP, Complementarities between the ASEAN Community Vision 2025 and the United Nations 2030 Agenda for Sustainable Development: A Framework for Action (2017), at 40-41.
238. EU-Singapore FTA, art. 7.1 & 7.3; EU-Vietnam FTA, arts. 7.1 & 7.3; Anna-Alexandra Marhold, Externalising Europe's Energy Policy in EU Free Trade Agreements: A Cognitive Dissonance between Promoting Sustainable Development and Ensuing Security of Supply, 3(1) Eur & World: A L. Rev. 1, 11 (2019).
239. EU-Singapore FTA, art. 7.4; EU-Vietnam FTA, art. 7.4.
240. E.g., Vietnam Ministry of Industry and Trade, Vietnamese-German Cooperation Research Projects on Wind Power (2017).

241. EU-Vietnam FTA, art. 7.7.
242. EU-Vietnam FTA, art. 7.2(d); World Bank, supra note 28, at 45.
243. Lin Xueling & Lua Jiamin, No Huawei Ban, but Relations with China 'Complex': EU Foreign Policy Chief, June 1, 2019, CNA, https://www.channelnewsasia.com/news/world/no-huawei-ban-but-relations-with-china-complex-eu-foreign-policy-11588102 (last visited Sept. 20, 2020).
244. Id.; Michelle Limenta, Palm Oil for Fuels: WTO Rules and Environmental Protection, 15(7) Global Trade & Customs J. 321, 321-22 (2020).
245. Limenta, supra note 244, at 322-23; WTO, European Union – Certain Measures concerning Palm Oil and Oil Palm Crop-based Biofuels, WT/DS593/1, G/L/1348, G/TBTB/D/52, G/SCM/D128/1 (2019), at 1-2.
246. WTO, supra note 245, at 6-8.
247. European Commission, Report from the Commission to the European Parliament, the Council, the European Economic and Social Committee and the Committee of the Regions on Implementation of Free Trade Agreements: 1 January 2016 – 31 December 2016, COM(2017) 654 final (2017), at 23-26.
248. Id., at 7; European Parliament, supra note 31, at 17.
249. European Parliament, Factsheet on the European Union: The Treaty of Lisbon (2020), at 1.
250. Marise Cremona, Distinguished Essay: A Quiet Revolution – The Changing Nature of the EU's Common Commercial Policy, in 2017:8 Eur. YB Int'l Eco. L. 3, 5 (Marc Bungenberg et al. eds. 2017).
251. European Commission, supra note 4, at 9; European Commission, supra note 247, at 38.
252. European Commission, supra note 8, at 2.The EU and Korea are negotiating a separate FTA chapter on investment instead.I thank Jaemin Lee for his observation on this point.
253. Council of the EU, Joint Statement of the 22nd EU-ASEAN Ministerial Meeting, Jan. 21, 2019, https://www.consilium.europa.eu/en/press/press-releases/2019/01/21/joint-statement-of-the-22nd-eu-asean-ministerial-meeting/ (last visited Sept. 25, 2020).
254. Borrell, supra note 99.
255. EU-Singapore FTA, ch. 10; EU-Vietnam FTA, ch. 12.
256. European Parliament, supra note 31, at 29.
257. CPTPP (2018), annex: 7.
258. EU-Singapore FTA, art. 10.5; EU-Vietnam FTA, art. 12.11.
259. US-Singapore FTA (2003), art. 16.4; Locknie Hsu, Ch. 07 Free Trade Agreements: Singapore Legal Developments, Nov. 17, 2018, https://www.singaporelawwatch.sg/About-Singapore-Law/Overview/ch-07-free-trade-agreements-singapore-legal-developments (last visited Sept. 25, 2020).
260. EU-Singapore FTA, arts. 10.6 & 10.9; EU-Vietnam FTA, arts. 12.8 & 12.12.
261. Agreement on Trade-Related Aspects of Intellectual Property Rights (1994), arts. 22-24.
262. WTO, supra note 101, at 154; EU-Singapore FTA, annex 10-A; EU-Vietnam FTA, annex 12-A.
263. EU Intellectual Property Office (EUIPO), Geographical Indications in the ASEAN Region: A Booklet on ASEAN

Geographical Indications Procedure and Products (2019), at 38.

264. Id. at 13-33.

265. Id. 9 & 98-100.

266. WTO, supra note 101, at 154; William H. Coper, The EU-South Korea Free Trade Agreement and Its Implications for the United States, Congressional Research Service (CRS) Report (2011), at 15; European Commission, EU-China Geographical Indications (2020), at 1.

267. EU-Singapore FTA, annex 10-A.No item is listed in Section B.

268. Susanna H.S. Leong, European Union-Singapore Free Trade Agreement: A New Chapter for Geographical Indications in Singapore, in Geographical Indications at the Crossroads of Trade, Development, and Culture: Focus on Asia-Pacific 235, 247-48 (Irene Calboli & Wee Loon Ng-Loy eds. 2017).

269. EU-Vietnam FTA, annex 12-A.

270. EU-Vietnam FTA, annex 12-A, part B; SICC, supra note 139, at 5.

271. These products include Asiago, Fontina, Gorgonzola, Feta and Champagne.EU-Vietnam FTA, art. 12.28.

272. EU-Vietnam FTA, arts. 12.27.3 & 12.28; World Bank, supra note 28, at 48; EUIPO, supra note 263, at 33.

273. Geographic Indications Act (1998), art. 3.

274. Leong, supra note 268, at 240; Geographical Indications Act (1998), art. 3(1).

275. Geographical Indications Act (2014), art. 19.

276. Id. arts. 19 & 75-76.

277. Id. art. 4(6)-(9).

278. Intellectual Property (Border Enforcement) Act (2018), part 2; Audrey Yap, PowerPoint Slides: The European Union-Singapore Free Trade Agreement (EUSFTA): Intellectual Property Rights (2020), at 16-17.

279. Re Application for Extension of Time to file Notice of Opposition and Evidence by U.S. Dairy Export Council and Objection Thereto by Consorzio del Formaggio Parmigiano Reggiano [2019] SGIPOS 12, paras 2-3.

280. Id. para. 5(a).

281. Id. para. 5(b).

282. UNCTAD, The Asian Developmental State and the Flying Geese Paradigm, No. 213 (2013), at 3-6.

283. Le Ngoc Dang et al., State-owned Enterprises Reform in Viet Nam: Progress and Challenges, ADBI Working Paper Series, No. 1071 (2020), at 2; Delegation of the European Union to Vietnam, supra note 146, at 63.

284. EU-Vietnam FTA, ch. 11.

285. EU-Singapore FTA, arts. 11.3 & 11.4.

286. CPTPP, art. 17.1.

287. US-Singapore FTA (2003), art. 12.8.5; Mark McLaughlin, Defining a State-Owned Enterprise in International Investment Agreements, 34(3) ICSID Rev. 595, 617 (2020).

288. EU-Vietnam FTA, art. 11.1 (g).

289. EU-Vietnam FTA, art. 11.2.4.

290. EU-Singapore FTA, art. 11.3; EU-Vietnam FTA, arts. 11.4-11.6.

291. EU-Singapore FTA, arts. 11.9.1 & 11.14; EU-Vietnam FTA, art. 11.6.2(f).

292. Dang et al., supra note 283, at 5-6; Baker McKenzie, Vietnam Issues Decision No. 26 on the List of State-Owned Enterprises to Be Equitized by End-2020, Sept. 9, 2019, https://www.bakermckenzie.com/en/insight/publications/2019/09/vietnam-issues-decision-no-26 (last visited Sept. 29, 2020).

293. WTO, Parties, Observers and Accessions, https://www.wto.org/english/tratop_e/gproc_e/memobs_e.htm (last visited Sept. 29, 2020).

294. EU-Singapore FTA, art. 9.4.1; EU-Vietnam FTA, art. 9.4.1.

295. European Parliament, supra note 31, at 26-27.

296. Id. at 27; EU-Singapore FTA, annex 9-I.

297. Delegation of the European Union to Vietnam, supra note 146, at 55.

298. World Bank, supra note 28, at 46.

299. EU-Vietnam FTA, annex 9-B.

300. Delegation of the European Union to Vietnam, supra note 146, at 55.

301. EU-Singapore FTA, art. 9.15.2.

302. EU-Vietnam FTA, art. 9.17.3.

303. EU-Singapore FTA, art. 14.8.1; EU-Vietnam FTA, art. 15.11.1.

304. Nikos Lavranos, After Philip Morris II: The "Regulatory Chill" Argument Failed – Yet Again, Kluwer Arbitration Blog, Aug. 18, 2016, http://arbitrationblog.kluwerarbitration.com/2016/08/18/after-philipp-morris-ii-the-regulatory-chill-argument-failed-yet-again/?doing_wp_cron=1595562519.0411059856414794921875 (last visited Sept. 30, 2020); see generally Special Issue: UNCITRAL and Investment Arbitration Reform: Matching Concerns and Solutions (Malcolm Langford et al. eds.) in 21:2-3 J. World Invest. & Trade (2020).

305. United Nations Commission on International Trade Law (UNCITRAL), https://uncitral.un.org/en/working_groups/3/investor-state (last visited Sept. 30, 2020); UNCTAD, World Investment Report 2020 (2020), at 115-16

306. UNCTAD, supra note 305, at 111.

307. European Commission, EU Finalises Proposal for Investment Protection and Court System for TTIP, Nov. 12, 2015, https://ec.europa.eu/commission/presscorner/detail/en/IP_15_6059 (last visited Oct. 3, 2020); Shai Dothan & Joanna Lam, A Paradigm Shift? Arbitration and Court-Like Mechanism in Investors' Disputes, in 2020 Eur. YB Int'l Econ. L. 1, 10-15 (Güne Ünüvar et al. eds. 2020).

308. European Commission, Report from the Commission to the European Parliament, the Council, the European Economic and Social Committee and the Committee of the Regions: Report on the Implementation of the Trade Policy Strategy Trade for All: Delivering a Progressive Trade Policy to Harness Globalisation, COM (2017) 491 final (2017), at 8.

309. EU-Singapore Investment Protection Agreement (IPA) (2018), ch. 4, annex 5; EU-Singapore IPA (2019), ch. 4, annex 6.

310. UNCTAD, supra note 305, at 108.

311. European Commission, Consultation Strategy: Impact Assessment on the Establishment of a Multilateral

Investment Court for Investment Dispute Resolution (2016), at 1.

312. MTI, supra note 121, at 2; Mahdev Mohan, The European Union's Free Trade Agreement with Singapore – One Step Forward, 28 Steps Back? in International Investment Treaties and Arbitration Across Asia 180, 198 (Julien Chaisse & Luke Nottage eds. 2018).

313. European Commission, supra note 4, at 21; European Commission, supra note 311, at 2; Commission Draft Text TTIP – Investment (2015), sec. 3.

314. European Commission, supra note 308, at 8; Catherine Titi, Recent Developments in International Investment Law, in 2018:9 Eur. YB Int'l Eco L. 383, 392-93 (Marc Bungenberg et al. eds. 2019).

315. David Kleimann & Gesa Kübek, The Signing, Provisional Application, and Conclusion of Trade and Investment Agreements in the EU: The Case of CETA and Opinion 2/15, 45(1) Legal Issues Eco. Integration 13, 30-31 (2018).

316. TFEU, arts. 3(1) & 207(1).

317. Opinion 2/15 of the Court (2017), para. 292.

318. Id. para. 293; Marise Cremona, Shaping EU Trade Policy Post-Lisbon: Opinion 2/15 of 16 May 2017, 14 Eur. Cont'l L. Rev. 231, 255-56 (2018).

319. E.g., European Parliament, supra note 31, at 18-20; Locknie Hsu, EU-ASEAN Trade and Investment Relations with a Special Focus on Singapore, in 2015:6 Eur. YB Int'l Eco. L. 233, 243-45 (Christoph Herrmann et al. eds. 2015).

320. EU-Singapore IPA, ch. 2 & annex 1; EU-Vietnam IPA (2019), ch. 2 & annex 4.

321. EU-Singapore IPA, art. 1.2.1(d) & (h); EU-Vietnam IPA, art. 1.2(h).

322. EU-Vietnam IPA, arts. 2.1.2, 2.1.3 and 2.4.

323. EU-Singapore IPA, arts. 3.9 & 3.10.

324. EU-Singapore IPA, arts. 3.9.2, 3.9.4, 3.10.2 and 3.10.4.

325. EU-Vietnam IPA, arts. 3.38 & 3.39.

326. EU-Singapore IPA, arts. 3.38.2 & 3.39.2.

327. EU-Singapore IPA, arts. 3.9.2, 3.9.5, 3.10.2 and 3.10.5.

328. EU-Vietnam IPA, arts. 3.38.3, 3.38.5, 3.39.3 and 3.39.3.

329. Understanding on Rules and Procedures Governing the Settlement of Disputes (1994), art. 17.6.

330. EU-Singapore IPA, art. 3.19; EU-Vietnam IPA, art. 3.54.

331. EU-Singapore IPA, art. 3.19; EU-Vietnam IPA, art. 3.54.

332. EU-Singapore IPA, arts 3.9.16 & 3.10.14.

333. European Parliament, Legislative Train 09.2020 (2020), at 2.

334. CPTPP, art. 9.23.11; CPTPP, annex: 2; AFTINET, ISDS Victory: RCEP Won't Allow Corporations to Sue Governments, Oct. 2019, https://isds.bilaterals.org/?isds-victory-rcep-won-t-allow (last visited Oct. 5, 2020).

335. Vivienne Beth & Luke Nottage, International Investment Agreement and Investor-State Arbitration in Asia, in Handbook of International Investment Law and Policy 1, 8-11 (Julien Chaisse et al. eds. 2020).The UK-Japan FTA and the Regional Comprehensive Economic Partnership (RCEP) have review clauses for prospective discussion on this matter.

336. European Commission, Factsheet : A New EU Agreement with Japan (2018), at 6.

337. European Commission, supra note 8, at 2; Clifford Chance, The EU-Japan Economic Partnership Agreement: A Different Kind of Treaty? (2018), at 3.

338. Craig Tevendale & Vanessa Naish, Indonesia Indicates Intention to Terminate All of its Bilateral Investment Treaties? Mar. 20, 2014, https://hsfnotes.com/arbitration/2014/03/20/indonesia-indicates-intention-to-terminate-all-of-its-bilateral-investment-treaties/ (last visited Oct. 5, 2020).

339. The five ASEAN countries are Brunei, Laos, Malaysia, the Philippines and Singapore.UNCITRAL, Status: United Nations Convention on International Settlement Agreements Resulting from Mediation, https://uncitral.un.org/en/texts/mediation/conventions/international_settlement_agreements/status (last visited Oct. 5, 2020).

340. Singapore Convention on Mediation (2018), art. 12.

341. United Nations Convention on the Recognition and Enforcement of Foreign Arbitral Awards (1958); Hague Choice of Court Convention (2005).

342. Natalie Y. Morris-Sharma, The Singapore Convention is Live, and Multilateralism, Alive, 20(4) Cardozo J. Conflict Resol. 1009, 1014-16 (2019); United Nations Convention on International Settlement Agreements Result from Mediation (2018), art. 3(1).

343. United Nations Convention on International Settlement Agreements Result from Mediation (Singapore Convention on Mediation) (2018), art. 1(1); Mushegh Manukyan, Singapore Convention Series: A Call For A Broad Interpretation Of The Singapore Mediation Convention In The Context Of Investor-State Disputes, June 10, 2019, http://mediationblog.kluwerarbitration.com/2019/06/10/singapore-convention-series-a-call-for-a-broad-interpretation-of-the-singapore-mediation-convention-in-the-context-of-investor-state-disputes/?doing_wp_cron=15 95837214.8890540599822998046875 (last visited Oct. 5, 2020).

344. Chester Brown & Phoebe Winch, The Confidentiality and Transparency Debate in Commercial and Investment Mediation, in Mediation in International Commercial and Investment Disputes 320, 337 (Catherine Titi & Katia Fach Gómez eds. 2019).

345. EU-Singapore IPA, annexes 6, 7 and 11; EU-Vietnam IPA, annexes 8-11.

346. EU-Singapore IPA, annex 6, art. 4.3; EU-Vietnam IPA, annex 10, art. 4.3.

347. Singapore International Dispute Resolution Academy, SIDRA International Dispute Resolution Survey: 2020 Final Report (2020), at 24.

348. European Commission, supra note 4, at 22-23; TFEU, arts. 205 & 207(1); Consolidated versions of the Treaty on European Union, OJ C 326/15 (2012), arts. 3(5) & 21(3).

349. European Parliament, supra note 140, at 13.

350. European Commission, Cambodia Loses Duty-Free Access to the EU Market over Human Rights Concerns (2020), at 1.

351. Shaun Turton, Cambodia Loses EU Trade Privileges as it Rushes FTA with China, Aug. 12, 2020, Nikkei Asian Rev., https://asia.nikkei.com/Economy/Trade/Cambodia-loses-

EU-trade-privileges-as-it-rushes-FTA-with-China (last visited Oct. 6, 2020).

352. European Parliament, supra note 140, at 32.

353. Id. at 100-04.

354. Id.; Danielle Keeton-Olsen, Cambodia's Bicycle Firms Face Bumps in the Road, Dec. 5, 2019, BBC, https://www.bbc.com/news/business-50388764#:~:text=Made%20in%20Cambodia%20is%20a,also%20have%20been%20made%20there.&text=The%20factory%20can%20turn%20out,demand%20is%20there%2C%20he%20adds. (last visited Oct. 6, 2020).

355. European Parliament, supra note 21, para. H.

356. European Commission, Human Rights and Sustainable Development in the EU-Vietnam Relations with Specific Regard to the EU-Vietnam Free Trade Agreement (2016), at 3; Parliament of the United Kingdom, supra note 27.

357. EU-Singapore FTA, art. 16.18.1; EU-Vietnam FTA, art. 17.22.2.

358. EU-Singapore Partnership and Cooperation Agreement (PCA) (2018), arts. 1 & 44 and joint declaration on art. 44; EU-Vietnam PCA (2012), arts. 1 & 57.

359. EU-Singapore PCA, arts. 9(2) & 44(4) and joint declaration on art. 44; EU-Vietnam PCA, art. 57(4).

360. European Parliament, Human Rights in EU Trade Agreements: The Human Rights Clause and its Application (2019), at 9-10; Canada-EU Strategic Partnership Agreement (2016), art. 28.7.

361. Mckenzie & Messiner, supra note 102, at 842-43.

362. Id. at 841; EU-Singapore PCA, art. 50 & side letter; Parliament of the United Kingdom, 6 EU - Singapore Partnership and Cooperation Agreement, Mar. 19, 2014, https://publications.parliament.uk/pa/cm201314/cmselect/cmeuleg/83/83xxxv09.htm (last visited Oct. 7, 2020).

363. EU-Singapore PCA (2018), side letter; id. at 841.

364. E.g., Joint Local Statement on the Death Penalty Case of Moad Fadzir bin Mustaffa in Singapore (2020), at 1; European Parliament, Resolution on the Situation in South-East Asia, A3-0219/91 (1991), para. 28.

365. Raj Nadarajan, Number of Radicalised Individuals on ISA Orders at Highest in 7 Years, Aug. 4, 2019, Today, https://www.todayonline.com/singapore/number-radicalised-individuals-isa-orders-highest-7-years (last visited Oct. 20, 2020); see Ministry of Home Affairs - Singapore Prison Service, Judicial Executions, https://data.gov.sg/dataset/judicial-executions (last visited Oct. 20, 2020).

366. European Parliament, EU-Singapore Partnership and Cooperation Agreement (Resolution), P8-TA(2019)0093 (2019), para. 6.

367. Hoang & Sicurelli, supra note 48, at 373.

368. European Parliament, European Parliament Resolution of 17 April 2014 on the State of Play of the EU-Vietnam Free Trade Agreement, P7_TA(2014)0458 (2014), para. 25.

369. European Parliament, Driving Trade in the ASEAN Region: Progress of FTA Negotiations (2016), at 8; European Ombudsman, Decision in Case 1409/2014/MHZ on the European Commission's Failure to Carry Out a Prior Human Rights Impact Assessment of the EU-Vietnam Free Trade Agreement (2016), at 1.

370. European Parliament, European Parliament Resolution of 25 November 2010 on Human Rights and Social and Environmental Standards in International Trade Agreements, P7(2010)0434 (2010), para. 19(b).

371. European Ombudsman, supra note 369, at 1 & 11.

372. European Parliament, supra note 369, at 8.The European Commission explained that the PCA's human rights clauses achieved the same purpose.European Ombudsman, supra note 369, at 1.

373. European Parliament, supra note 369, at 8; European Parliament, European Parliament Resolution of 9 June 2016 on Vietnam, P8_TA(2016)0276 (2016), paras. P.1-10; 32 MEPs Send a Joint Letter to Mrs Mogherini and Commissioner Malmström to Ask for More Human Rights Progress in Vietnam, Sept. 17, 2018, http://tremosa.cat/noticies/32-meps-send-joint-letter-mrs-mogherini-and-commissioner-malmstrom-ask-more-human-rights-progress-vietnam (last visited Oct. 7, 2020).

374. European Commission, supra note 356, at 22.

375. Opinion 2/15 of the Court (2017), paras. 138-47.

376. Id. paras. 148-52; European Commission, supra note 4, at 22-23.

377. EU-Singapore PCA, arts. 31, 34, 35 and 44; EU-Vietnam PCA, arts. 30, 31, 42, 50 and 57.

378. EU-Singapore FTA, ch. 12; EU-Vietnam FTA, ch. 13.

379. EU-Singapore FTA, art. 12.16.1; EU-Vietnam FTA, art. 13.16.1.The EU's only FTA that applies the general dispute settlement mechanism to sustainable development provisions is the CARIFORUM-EU Economic Partnership Agreement.Gracia Marín Durán, Sustainable Development Chapters in EU Free Trade Agreements: Emerging Compliance Issues, 57 Common Market L. Rev. 1, 11 (2020); Kate ina Hradilová & Ond ej Svoboda, Sustainable Development Chapters in the EU Free Trade Agreements: Searching for Effectiveness, 52(6) J. World Trade 1019, 1025-29 (2018).

380. EU-Singapore FTA, arts. 12.16-12.17; EU-Vietnam FTA, arts. 12.16-12.17; Hradilová & Svoboda, supra note 379, at 1025-26.

381. Kathleen Claussen, Dispute Settlement under the Next Generation of Free Trade Agreement, 46(3) Ga. J. Int'l & Com. L. 611, 616 (2018).

382. EuroCham, supra note 138, at 56-59; DFDL, Investment Guide: Vietnam 2020 (7th ed. 2020), at 44-51.

383. Billy Melo Araujo, Labour Provisions in EU and US Mega-regional Trade Agreements: Rhetoric and Reality, 67 Int'l & Com. L. Q. 233, 240-41 (2018).

384. Cathleen D. Cimino-Isaacs, Labor Enforcement Issues in U.S. FTAs, CRS: In Focus (2000), at 2; United States-Mexico-Canada Agreement (2020), art. 31.8.3 & annexes 31-A & 31-B.

385. Cimino-Isaacs, supra note 384, at 2; Hradilová & Svoboda, supra note 379, at 1036.

386. Dominican Republic– Central America FTA, Arbitral Panel Established Pursuant to Chapter Twenty, In the Matter of Guatemala – Issues Relating to the Obligations Under

Article 16.2.1(a) of the CAFTA-DR, Final Report of the Panel (2017), para. 430.

387. Id. paras. 498-505.

388. European Commission, Non-paper of the Commission Services: Feedback and way forward on improving the implementation and enforcement of Trade and Sustainable Development chapters in EU Free Trade Agreements (2018), at 2.

389. Id. at 7-8.

390. European Commission, EU-Korea Dispute Settlement over Workers' Rights in Korea Enters Next Stage, Dec. 18, 2019, https://trade.ec.europa.eu/doclib/press/index.cfm?id=2095 (last visited Oct. 9, 2020); Durán, supra note 379, at 25.

391. European Parliament, supra note 6, para. 53.

392. See generally European Commission, supra note 8; European Parliament, Southeast Asia, Fact Sheets on the European Union (2020); European Commission, South Korea, Apr. 23, 2020, https://ec.europa.eu/trade/policy/countries-and-regions/countries/south-korea/ (last visited Aug. 19, 2020); European Commission, supra note 6; European Parliament, supra note 140, at 2 fns 5-8; European Commission, supra note 350, at 1; European Council & Council of the European Union, EU-China: Council Authorises Signature of the Agreement on Geographical Indications, July 20, 2020, https://www.consilium.europa.eu/en/press/press-releases/2020/07/20/eu-china-council-authorises-signature-of-the-agreement-on-geographical-indications/ (last visited Aug. 28, 2020).

伍

1. Kelly Evans, Sign of the Times: Emerging Asia Surpasses EU as U.S. Export Destination, May 13, 2010, Wall Street J., https://blogs.wsj.com/economics/2010/05/13/sign-of-the-times-emerging-asia-surpasses-eu-as-us-export-destination/ (last visited Nov. 17, 2010).

2. Ken Roberts, It's Official: Mexico Is No. 1 U.S. Trade Partner For First Time, Despite Overall U.S. Trade Decline, Feb. 5, 2020, Forbes, https://www.forbes.com/sites/kenroberts/2020/02/05/its-official-mexico-is-no-1-us-trade-partner-for-first-time-despite-overall-us-trade-decline/?sh=64baac343eab (last visited Nov. 17, 2020).

3. Office of the United States Trade Representative (USTR), Association of Southeast Asian Nations (ASEAN), https://ustr.gov/countries-regions/southeast-asia-pacific/association-southeast-asian-nations-asean#:~:text=ASEAN%20is%20currently%20our%2011th,was%20%24120.2%20billion%20in%202019. (last visited Nov. 17, 2020).

4. U.S. Mission to ASEAN, The United States and ASEAN: An Enduring Partnership, Aug. 2, 2019, https://asean.usmission.gov/the-united-states-and-asean-an-enduring-partnership/ (last visited Nov. 26, 2020).

5. Ian F. Fergusson & Brock R. Williams, The Trans-Pacific Partnership (TPP): Key Provisions and Issues for Congress, Congressional Research Service (CRS) Report (2016), at 4-6; Department of State, A Free and Open Indo-Pacific

Advancing a Shared Vision (2019), at 5-6.

6. Joseph R. Biden, Jr., Why America Must Lead Again: Rescuing U.S. Foreign Policy After Trump, 99(2) Foreign Aff. 64, 64-75 (2020); US President-elect Joe Biden Claims Victory. Read his Speech in Full, Nov. 8, 2020, ABC News, https://www.abc.net.au/news/2020-11-08/us-president-elect-joe-biden-victory-speech-full-transcript/12861698 (last visited Nov. 17, 2020); White House, Inaugural Address by President Joseph R. Biden, Jr., Jan. 20, 2021, https://www.whitehouse.gov/briefing-room/speeches-remarks/2021/01/20/inaugural-address-by-president-joseph-r-biden-jr/ (last visited Feb. 2, 2021).

7. Biden, supra note 6, at 65-75.

8. Department of Foreign Affairs and Trade, Comprehensive and Progressive Agreement for Trans-Pacific Partnership (CPTPP), https://www.dfat.gov.au/trade/agreements/in-force/cptpp/Pages/comprehensive-and-progressive-agreement-for-trans-pacific-partnership (last visited Nov. 17, 2020); Peter A. Petri & Michael G. Plummer, East Asia Decouples from the United States: Trade War, COVID-19, and East Asia's New Trade Blocs, Peterson Institute for International Economics (PIIE) Working Paper, No. 20-9 (2020), at 9.

9. Petri & Plummer, supra note 8, at 1-5.

10. John Gerard Ruggie, International Regimes, Transactions, and Change: Embedded Liberalism in the Postwar Economic Order, 36(2) Int'l Organ. 379, 392-98 (1982); G. John Ikenberry, The End of International Order? 94 (1) Int'l Aff. 7, 13-17 (2018).

11. Gregory Shaffer & Henry Gao, A New Chinese Economic Order? 23(3) J. Int'l Econ. L. 607, 61-13 (2020); Tom Ginsburg, Authoritarian International Law, 114(2) Am. J. Int'l L. 221, 231-41 (2020).

12. USTR, Trade Agreements, https://ustr.gov/trade-agreements (last visited Nov. 17, 2020).

13. Tommy Koh, The United States and Southeast Asia, in America's Role in Asia, Asian and American Views: Recommendations for U.S. Policy from Both Sides of the Pacific 35, 37 (2008); Umair Jamal, Has the United States lost Southeast Asia to China? Sept. 18, 2020, ASEAN Today, https://www.aseantoday.com/2020/09/has-the-united-states-lost-southeast-asia-to-china/ (last visited Nov. 18, 2020).

14. Association of Southeast Asian Nations (ASEAN), ASEAN Trade in Goods (IMTS) Dashboard, https://data.aseanstats.org/dashboard/imts.hs2 (last visited Nov. 18, 2020); Ayman Falak Medina, ASEAN Overtakes EU to Become China's Top Trading Partner in Q1 2020, May 15, 2020, ASEAN Briefing, https://www.aseanbriefing.com/news/asean-overtakes-eu-become-chinas-top-trading-partner-q1-2020/ (last visited Nov. 18, 2020).

15. European Commission, Trade for All: Towards a More Responsible Trade and Investment Policy (2015), at 31-32.

16. Fredrik Söderbaum, Rethinking Regionalism 176-77 (2016); Heiner Hanggi, Interregionalism as a Multifaceted Phenomenon: In Search of a Typology, in Interregionalism and International Relations: A Stepping Stone to Global

Governance? 31, 40-41 (Jurgen Ruland et al. 2005).

17. Alvin Y. So, Social Change and Development: Modernization, Dependency, and World-System Theories 160-65 (1990).
18. Trans-Pacific Partnership Leaders Statement (2015).
19. Ikenberry, supra note 10, at 13-14.
20. Ikenberry, supra note 10, at 14; G. John Ikenberry, The Next Liberal Order: The Age of Contagion Demands More Internationalism, Not Less, 99(4) Foreign Affairs 133, 137-38 (2020).
21. Ruggie, supra note 10, at 392-98; Charles Krauthammer, The Unipolar Moment, 70(1) Foreign Affairs 23, 24-27 (1990).
22. Henry Kissinger, World Order 188-209 (2014).
23. Id. at 208-11.
24. Michael C. Webb & Stephen D. Krasner, Hegemonic Stability Theory: An Empirical Assessment, 15(2) Rev. Int'l Stud. 183, 183-86 (1989).
25. ASEAN +3 Macroeconomic Research Office, Theme: ASEAN+3 Region 20 Years after the Asian Financial Crisis, ASEAN+3 Regional Economic Outlook 2017 (2017), at 46.
26. Rodolfo C. Severino, Southeast Asia in Search of an ASEAN Community: Insights from the Former ASEAN Secretary-General 264-69 (2006).
27. Remarks by President Barack Obama at Suntory Hall, Nov. 14, 2009, White House, https://obamawhitehouse.archives. gov/the-press-office/remarks-president-barack-obama-suntory-hall (last visited Nov. 19, 2020).
28. See 2010 Leaders' Declaration (2010) ("An FTAAP should be . . . building on ongoing regional undertakings, such as ASEAN+3, ASEAN+6, and the Trans-Pacific Partnership, among others.").
29. Department of Defense, Indo-Pacific Strategy Report: Preparedness, Partnerships, and Promoting a Networked Region (2019), at 3-4.
30. USTR, National Trade Policy for 2017 (2017), at 10-13.
31. Id. at 4-5; Brandon J. Murrill, The WTO's Appellate Body Loses Its Quorum: Is This the Beginning of the End for the "Rules-Based Trading System" ? CRS Legal Sidebar (2019), at 1-2.
32. Tang Siew Mun, ASEAN's Hard Look at Indo-Pacific, 3/2018 ASEAN Focus 6, 6-7 (2018).
33. Hillary Clinton, America's Pacific Century, 189 Foreign Pol'y 56, 59 (2011).
34. Id. at 57-58; President of the United States, National Security Strategy of the United States of America (2017), at 45.
35. Biden, supra note 6, at 64-75; US President-elect Joe Biden Claims Victory. Read his Speech in Full, supra note 6.
36. Karen Yeung, China Urged to Avoid Cautionary Tale of Japan and the Plaza Accord in Currency Deal with US, Feb. 26, 2019, South China Morning Post, https://www.scmp. com/economy/china-economy/article/2187773/china-urged-avoid-cautionary-tale-japan-and-plaza-accord (last visited Nov. 20, 2020).
37. Samuel S. Kim, Regionalization and Regionalism in Asia, 4(1) J. E Asian Stud. 39, 40-41 (2004); Sueo Sudo, Japan's

ASEAN Policy: In Search of Proactive Multilateralism 120-41 (2015).
38. Deborah K. Elms & C.L. Lim, An Overview and Snapshot of the TPP Negotiations, in The Trans-Pacific Partnership: A Quest for a Twenty-first-Century Trade Agreement 21, 36-37 (C.L. Lim et al. eds. 2012).
39. USTR, supra note 30, at 10-12.
40. See generally Office of the United States Trade Representative (USTR), Trade Agreements, https://ustr.gov/trade-agreements (last visited Nov. 6, 2020); Enforcement and Compliance, https://tcc.export.gov/Trade_Agreements/All_Trade_Agreements/index.asp (last visited Nov. 6, 2020); USTR, Fact Sheet: Economic and Trade Agreement between the United States of America and the People's Republic of China (2000), at 1; Cathleen D. Cimino-Isaacs, U.S.-Japan Trade Agreement Negotiations, CRS in Focus (2000), at 1; Simon Lester et al., Trump's First Trade Dal, Free Trade Bulletin, No. 73 (2019), at 1-2; USTR, United States and Taiwan Hold Dialogue on Trade and Investment Priorities, Oct. 6, 2016, https://ustr.gov/about-us/policy-offices/press-office/press-releases/2016/october/united-states-and-taiwan-hold (last visited Nov. 6 2020).
41. Lester et al., supra note 40, at 2-4.
42. Simon Lester & Inu Manak, The Rise of Populist Nationalism and Renegotiation of NAFTA, 21(1) J. Int'l Econ. L. 151, 160-67 (2018); Jen Kirby, USMCA, Trump's New NAFTA Deal, Explained in 600 words, July 1, 2020, VOX, https://www.vox.com/2018/10/3/17930092/usmca-mexico-nafta-trump-trade-deal-explained (last visited Nov. 20, 2020).
43. Kirby, supra note 42.
44. USTR, U.S.-Japan Trade Agreement Text, https://ustr.gov/countries-regions/japan-korea-apec/japan/us-japan-trade-agreement-negotiations/us-japan-trade-agreement-text (last visited Nov. 20, 2020).
45. Cimino-Isaacs, supra note 40, at 1-2; USTR, United States-Japan Trade Agreement (USJTA) Negotiations: Summary of Specific Negotiating Objectives (2018), at 1-14.
46. E.g., World Trade Organization (WTO), Trade Policy Review, Japan: Minutes of the Meeting: Addendum, WT/TPR/M/397/Add.1 (2020), at 83 & 98.
47. Id. at 202.
48. E.g. id. at 8, 83, 202-23.
49. General Agreement on Tariffs and Trade (1994) (GATT), art. XXIV:5.
50. GATT, art. art. XXIV:5(c).
51. Office of the Secretary of State, The Elements of the China Challenge (2020), at 4-7.
52. President of the United States, supra note 34, at i-25.
53. Graham Allison, Destined for War: Can America and China Escape Thucydides's Trap xvi-xvii (2017).
54. Lee Hsien Loong, The Endangered Asian Century: America, China and the Perils of Confrontation, 99(4) Foreign Aff. 52,52-61 (2020).
55. Full Text of Chinese President Xi Jinping's Remarks at the 27th APEC Economic Leaders' Meeting, Nov. 20, 2020, http://www.xinhuanet.com/english/2020-11/20/c_139531308.htm (Nov. 23, 2020).

56. Pasha L. Hsieh, The Taiwan Question and the One-China Policy: Legal Challenges with Renewed Momentum, 84(3) Die Friedens-Warte: J. Int'l Peace & Organ. 59, 59-66 (2009).

57. Richard M. Nixon, Asia After Viet Nam, 46(1) Foreign Aff. 111, 112-19 (1967).

58. Id. at 121.

59. Full Text of Clinton's Speech on China Trade Bill, Mar. 9, 2000, https://www.iatp.org/sites/default/files/Full_Text_of_Clintons_Speech_on_China_Trade_Bi.htm (last visited Nov. 23, 2020).

60. Id.

61. Yen Nee Lee, Here Are 4 Charts that Show China's Rise as a Global Economic Superpower, Sept. 23, 2019, CNBC, https://www.cnbc.com/2019/09/24/how-much-chinas-economy-has-grown-over-the-last-70-years.html (last visited Nov. 19, 2020); Office of the Secretary of State, supra note 51, at 4 & 36.

62. Office of the Secretary of State, supra note 51, at 34-35; Congyan Cai, New Great Powers and International Law in the 21st Century, 24(3) Eur. J. Int'l L. 755, 775-90 (2013).

63. Kurt M. Campbell & Ely Ratner, The China Reckoning: How Beijing Defied American Expectation, 97(2) Foreign Aff. 60, 60-63 (2018); Remarks Delivered by Secretary of State Michael R. Pompeo, July 23, 2020 in Trump on China: Putting America First 89, 91-95 (2020).

64. Allison, supra note 53, at 219-20.

65. Office of the Secretary of State, supra note 51, at 9-18.

66. Id.

67. Reuters Staff, Trump Says U.S. Treated Unfairly vs China at WTO: Tweet, Apr. 6, 2018, Reuters, https://www.reuters.com/article/us-usa-trade-china-trump-idUSKCN1HD224 (Nov. 24, 2020).

68. Chad P. Brown, US-China Trade War Tariffs: An Up-to-Date Chart, Feb. 14, 2020, PIIE Charts, https://www.piie.com/research/piie-charts/us-china-trade-war-tariffs-date-chart (last visited Nov. 19, 2020).

69. Panel Report, United States – Tariff Measures on Certain Goods from China, WT/DS543/R (2020), paras. 8.1-8.2.

70. Shelly Banjo et al., Trump Backs Threats Against China With TikTok, WeChat Bans, Sept. 18, 2020, Bloomberg, https://www.bloomberg.com/news/articles/2020-09-18/u-s-to-block-some-wechat-tiktok-transactions-as-of-sunday (last visited Nov. 24, 2020).

71. Panel Report, Russia – Measures Concerning Traffic in Transit, WT/DS512/R (2019), paras. 7.66-7.77. & 7.102-03.

72. Id.; Mona Pinchis-Paulsen, Trade Multilateralism and U.S. National Security: The Making of the GATT Security Exceptions, 41 Mich. J. Int'l L. 109, 112-17 (2020).

73. Request for Consultations by Hong Kong, China, United States – Origin Marking Requirement, WT/DS597/1, G/L1365, G/RO/D/8, G/TBT/D/53 (2020), at 1-2.

74. Id.

75. Kong Qingjiang, U.S.-China Bilateral Investment Treaty Negotiations: Context, Focus, and Implications, 7(1) Asian J. WTO & Int'l Health and Policy 181, 183-89 (2012); Joshua P. Meltzer and Neena Shenai, The US-China Economic

Relationship: A Comprehensive Approach, Brookings Policy Brief (2019), at 18; European Commission, Key Elements of the EU-China Comprehensive Agreement on Investment (2020), at 1-2.

76. Lauren Gloudeman & Nargiza Salidjanova, Policy Considerations for Negotiating a U.S.-China Bilateral Investment Treaty, U.S. China Economic and Security Review Commission Staff Research Report (2016), at 5.

77. See generally Economic and Trade Agreement between the Government of the United States of America and the Government of the People's Republic of China (2020) (US-China Agreement).

78. Id. art. 6.2 & annex 6.1.As of November 2020, China has only met 76%, 58% and 35% of commitments for purchasing US agricultural, manufactured and energy products, respectively.Chad P. Brown, US-China Phase One Tracker: China's Purchases of US goods: As of November 2020, Dec. 23, 2020, PIIE Charts, https://www.piie.com/research/piie-charts/us-china-phase-one-tracker-chinas-purchases-us-goods (last visited Dec. 24, 2020).

79. Kimberly Amadeo, US Trade Deficit With China and Why It's So High, Oct. 12, 2020, Balance, https://www.thebalance.com/u-s-china-trade-deficit-causes-effects-and-solutions-3306277 (last visited Nov. 24, 2020).

80. US-China Agreement, supra note 77, art. 6.2(a)-(d); Chad P. Brown, US-China Phase One Tracker: China's Purchases of US Goods, Nov. 9. 2020, PIIE Charts, https://www.piie.com/research/piie-charts/us-china-phase-one-tracker-chinas-purchases-us-goods (last visited Nov. 24, 2020).

81. Campbell & Ratner, supra note 63, at 70.

82. Allison, supra note 53, 121-26; id. at 68-69.

83. White House, Remarks by President Biden on America's Place in the World, Feb. 4, 2021, https://www.whitehouse.gov/briefing-room/speeches-remarks/2021/02/04/remarks-by-president-biden-on-americas-place-in-the-world/ (last visited Feb. 8, 2021); Biden, supra note 6, at 65-76; Lia Eustachewich, Joe Biden Calls Russia an 'Opponent', China a 'Competitor' during Town Hall, Sept. 18, 2020, N.Y. Post, https://nypost.com/2020/09/18/joe-biden-calls-russia-an-opponent-and-china-a-competitor/ (last visited Nov. 26, 2020).

84. U.S. Mission to ASEAN, U.S. – ASEAN Timeline, https://asean.usmission.gov/our-relationship/policy-history/u-s-asean-timeline/ (last visited Nov. 26, 2020); Joint Communique: The First ASEAN-US Dialogue (1977).

85. Joint Vision Statement on the ASEAN-US Enhanced Partnership (2005); Joint Statement on the ASEAN-U.S. Strategic Partnership (2015).

86. U.S. Mission to ASEAN, supra note 84.

87. Id.

88. Hau Ding & Eileen Ng, Trump Skips Southeast Asia Summit for Third Year in a Row, Nov. 14, 2020, ABC News, https://abcnews.go.com/International/wireStory/trump-skips-southeast-asia-summit-year-row-74204278 (Nov. 26, 2020).

89. The US representative was National Security Adviser Robert O-Brien.In 2019, only three ASEAN heads of states

(Thailand, Vietnam and Laos) met with him.Id.Linette Lai, Regional Leaders Skip Asean-US summit, Trump Calls for 'Special Summit' in US Next Year, Nov. 4, 2019, Straits Times, https://www.straitstimes.com/asia/regional-leaders-skip-asean-us-summit-trumps-representative-invites-leaders-to-special-summit (last visited Nov. 26, 2020).

90. Tang Siew Mun et al., Survey Report: State of Southeast Asia: 2019, 1/2019 ASEAN Focus 6, 10-11 (2019).

91. Charissa Yong, 'America is Back': Biden's Picks for Cabinet Signal that Days of 'America First Are Over, Nov. 25, 2020, Straits Times, https://www.straitstimes.com/world/united-states/america-is-back-bidens-picks-for-cabinet-signal-that-days-of-america-first-are (last visited Nov. 26, 2020).

92. Lee, supra note 54, at 53-59.

93. Bruce Vaughn, U.S. Strategic and Defense Relationship in the Asia-Pacific Region, CRS Report (2007), at 15-16.

94. Department of Defense, supra note 29, at 34.

95. Id. at 30-33.

96. As of 2020, ASEAN has 10 Dialogue Partners, including Australia, Canada, China, the European Union, India, Japan, South Korea, New Zealand, Russia and the United States.ASEAN Dialogue Coordination July 2015-July 2024, https://asean.org/asean/external-relations/asean-dialogue-coordinatorship/ (last visited Nov. 25, 2020).

97. Asia Reassurance Initiative Act of 2018 (2018) (ARIA), sec. 102(3).

98. Department of State, supra note 5, at 7.

99. Michael Green et al., Powers, Norms, and Institutions: The Future of the Indo-Pacific from a Southeast Asia Perspective, Results of a CSIS Survey of Strategic Elites (2020), at 25-26.

100. Id.

101. ARIA, sec. 303.

102. ASEAN Outlook on the Indo-Pacific (2019), paras. 5 & 20.

103. USTR, Enterprise for ASEAN Initiative, https://ustr.gov/archive/Trade_Agreements/Regional/Enterprise_for_ASEAN_Initiative/Section_Index.html (last visited Nov. 26, 2020).

104. Informal Consultations between the ASEAN Economic Ministers and the United States Trade Representative (AEM-USTR) (2002).

105. USTR, supra note 103.

106. Id.

107. USTR, Trade & Investment Framework Agreements, https://ustr.gov/trade-agreements/trade-investment-framework-agreements (last visited Nov. 26, 2020).

108. White House, Fact Sheet: The U.S.-ASEAN Expanded Economic Engagement (E3) Initiative, Nov. 19, 2012, https://obamawhitehouse.archives.gov/the-press-office/2012/11/19/fact-sheet-us-asean-expanded-economic-engagement-e3-initiative (last visited Nov. 26, 2020).

109. Id.

110. U.S. Mission to ASEAN, U.S.-ASEAN Connect Initiative, https://asean.usmission.gov/our-relationship/policy-history/usaseanconnect-2/ (last visited Nov. 26, 2020).

111. Id.

112. Department of State, 2019 Indo-Pacific Business Forum Showcases High-Standard U.S. Investment, Nov. 3, 2019, https://www.state.gov/2019-indo-pacific-business-forum-showcases-high-standard-u-s-investment/ (last visited Nov. 27, 2020).

113. U.S. Mission to ASEAN, The United States and ASEAN: Expanding the Enduring Partnership, Nov. 3, 2019, https://asean.usmission.gov/the-united-states-and-asean-expanding-the-enduring-partnership/ (last visited Nov. 27, 2020); ASEAN Economic Blueprint 2025 (2015), para. 10(iii)(b).

114. U.S. Mission to ASEAN, supra note 113.

115. Id.

116. Plan of Action to Implement the ASEAN-United States Strategic Partnership (2021-25), paras 2 & 4.Previous initiatives are included in the Plan of Action to Implement the ASEAN-U.S. Strategic Partnership (2016-20) and the Plan of Action to Implement the ASEN-U.S. Enhanced Partnership for Enduring Peace and Prosperity (2011-15).

117. USTR, supra note 107.

118. There was no Trade and Investment Agreement between the United States and Singapore.See also Dean A. DeRosa, US Free Trade Agreements with ASEAN, in Free Trade Agreements: US Strategies and Priorities 117, 117 ft 1 (Jeffrey J. Schott ed. 2004) ("The negotiations of the US-Singapore FTA began before November 2002 – that is, the US-Singapore FTA was negotiated outside the EAI.").

119. Statement of Tommy Koh.Ministry of Trade and Industry, Video of the FTA Symposium 2019, https://www.youtube.com/watch?v=IiAoCLqcnGI&feature=youtu.be&fbclid=IwAR2dFQUT_gGjgOmAHZC3M2h-pDP5N6prGu1TzlAKCbNthE8VdGsJbe8gLvA (last visited Nov. 27, 2020).

120. USTR, supra note 40.

121. Note that the US-Cambodia agreement is called the Trade Relations & Intellectual Property Rights Agreement. Enforcement and Compliance, supra note 40.

122. Specialist in Asian Affairs & Specialist in International Trade and Finance, Vietnam PNTR Status and WTO Accession Issues and Implications for the United States, CRS Report (2007), at 10-13.

123. Analyst in Asian Affairs, Foreign Affairs, Defense, and Trade Division, The Vietnam-U.S. Bilateral Trade Agreement, CRS Report (2002), at 2-7.

124. Raymond J. Ahearn & Wayne M. Morrison, U.S.-Thailand Free Trade Agreements, CRS Report (2006), at 1.

125. Id. at 6-11.

126. Emma Chanlett-Avery et al., Thailand: Background and U.S. Relations, CRS Report (2015), at 8-9.

127. Michael F. Martin, The Proposed U.S. Malaysia Free Trade Agreement, CRS Report (2008), at 2 & 5-6.

128. Id. at 1 fn. 4.

129. Id. at 9-10.

130. Ian F. Fergusson & Bruce Vaughn, The Trans-Pacific Partnership Agreement, CRS Report (2011), at 4-5.

131. US-Vietnam BTA (2000), art. 13; US-Vietnam TIFA (2007),

annex.

132. Michael F. Martin, U.S.-Vietnam Economic and Trade Relations: Issues in 2019, CRS: In Focus (2019), at 2.

133. Elijah Felice Rosales, US, PHL to Open Talks on Free-trade Deal, Nov. 25, 2019, BM, https://businessmirror.com.ph/2019/11/25/us-phl-to-open-talks-on-free-trade-deal/ (last visited Nov. 30, 2020).

134. Elms & Lim, supra note 38, at 21-22.

135. Fergusson & Williams, supra note 5, at 1.

136. Id. 1-2.

137. Australian Government: Department of Foreign Affairs and Trade (DFAT), CPTPP News, https://www.dfat.gov.au/trade/agreements/in-force/cptpp/news/Pages/cptpp-news (last visited Dec. 7, 2020).

138. David Lawder, Obama Administration Suspends Pacific Trade Deal Vote Effort, Nov. 12, 2016, Reuters, https://fr.reuters.com/article/us-trade-tpp-idUSKBN13629G (last visited Dec. 7, 2020).

139. Letter from María L. Pagán, Acting United States Trade Representative, to the Trans-Pacific Partnership Depositary, Jan. 30, 2017.

140. DFAT, supra note 137; Ralph Jennings, How An Australia-Canada-Japan Led TPP-11 Trade Deal Compares to China's Alternative, Mar. 13, 2019, Forbes, https://www.forbes.com/sites/ralphjennings/2018/03/13/how-japan-australia-and-nine-friends-will-resist-china-in-world-trade/?sh=297e2a777dd6 (last visited Dec. 8, 2020).

141. Joint Leaders' Statement on the RCEP Negotiations (2018).

142. DFAT, supra note 137; Jennings, supra note 140; Comprehensive and Progressive Agreement for Trans-Pacific Partnership (2018), arts. 1-2; see Deborah Elms, Understanding the CPTPP, 6/2017 ASEAN Focus 8, 8 (2017) ("Overall, approximately 28 total pages have been frozen from the 622 pages of rules.").

143. DFAT, supra note 137.

144. CPTPP Statement on the Occasion of the Third Commission Meeting (2020), at 2.

145. Id. at 3.

146. Comprehensive and Progressive Agreement for Trans-Pacific Partnership (CPTPP) Accession Process, Annex to CPTPP/COM/2019/D002, paras. 1-3.

147. Id. para. 4.1.

148. Ben Blanchard, Taiwan Talks up Trans-Pacific Trade Pact after Exclusion from New Deal, Nov. 16, 2020, Reuters, https://cn.reuters.com/article/taiwan-trade-idINKBN27W0BG (last visited Dec. 8, 2020); Department for International Trade & The Rt Hon Elizabeth Truss MP, UK Applies to Join Huge Pacific Free Trade Area CPTPP, Jan. 30, 2021, https://www.gov.uk/government/news/uk-applies-to-join-huge-pacific-free-trade-area-cptpp (last visited Feb. 4, 2021).

149. Full Text of Chinese President Xi Jinping's Remarks at the 27th APEC Economic Leaders' Meeting, supra note 55.

150. 中共中央关于制定国民经济和社会发展十四个五年规划和二○三五年远景目标的建议 [The Central Committee of the Chinese Community Party's Proposals for Formulating the 14th Five-Year Plan (2021-2025) for National Economic and Social Development and the Long-Range Objectives through the Year 2035] (2020), http://www.gov.cn/zhengce/2020-11/03/content_5556991.htm (last visited Dec. 10, 2020).

151. Jung Suk-yee, South Korea Moving to Join CPTPP, Dec. 9, 2020, Bus. Korea, http://www.businesskorea.co.kr/news/articleView.html?idxno=56443 (Dec. 9, 2020).

152. Statement by the President on the Signing of the Trans-Pacific Partnership (2016).

153. Yasu Ota & Shuichi Maruyama, Ocean's Eleven, 2018-12-18 Nikkei Asian Rev. 10, 16 (2018); see Summary of the Regional Comprehensive Economic Partnership Agreement (2020) ("RCEP participating countries account for about 30% of the global GDP . . . .").

154. C.L. Lim et al., What is "High-Quality, Twenty-First Century" Anyway? in The Trans-Pacific Partnership: A Quest for a Twenty-first-Century Trade Agreement 3, 8-10 (C.L. Lim et al. eds. 2012).

155. Benedict Kingsbury et al., Introduction: The Essence, Significance and Problems of the Trans-Pacific Partnership, in Megaregulation Contested: Global Economic Ordering after TPP 1, 2-3 (Benedict Kingsbury et al. eds. 2019).

156. Government of Canada, About Tariff Elimination under the CPTPP, https://www.international.gc.ca/trade-commerce/trade-agreements-accords-commerciaux/agr-acc/cptpp-ptpgp/tariff-elimination-droits_de_douane.aspx?lang=eng (last visited Dec. 10, 2020); Ministry of Trade and Trade Industry Singapore, Regional Comprehensive Economic Partnership Signed (2020), at 4.

157. APL Logistics et al., Understanding the TPP11: Market Access for Goods (2017), at 6-9.

158. Asian Trade Centre, Ten Benefits of the Comprehensive and Progressive Trans-Pacific Partnership (CPTPP) (2018), at 5.

159. Fergusson & Williams, supra note 5, at 20-21.

160. Vu Dung, Vietnam Imports US$6.6 billion in Textile-garment Materials in H1, Aug. 12, 2019, Saigon Times, https://english.thesaigontimes.vn/70513/vietnam-imports-us$66-billion-in-textile-garment-materials-in-h1.html (last visited Dec. 10, 2020).

161. Trans-Pacific Partnership (2016) (TPP), chs. 10-12.

162. Luke Nottage, The Investment Chapter and ISDS in the TPP: Lessons from Southeast Asia, ISEAS Yusof Ishak Institute Economics Working Papers, No. 2017-2 (2017), at 14-15.

163. TPP, art. 29.5.

164. DFAT, CPTPP Suspensions Explained (2019), at 1-2.

165. Post-Cabinet Press Conference: Monday, 31 October 2017 (2017), at 1.

166. These countries include Australia, Brunei, Malaysia, Peru and Vietnam. New Zealand Foreign Affairs & Trade, Comprehensive and Progressive Agreement for Trans-Pacific Partnership Text and Resources, https://www.mfat.govt.nz/en/trade/free-trade-agreements/free-trade-agreements-in-force/cptpp/comprehensive-and-progressive-agreement-for-trans-pacific-partnership-text-and-resources/ (last visited Dec. 11, 2020).

167. Statement by the President on the Signing of the Trans-

Pacific Partnership, supra note 152.
168. TPP, arts. 14.8, 14.11 and 14.13.
169. TPP, arts. 14.11.3, 14.13.3, and 14.18.
170. U.S. Chamber of Commerce, The Next Stage of US-Vietnam Relations: A Blueprint to Deepen Trade and Investment Ties (2019), at 8.
171. TPP, arts. 17.4 & 17.6.
172. TPP, art. 7.3.1.
173. Australia, Canada, Japan, New Zealand and Singapore are parties to the Agreement on Government Procurement. WTO, Parties, Observers and Accessions, https://www.wto.org/english/tratop_e/gproc_e/memobs_e.htm (last visited Dec. 11, 2020).
174. TPP, annex 15-A, Schedule of Malaysia, sec. G.1.
175. TPP, arts. 23.1.5 & 23.4.
176. TPP, arts. 19.15 & 20.23.
177. Biden, supra note 6, at 64-75.
178. Jeffrey J. Schott, Rebuild the Trans-Pacific Partnership back better, Trade and Investment Policy Watch, Nov. 30, 2020, https://www.piie.com/blogs/trade-and-investment-policy-watch/rebuild-trans-pacific-partnership-back-better (last visited Dec. 29, 2020).
179. DFAT, supra note 164, at 1-6.
180. Liang Pei-chi et al., Interview/Taiwan's Ban on Japan's Fukushima Food Hindering CPTPP Bid: Minister, Nov. 19, 2020, CNA, https://focustaiwan.tw/politics/202011190017 (last visited Dec. 15, 2020).
181. ARIA, sec. 209(a)(1).
182. Reuters Staff, 50 U.S. Senators Call for Talks on Trade Agreement with Taiwan, Oct. 2, 2020, Reuters, https://www.reuters.com/article/us-usa-taiwan-china/50-u-s-senators-call-for-talks-on-trade-agreement-with-taiwan-idUSKBN26M7HL (last visited Dec. 15, 2020); Schott, supra note 178.
183. U.S. Department of State, Inaugural U.S.-Taiwan Economic Prosperity Partnership Dialogue, Nov. 20, 2020, https://www.state.gov/inaugural-u-s-taiwan-economic-prosperity-partnership-dialogue/ (last visited Dec. 15, 2020).
184. Reuters Staff, Thousands Join Taiwan Protest, Anger Focused on U.S. Pork, Nov. 22, Reuters, https://www.reuters.com/article/taiwan-protests-idINKBN28206Z (last visited Dec. 15, 2020).
185. U.S. Department of State, PRC Military Pressure Against Taiwan Threatens Regional Peace and Stability, Jan. 23, 2021, https://www.state.gov/prc-military-pressure-against-taiwan-threatens-regional-peace-and-stability/ (last visited Feb. 4, 2021).
186. United States International Trade Commission (USITC), The Pros and Cons of Entering Into Negotiations on Free Trade Area Agreements with Taiwan, the Republic of Korea, and ASEAN, or the Pacific Rim Region in General: Reports to the Senate Committee on Finance on Investigation No. TA-332-259 under Section 332 of the Tariff Act of 1930, USITC Publications 2166 (1989), at 3-3 – 3-8.
187. S. Res. 311 (111th Congress) (2009); S. Res. 218 (112th Congress) (2011).Both resolutions were not adopted.
188. Lugar urges US-Asean FTA negotiations, June 29, 2011,

Nation, https://www.bilaterals.org/?lugar-urges-us-asean-fta&lang=es (last visited Dec. 15, 2020).
189. ASEAN Secretariat, ASEAN Key Figures 2020 (2020), at 39; USTR, supra note 3.
190. ASEAN Secretariat, supra note 189, at 57.
191. ARIA, secs. 205 & 303.
192. European Commission, supra note 15.
193. UK Strikes Singapore and Vietnam Trade Deals, Start of New Era of Trade with Asia, Dec. 11, 2020, https://www.gov.uk/government/news/uk-strikes-singapore-and-vietnam-trade-deals-start-of-new-era-of-trade-with-asia (last visited Dec. 16, 2020).
194. See Razeen Sally, Southeast Asia in the WTO 58-59 (2004) (stating that the agreement includes "innovative provisions for goods manufactured in Batam and Bintan, and trans-shipped through Singapore, to have duty-free access to the U.S. market.").
195. Annex 3B of the US-Singapore FTA includes the list of products that are covered under the Integrated Sourcing Initiative.
196. Ithnain Rossman, The Goods Package, in The United States-Singapore Free Trade Agreement: Highlights and Insights 61, 69 (Tommy Koh & Chang Li Lin eds. 2004).
197. USITC, supra note 186, at 3-4.
198. Severino, supra note 26, at 328-29.
199. Cambodia, Laos, Myanmar, Thailand, and Vietnam are the target countries of the Initiative.United States Agency for International Development, Lower Mekong Initiative (LMI), Aug. 28, 2020, https://www.usaid.gov/asia-regional/lower-mekong-initiative-lmi#:~:text=The%20Lower%20Mekong%20Initiative%20(LMI,shared%20challenges%20in%20the%20region. (last visited Dec. 16, 2020).
200. Adrien Chorn, The Asia Reassurance Initiative Act: Overlooking Smaller Players in Southeast Asia, Apr. 25, 2019, CSIS, http://www.cogitasia.com/the-asia-reassurance-initiative-act-overlooking-smaller-players-in-southeast-asia/ (last visited Dec. 16, 2020).
201. Shaun Turton, China and Cambodia Sign FTA on Heels of EU Sanctions, Oct. 12, 2020, Nikkei Asia, https://asia.nikkei.com/Economy/Trade/China-and-Cambodia-sign-FTA-on-heels-of-EU-sanctions (last visited Dec. 16, 2020).
202. Michael F. Martin, U.S. Restrictions on Relations with Burma, CRS Report (2020), at 3-4.
203. Id. at 10-11.
204. Michelle Nichols, China Fails to Stop U.N. Security Council Myanmar Briefing, Oct. 25, 2018, Reuters, https://www.reuters.com/article/us-myanmar-rohingya-un-idUSKCN1MY2QU (last visited Dec. 16, 2020).
205. Jason Tower, China Using Pandemic Aid to Push Myanmar Economic Corridor, May 27, 2020, United States Institute of Peace, https://www.usip.org/publications/2020/05/china-using-pandemic-aid-push-myanmar-economic-corridor (last visited Dec. 16, 2020).
206. U.S. Department of State, Briefing with Senior State Department Officials On the State Department's Assessment of Recent Events in Burma, Feb. 2, 2021, https://www.state.gov/briefing-with-senior-state-department-officials-

on-the-state-departments-assessment-of-recent-events-in-burma/ (last visited Feb. 4, 2021).

207. Charter of the Association Southeast Asian Nations (2007), art. 21.2.

陸

1. 1994 Leaders' Declaration (1994) (Bogor Declaration).
2. Asia-Pacific Economic Cooperation (APEC Policy Support Unit (PSU), APEC in Charts 2019 (2019), at 2.
3. Id. at 16; Regional Trade Agreements, https://www.wto.org/english/tratop_e/region_e/region_e.htm (last visited Jan. 27, 2020).
4. For the legal basis for free trade agreements, refer to Article XXIV of the General Agreement on Tariffs and Trade (GATT), Article V of the General Agreement on Trade in Services (GATS) and the enabling clause.
5. Philip Wen et al., APEC Fails to Reach Consensus as U.S.-China Divide Deepens, Reuters, Nov. 18. 2018, https://www.reuters.com/article/us-apec-summit-energy/apec-fails-to-reach-consensus-as-u-s-china-divide-deepens-idUSKCN1NN00M (last visited Jan. 27, 2020).
6. Id.Instead of a "leaders' declaration," APEC issued the Chair's statement, which "reflects the chair's assessment of the prevailing views of all APEC member economies." The Chair's Era Kone Statement, the 26th APEC Economic Leaders' Meeting, Nov. 18, 2018.
7. The "phase one" trade deal was subsequently signed in January 2020.
8. For the detailed analysis of the two principles, see John Ravenhill, APEC and the Construction of Pacific Rim Regionalism 140-42 (2001); Ippei Yamazawa, APEC: New Agenda in its Third Decade 11-14 (2012).
9. The notion of sovereign costs, see Chris Brummer, Why Soft Law Dominates International Finance – and Not Trade, 13(3) J. Int'l Econ. L. 623, 623-24 (2010); Harmut Hillgenberg, A Fresh Look at Soft Law, 10(3) Eur. J. Int'l L. 500, 509.
10. APEC Vision Group, Report of the APEC Vision Group – People and Prosperity: An APEC Vision to 2040 (2019), at 3-11; 2020 Leaders' Declaration (2020).
11. Yamazawa, supra note 8, at 10.
12. Annex D - APEC Connectivity Blueprint for 2015-2025, 2014 Leaders' Declaration (2014).
13. Notable figures include Professor Kiyoshi Kojima and Professor Peter Drysdale.The Organization for Pacific Trade and Development (OPTAD was proposed at the Pacific Trade and Development (PAFTAD) conference. Ravenhill, supra note 8, at 41-52; Mark Borthwick, Building Momentum: The Movement Toward Pacific Economic Cooperation Prior to 1980, in The Evolution of PECC: The First 25 Years 1, 6 (2005).
14. Christopher M. Dent, East Asian Regionalism 119-20 (2d. ed. 2016); Andrew Elek, Back to Canberra: Founding APEC, in The Evolution of PECC: The First 25 Years 66, 71 (2005).
15. Andrew Elek, Overview, in The Evolution of PECC: The First

25 Years xv, xx-xxi (2005).
16. Ravenhill, supra note 8, at 41; Elek, id. at xxi.
17. APEC Secretariat, APEC Outcomes & Outlook 2018-2019 (2019), at 37.
18. APEC PSU, supra note 2, at 8.
19. World Trade Organization (WTO, World Trade Statistical Review 2019 (2019), at 55
20. Ravenhill, supra note 8, at 220; APEC Vision Group, supra note 10, at 29.
21. APEC PSU, APEC's Bogor Goals Progress Report (2018), at 2-9; APEC PSU, APEC Regional Trends Analysis: Counting What Counts (2019), at 15-17.
22. APEC PSU, APEC's Ease of Doing Business – Final Assessment 2015-2018 (2019), at 4.
23. The APEC Business Advisory Council (ABAC) was created by the APEC Economic Leaders in November 1995. Founding and Structure, https://www2.abaconline.org//page-content/2521/content (last visited Jan. 28, 2020).
24. APEC PSU, supra note 22, at 9-33.
25. See e.g., APEC Secretariat, Guidelines for Hosting APEC Meetings (2017).
26. APEC Secretariat, supra note 17, at 38.
27. Id.; Francis A. Quimba & Mark Anthony A. Barral, The Evolution of APEC and Its Role in the Philippine Trade and Investment, PIDS Discussion Paper Series, No. 2019-07 (2019), at 13.
28. Structure, https://www.apec.org/About-Us/How-APEC-Operates/Structure (last visited Feb. 17, 2020).
29. APEC Vision Group, supra note 10, at 36.
30. APEC Secretariat, https://www.apec.org/About-Us/APEC-Secretariat (last visited Feb. 18, 2020).
31. Denis Hew, The Economic Effects of the Coronavirus on the Asia-Pacific, Feb. 17, 2020, https://www.apec.org/Press/Blogs/2020/0217_PSU (last visited Feb. 18, 2020).
32. Dent, supra note 14, at 122; Ravenhill, supra note 8, at 138-40.
33. Scope of Work, https://www.apec.org/About-Us/How-APEC-Operates/Scope-of-Work (last visited Feb. 18, 2020). The Framework for Strengthening Economic Cooperation and Development (2016 Manila Declaration) introduced the APEC term, "economic and technical cooperation (ECOTECH)." Ippei Yamazawa, APEC's Achievements and Tasks, in APEC in the 21st Century 1, 16 (Riyana Miranti & Denis Hew eds. 2004).
34. Yamazawa, supra note 33, at 4; The Osaka Action Agenda: Implementation of the Bogor Declaration, https://www.apec.org/Meeting-Papers/Leaders-Declarations/1995/1995_aelm (last visited Feb. 25, 2020); Manila Action Plan for APEC (MAPA): Volume 1, https://www.mofa.go.jp/policy/economy/apec/1996/mapa/vol1/index.html(last visited Feb. 18, 2020).
35. Committee on Trade and Investment (CTI) Chair, The Individual Action Plan (IAP) and IAP Peer Review, 2011/SOM2/021anx2 (2011), at 1-2.
36. The Osaka Action Agenda identified 15 areas to be reported.The current Individual Action Plan report deleted the area of "implementation of the Uruguay Round

Outcomes" and added three areas: "transparency," "RTAs/FTAs," and "other voluntary areas." Id; APEC PSU, supra note 21, at i; Hadi Soesastro, Revamping APEC's Concerted Unilateral Liberalization, in APEC at 20: Recall, Reflect, Remake 67, 68-69 (K. Kesavapany and Hank Lim eds. 2009).

37. E.g., Summary Report of Competition Policy and Law Group Meeting 2012, 2013/SOM1.CPLG/002 (2013), at 3.

38. WTO, 15 Years of the Information Technology Agreement: Trade, Innovation and Global Production Networks (2012), at 12-15.

39. Yamazawa, supra note 33, at 7.

40. Id. at 8.

41. Id. at 9-10.

42. Tatsushi Ogita, Japan: The Structure of Complete Objection, in Trade Liberalization and APEC 83, 97-98 (Jiro Okamoto ed. 2004).

43. Ravenhill, supra note 8, at 186-89.

44. Appendix 1 – Shanghai Accord: APEC Economic Leaders' Declaration (2001); Man-jung Mignonne Chan, APEC's Eye on the Prize: Participants, Modality, and Confidence-Building, in APEC at 20: Recall, Reflect, Remake 41, 44-45 (K. Kesavapany and Hank Lim eds., 2009).

45. Appendix 5 – 2019 CTI Pathfinder Initiatives, 2019 CTI Report to Ministers (2019).

46. The Osaka Action Agenda: Implementation of the Bogor Declaration, supra note 34.

47. 2010 Leaders' Declaration (2010).

48. Alice Ba, (Re)Negotiating East and Southeast Asia: Region, Regionalism, and the Association of Southeast Asian Nations 148-49 (2009); Elek, supra note 14, at 77-78.

49. Appendix 5.2: Kuching Consensus, in Elek, supra note 14, at 82.

50. Ravenhill, supra note 8, at 109-10.

51. Ba, supra note 48, at 151-53.

52. Mergawati Zulfakar, With APEC Cancelled, Focus is Now on ASEAN Summit, The Star, Nov. 1, 2019, https://www.thestar.com.my/news/nation/2019/11/01/with-apec-cancelled-focus-is-now-on-asean-summit (last visited Feb. 24, 2020).

53. Association of Southeast Asian Nations (ASEAN) Secretariat, ASEAN Integration Report 2019 (2019), at 127-29.

54. Id. at 133; Xinha, China-ASEAN Trade Continues to Boom amid Global Growth Slowdown, Uncertainties, July 23, 2019, China Daily, https://www.chinadaily.com.cn/a/201907/23/WS5d367792a310d8305640082a.html (last visited Feb. 25, 2020); ASEAN Becomes China's Largest Trading Partner, Mar. 7, 2020, Global Times, https://www.globaltimes.cn/content/1181864.shtml#:~:text=Association%20of%20Southeast%20Asian%20Nations,external%20shockwaves%20like%20the%20coronavirus%2C (last visited Feb. 5, 2021).

55. ASEAN Framework for Regional Comprehensive Economic Partnership (2011).

56. Guiding Principles and Objectives for Negotiating the Regional Comprehensive Economic Partnership (2012) (RCEP Guiding Principles).

57. APEC Vision Group, supra note 10, at 12.

58. S. Pushpanathan, ASEAN's Strategy Towards Its Dialogue Partners and ASEAN Plus Three Process, Nov. 4, 2003, https://asean.org/?static_post=asean-s-strategy-towards-its-dialogue-partners-and-asean-plus-three-process-by-s-pushpanathan (last visited Feb. 25, 2020).

59. The informal dialogue took place in Vietnam and the theme was "Partnering for New Dynamism for a Comprehensively Connected and Integrated Asia-Pacific." Secretary-General of ASEAN: ASEAN and APEC Can Achieve More by Working Together, Nov. 12, 2017, https://asean.org/secretary-general-of-asean-asean-and-apec-can-achieve-more-by-working-together/ (last visited Feb 25, 2020).

60. Akhmad Bayhaqi et al., Trade Facilitation in APEC: Progress and Impact, APEC PSU Policy Brief No. 25 (2019), at 1-2; ASEAN Secretariat, supra note 53, at 27-35 & 91-92.

61. The idea was first proposed to US President George H. W. Bush during his visit to Australia in 1992.P J Keating, APEC: Australia's Biggest Seat at its Biggest Table, Aug. 23, 2007.

62. Jonathan Pearlman, 'White Trash' Warning Spurred Australia to Be Better: Abbott, Strait Times, Mar. 26, 2015, https://www.straitstimes.com/singapore/white-trash-warning-spurred-australia-to-be-better-abbott (last visited Feb. 27, 2020).

63. Asia-Pacific Economic Cooperation (APEC), https://dfat.gov.au/trade/organisations/apec/Pages/asia-pacific-economic-cooperation-apec.aspx (last visited Feb. 25, 2020).

64. Australia Government, 2017 Foreign Policy White Paper (2017), at 46-64.

65. Ravenhill, supra note 8, at 116-17.

66. Katharine Murphy, Scott Morrison to Take on Backlash against Trade Deals at APEC, Guardian, Nov. 16, 2018, https://www.theguardian.com/australia-news/2018/nov/17/scott-morrison-to-take-on-backlash-against-trade-deals-at-apec (last visited Mar. 11, 2020); Address to APEC CEO Summit, Nov. 17, 2018 https://www.pm.gov.au/media/address-apec-ceo-summit-2018 (last visited Mar. 11, 2020).

67. Philip Y. M. Yang, Taiwan's Approaches to APEC: Economic Cooperation, Political Significance, and International Participation, 14 Nov. 1997, http://club.ntu.edu.tw/~yang/apec-paper-2.htm (last visited Feb. 26, 2020).

68. In practice, the Taiwan president will "receive invitations" from the APEC host country but will appoint a "leader's representative" to attend the summit, officially known as the APEC Economic Leaders' Meeting.The representative is usually a formal government official (such as former Vice President Lien Chang) or a business leader.

69. Graham Allison, Destined for War: Can America and China Escape Thucydides's Trap? 116-22 (2017).

70. State Council, 国务院关于加快实施自由贸易区战略的若干意见 [Several Opinions of the State Council on Accelerating the Implementation of the Strategies for Free Trade Areas] (2015); Julien Chaisse & Mitsuo Matshshita, China's 'Belt and Road' Initiative: Mapping the World Trade Normative and Strategic Implications, 52(1) J. World Trade 163, 165-84 (2018).The Belt and Road Initiative (BRI) is also commonly known as One Belt One Road (OBOR), which refers to China's development strategy for the Silk Road

Economic Belt and the 21st-century Maritime Silk Road.

71. Heng Wang, China's Approach to the Belt and Road Initiative: Scope, Character and Sustainability, 22(1) J. Int'l Econ. L. 29, 35-41 (2019).

72. Annex A - The Beijing Roadmap for APEC's Contribution to the Realization of the FTAAP, 2014 Leaders' Declaration (2014); Assistant Foreign Minister Zhang Jun Publishes Signed Article on APEC Economic Cooperation, Nov. 14, 2018, https://www.fmprc.gov.cn/mfa_eng/wjbxw/t1612994.shtml (Feb. 25, 2020).

73. John Pomfret, China's Debt Traps around the World Are a Trademark of its Imperialist Ambitions, Wash. Post, Aug. 27, 2018, https://www.washingtonpost.com/news/global-opinions/wp/2018/08/27/chinas-debt-traps-around-the-world-are-a-trademark-of-its-imperialist-ambitions/ (last visited Feb. 25, 2020); John Hurley, Examining the Debt Implications of the Belt and Road Initiative from a Policy Perspective, CGD Policy Paper (2018), at 12-27.

74. APEC Secretariat, APEC Connectivity Blueprint (2014), at 34-36.

75. Lim Yan Liang, China's Xi Jinping Defends its Development Path and Slams Protectionist Actions, Straits Times, Nov. 17, 2018, https://www.straitstimes.com/world/chinas-xi-jinping-defends-its-development-path-and-slams-protectionist-actions (last visited Feb. 25, 2020).

76. Sueo Sudo, Japan's ASEAN Policy: In Search of Proactive Multilateralism 18 & 69 (2015).

77. Ravenhill, supra note 8, at 116-17; Elek, supra note 15, at 73.

78. Speech Given by Minister for Foreign Affairs Yohei Kono at the Kansai Press Club, Japan's Foreign Policy in the Asia-Pacific, and the Significance of APEC, Nov. 15, 1995; What is APEC for Japan? Jan 2003, https://www.mofa.go.jp/policy/economy/apec/what.html (last visited Feb. 27, 2020).

79. APEC PSU, Annual Report 2018 (2018), at 12.

80. Michito Tsuruoka, Britain in the Trans-Pacific Partnership After Brexit? It's Complicated, Diplomat, Nov. 12, 2019, https://thediplomat.com/2019/11/britain-in-the-trans-pacific-partnership-after-brexit/ (last visited Feb. 25, 2020).

81. Satoshi Iizuka, Abe Fails to Bridge U.S.-China Divide at APEC Summit, Diplomat, Nov. 19, 2018, https://www.japantimes.co.jp/news/2018/11/19/business/abe-fails-bridge-u-s-china-divide-apec-summit/#.XliNcmgzayJ (last visited Feb. 26, 2020).

82. Yuka Fukunaga, Japan's Trade Policy in the Midst of Uncertainty, Aise.Visions, No. 112 (2020), at 19; Satoshi Sugiyama, Frustrated with South Korea, Japan Greenlights Curbs on Smartphone and Semiconductor Supplies, Japan Times, July 4, 2019, https://www.japantimes.co.jp/news/2019/07/04/business/frustrated-south-korea-japan-greenlights-curbs-smartphone-semiconductor-supplies/#.Xlijlmgzayl (last visited Feb. 27, 2020); Joyce Lee, South Korean Forced Labor Victims to Seek Japan's Mitsubishi Asset Sale, Reuters, July 16, 2019, https://www.reuters.com/article/us-southkorea-japan-laborers-mhi/south-korean-forced-labor-victims-to-seek-japans-mitsubishi-asset-sale-idUSKCN1UB0HO (last visited Mar. 1, 2020).

83. DS590: Japan – Measures Related to the Exportation of Products and Technology to Korea; Fukunaga, supra note 82, at 18.

84. See generally Michael C. Webb & Stephen D. Krasner, Hegemonic Stability Theory: An Empirical Assessment, 15 Rev. Int'l Stud. 183, 183-84 (1989).

85. Allison, supra note 69, at vii-viii.

86. Sung-Hoon Park & Jeong Yoen Lee, APEC at Crossroads: Challenges and Opportunities, 33(2) Asian Persp. 97, 108 (2009); Ravenhill, supra note 8, at 93-95.

87. Ravenhill, supra note 8, at 94-97.

88. 2001 Leaders' Declaration (2001).

89. APEC Counter-Terrorism Working Group Strategic Plan 2018-2020 (2017), at 5-6.

90. Remarks by President Obama at APEC CEO Summit, Nov. 10, 2014, https://obamawhitehouse.archives.gov/the-press-office/2014/11/10/remarks-president-obama-apec-ceo-summit (last visited Mar. 2, 2020).

91. Department of Defense, Indo-Pacific Strategy Report: Preparedness, Partnerships, and Promoting a Networked Region (2019), at 3-4.

92. The Chair's Era Kone Statement, supra note 6.

93. S.2736 – Asia Reassurance Initiative Act of 2018, secs. 102(3) & 205-06.

94. Office of the Spokesperson, U.S. 2019 APEC Outcomes, Dec. 19, 2019.

95. ASEAN Member States, https://asean.org/asean/asean-member-states/ (last visited Jan. 21, 2020); Comprehensive and Progressive Agreement for Trans-Pacific Partnership (CPTPP), https://dfat.gov.au/trade/agreements/in-force/cptpp/Pages/comprehensive-and-progressive-agreement-for-trans-pacific-partnership.aspx (last visited Jan. 21, 2020); RCEP Overview, https://www.mfat.govt.nz/en/trade/free-trade-agreements/agreements-under-negotiation/regional-comprehensive-economic-partnership-rcep/rcep-overview/#countries (last visited Jan. 21, 2020); The Belt and Road Initiative: Country Profiles, http://china-trade-research.hktdc.com/business-news/article/The-Belt-and-Road-Initiative/The-Belt-and-Road-Initiative-Country-Profiles/obor/en/1/1X000000/1X0A36I0.htm (last visited Jan. 21, 2020); Free Trade Agreements, https://ustr.gov/trade-agreements/free-trade-agreements (last visited Jan. 21, 2020); Japan Free Trade Agreement, https://www.cbp.gov/trade/free-trade-agreements/japan (last visited Jan. 21, 2020).

96. The Osaka Action Agenda: Implementation of the Bogor Declaration, supra note 34.

97. Vinod K. Aggarwal & Elaine Kwei, Asia-Pacific Economic Cooperation (APEC): Transregionalism with a New Cause?, in Interregionalism and International Relations 67, 73 (Heiner Hänggi et al. eds. 2006); Akiko Yanai, Characteristics of APEC Trade Liberalization: A Comparative Analysis with the WTO, in Trade Liberalization and APEC 9, 22-24 (Jiro Okamoto ed. 2004).

98. Singapore issues refer to four subjects (trade and investment, competition policy, transparency in government procurement, and trade facilitations) decided at the WTO

Ministerial Conference in Singapore in 1996.
99. E.g., Chris Brummer, Soft Law and the Global Financial System: Rule Making in the 21st Century 60-114 (2012).
100. 2010 Leaders' Declaration (2010).
101. APEC PSU, Trends and Developments in Provisions and Outcomes of RTA/FTAs Implemented in 2018 by APEC Economies (2020), at 2; APEC PSU, Trends and Developments in Provisions and Outcomes of RTA/FTAs Implemented in 2017 by APEC Economies (2018), at 4.
102. Best Practice for RTAs/FTAs in APEC (2004).
103. Communication from Chile and the Republic of Korea, Best Practices for FTAs/FTAs in APEC, TN/RL/W/187, Sept. 12, 2005.
104. Fifteen model measures were developed between 2005 to 2008. CTI Report to Ministers, Collective Strategic Study on Issues Related to the Realization of the FTAAP (2016), at 129; APEC PSU, The Mutual Usefulness between APEC and TPP (2011), at 12-13.
105. Best Practices for RTAs/FTAs in APEC (2004).
106. Id.; Appellate Body Report, Mexico – Tax Measures on Soft Drinks and Other Beverages, WT/DS308/AB/R (2006) (Mexico – Soft Drinks).
107. Mexico – Soft Drinks, paras. 42-53.
108. Free Trade Agreement between the Government of the People's Republic of China and the Government of the Republic of Singapore (2008), art. 92(7).
109. CTI Report to Ministers, supra note 104, at 123. The "spaghetti bowl" syndrome is also known as the "noodle bowl" effect in the context of Asian regionalism. Richard Baldwin & Masahiro Kawai, Multilateralizing Asian Regionalism, ADBI Working Paper, No. 431 (2013), at 11
110. Yamazawa, supra note 8, at 76; Stefano Inama & Edmund W. Sim, Rules of Origin in ASENA: A Way Forward 27 (2015).
111. A Guide to Understanding the ASEAN-China Free Trade Area Update (2016), at 2.
112. APEC PSU, supra note 101, at 12-13 & 19.
113. United Nations Conference for Trade and Development (UNCTAD) Secretariat, Core Elements of International Investment Agreements in Domestic Investment Frameworks in the APEC Region (2011), at 11 & 40-43.
114. APEC Non-Binding Investment Principles (2011). The 1994 version of the Principles, see Annex 3, in id. at 85-87.
115. APEC endorsed the APEC Information Sharing Mechanism on FTAs/RTAs in 2014. CTI Report to Ministers, supra note 104, at 133-34; CTI Chair, Annex 4 – The Conduct of the Trade Policy Dialogue on WTO-Plus Elements of RTAs/FTAs and the Trade Policy Dialogue Outcomes Report, 2017/SOM2/018anx04 (2017), at 2-3.
116. APEC Non-binding Principles for Domestic Regulation of the Services Sector (2018), which is built upon APEC Principles for Cross-Border Trade in Services (2009). The model procedural rules for online dispute resolution are included in Hong Kong, China, APEC Collaborative Framework for Online Dispute Resolution of Cross-Border Business-to Business Disputes – Endorsed, 2019/SOM3/EC/022 (2019). This Framework was supported by APEC leaders on a pilot basis in 2019.

117. WTO, World Trade Report 2015 (2015), at 35-36.
118. Text of the 'July Package' – the General Council's Post-Cancún Decision, Aug. 1, 2004, https://www.wto.org/english/tratop_e/dda_e/draft_text_gc_dg_31july04_e.htm (last visited Mar. 1. 2020).
119. WTO, supra note 117, at 45-46; Bayhaqi et al., supra note 60, at 1.
120. APEC PSU, supra note 21, at 6; Bayhaqi et al., supra note 60, at 2.
121. APEC developed two Trade Facilitation Action Plans (TFAPs), including TFAP I (2001-2006) and TFAP II (2007-2010). APEC Secretariat, APEC's Second Trade Facilitation Action Plan (2007), at 3-4; Bayhaqi et al., supra note 60, at 1.
122. APEC PSU, APEC Supply-Chain Connectivity Framework Action Plan 2017-2020: Interim Review of External Indicators (2019), at iv to 5.
123. Bayhaqi et al., supra note 60, at 6-7.
124. Trade Facilitation Agreement (2014), arts. 7(7) and 10(4).
125. The APEC concept of 3-pillar connectivity was defined in the 2013 Leaders' Declaration. APEC Secretariat, APEC Connectivity Blueprint (2014), at 12-13; ASEAN Secretariat, Mater Plan on ASEAN Connectivity 2025 (2016), at 12.
126. 2017 Leaders' Declaration; APEC PSU, supra note 122, at 7-8.
127. Sustainable Development Goals, in United Nations General Assembly, Transforming our world: the 2030 Agenda for Sustainable Development, A/Res/70/1 (2015), goal 9.1.
128. See generally APEC Secretariat, APEC Guidebook on Quality of Infrastructure Development and Investment (Revision) (2018).
129. The Philippines, Vietnam and Indonesia. APEC PSU, supra note 122, at 7.
130. APEC PSU, Peer Review and Capacity Building on APEC Infrastructure Development and Investment: The Philippines (2017), at 6-7.
131. UNCTAD, Summary of Adoption of E-Commerce Legislation Worldwide, https://unctad.org/en/Pages/DTL/STI_and_ICTs/ICT4D-Legislation/eCom-Global-Legislation.aspx (last visited Mar. 17, 2020).
132. A notable exception is Brunei, which is yet to enact laws on data protection and privacy. APEC PSU, supra note 122, at 16-17.
133. See generally CTI Chair, Annex 2 – APEC Cross-Border E-Commerce Facilitation Framework, 2017/SOM3/027anx02 (2017).
134. The APEC Business Travel Card to be Further Modernized, Mar. 5, 2019, https://www.apec.org/Press/News-Releases/2019/0306_ABTC (last visited Mar. 2, 2020). In 2014, the APEC Business Mobility Group decided to extend the validity of the APEC Business Travel Card from three to five years. APEC Secretariat, Supporting Continued Growth in Trade and Facilitation: End to End Review of the APEC Business Travel Card Scheme Final Report (2014), at 5.
135. Frequently Asked Questions for APEC Business Travel Card Clients, https://www.apec.org/Groups/Committee-on-Trade-and-Investment/Business-Mobility-Group/ABTC/FAQ (last visited Mar. 3, 2020).

136. The APEC Business Travel Card to be Further Modernized, supra note 134; APEC's Achievements in Trade Facilitation in 2007-2010: Final Assessment of the Second Trade Facilitation Action (TFAP II) (2012), at 1.

137. APEC PSU, supra note 21, at 2.

138. The Osaka Initial Actions, https://www.mofa.go.jp/policy/economy/apec/1995/initial.html (last visited Mar. 10, 2020).

139. The top ten exporters include China, the European Union (EU), the United States, Singapore, Korea, Taiwan, Japan, Vietnam, Malaysia and Mexico.WTO, 20 Years of the Information Technology Agreement: Boosting Trade, Innovation and Digital Connectivity (2017), at 28.

140. Id. at 6.

141. Catherine Mann & Xuepeng Liu, The Information Technology Agreement: Sui Generis or Model Stepping Stone?, in Multilateralizing Regionalism: Challenges for the Global Trading System 182, 189 (Richard Baldwin & Patrick Low eds. 2009).

142. Reasons for expanding the agreement, see Carlos Kuriyama & Azul Ogazon, Expanding the Information Technology Agreement, APEC PSU Brief No. 6 (2013), at 2-4.

143. 2011 Leaders' Declaration (2011); WTO, supra note 139, at 59-65

144. WTO, supra note 139, at 6.

145. Panel Report, European Communities and its Member States – Tariff Treatment of Certain Information Technology Products, WT/DS375/R, WT/DS376/R, WT/DS377/R, Aug. 16 2010 (EC-IT Products).

146. WTO, supra note 139, at 59-60; Concept Paper for the Expansion of the ITA, Communication from Canada, Japan, Korea, the Separate Customs Territory of Taiwan, Penghu, Kinmen and Matsu, Singapore and the United States, G/IT/W/36, May 2, 2012, at 1.

147. EC-IT Products, paras. 7.119, 7.766, and 7.1138.

148. Paola Conconi & Robert Howse, Panel Report on EC-IT Products, 11:2 World Trade Rev. 223, 223-24 (2012).

149. Id.; Han-Wei Liu & Shin-Yi Peng, Managing Trade Conflicts in the ICT Industry: A Case Study of EU–Greater China Area, 19(3) J. Int'l Econ. L. 629, 651-52 (2016).

150. E.g., EC-IT Products, paras. 8.3-8.11.

151. E.g., EC-IT Products, paras. 7.734, 7.986, and 7.1501; paras. 7.1308 and 7.1397.See generally Tsai-Yu Lin, Systemic Reflection on the EC-IT Product Case: Establishing an 'Understanding' on Maintaining the Product Coverage of the Current Information Technology Agreement in the Face of Technological Change, 45(2) J. World Trade 401, 417-19 (2011).

152. Yamazawa, supra note 33, at 8; Doha Ministerial Declaration, WT/MIN(01)/DEC/1, 20 Nov. 2001, art. 31(iii).

153. 2011 Leaders' Declaration (2011).

154. Other nominating economies include Canada, Japan and Taiwan.Yamazawa, supra note 33, at 8.

155. Annex C – APEC List of Environmental Goods, Sept. 8, 2012, https://www.apec.org/Meeting-Papers/Leaders-Declarations/2012/2012_aelm/2012_aelm_annexC.aspx (last visited Mar. 18, 2020).

156. CTI Report to Ministers, supra note 104, at 129; APEC Cuts Environmental Goods Tariffs, Jan. 28, 2016, https://www.apec.org/Press/News-Releases/2016/0128_EG.aspx (last visited Mar. 18, 2020).

157. There are 18 negotiating parties, including the EU.Environmental Goods Agreement (EGA), https://www.wto.org/english/tratop_e/envir_e/ega_e.htm (last visited Mar. 18, 2020).

158. E.g., APEC Vision Group, supra note 10, at 10-13.

159. Charter of the Association of Southeast Asian Nations (2007), art. 3.

160. Bangkok Declaration on Asia-Pacific Economic Cooperation (APEC) (1992).

161. Advisory Opinion, Reparation for Injuries Suffered in the Service of the United Nations, ICJ Reports (1949), at 118-79.

162. The International Organizations (Immunities and Privileges) (APEC Secretariat) Order 1993, arts. A.3 & A.4.

163. Id.; Agreement between the Government of Singapore and the Secretariat of the Asia Pacific Economic Cooperation Organization Relating to the Privileges and Immunities of the APEC Secretariat (1993); Supplemental Agreement between the Secretariat of the Asia-Pacific Economic Cooperation Organization (APEC) Relating to the Privileges and Immunities of the APEC Secretariat (2005).

164. Convention on the Privileges and Immunities of the United Nations (1946), art. VII

165. Agreement between the Government of Indonesia and ASEAN Relating to the Privileges and Immunities of the ASEAN Secretariat (1979), arts. 2 & 3.

166. Agreement on Privileges and Immunities of the Association of Southeast Asian Nations (2009), art. 4.

167. 'No Reforms' for ASEAN Anytime Soon, Jarkata Post, Sept. 25, 2017, https://www.thejakartapost.com/seasia/2017/11/25/no-reforms-for-asean-anytime-soon.html (last visited Mar. 20, 2020); Carlo Closa & Lorenzo Casni, Comparative Regional Integration: Governance and Legal Models 285-86 (2016); Frequently Asked Questions, https://www.apec.org/FAQ (last visited Mar. 20, 2020); APEC – A Multilateral Economic Forum, https://www.apec.org/About-Us/How-APEC-Operates (last visited Mar. 20, 2020).

168. Commission Staff, https://ec.europa.eu/info/about-european-commission/organisational-structure/commission-staff_en (last visited Jan. 22, 2020); EU Member Countries in Brief, https://europa.eu/european-union/about-eu/countries/member-countries_en (last visited Jan. 22, 2020); Organisational Structure, https://www.oecd.org/about/structure/ (last visited Jan. 22, 2020); Member Countries, https://www.oecd.org/about/members-and-partners/ (last visited Jan. 22, 2020); Overview of the WTO Secretariat, https://www.wto.org/english/thewto_e/secre_e/intro_e.htm (last visited Feb. 2, 2021); Members and Observers, https://www.wto.org/english/thewto_e/whatis_e/tif_e/org6_e.htm (last visited Jan. 22, 2020); Evan Laksmana, Time to Consider Refinancing Options for the ASEAN Secretariat, Nov. 10, 2017, https://www.aspistrategist.org.au/time-to-consider-refinancing-options-

for-the-asean-secretariat/ (last visited Jan. 22, 2020); Asian Development Bank Institute, ASEAN 2030: Toward a Borderless Economic Community 201 (2014); Frequently Asked Questions, supra note 167; PSU Staff, https://www.apec.org/About-Us/Policy-Support-Unit/PSU-Staff (last visited Jan. 22, 2020).

169. Frequently Asked Questions, supra note 167.
170. APEC Secretariat, https://www.apec.org/ContactUs/ APECSecretatriat (last visited Mar. 20, 2020).
171. Closa & Casni, supra note 167, at 286-87.
172. Dr Rebecca Fatima Sta Maria, https://www.apec.org/Press/ Blogs/Dr-Rebecca-Fatima-Sta-Maria (last visited Mar. 31, 2020).
173. The Executive Director came from the member that hosted the APEC meetings in that year and the Deputy Executive Director, who would become the next executive director, came from the next host economy.Ravenhill, supra note 8, at 131.
174. E.g. SOM Steering Committee on Economic and Technical Cooperation, 2018 Senior Officials' Report on Economic and Technical Cooperation (2018), at 19-20.
175. Policy Support Unit, https://www.apec.org/About-Us/ Policy-Support-Unit (last visited Mar. 23, 2020).
176. APEC Policy Support Unit Governance Arrangements (2018), at 3.
177. Id. at 10.
178. Australia, the United States, Japan provided 30%, 21.6%, and 20.6%, respectively, of the total contributions that the PSU received.APEC PSU, supra note 79, at 12.
179. PSU projects, see APEC Secretariat, APEC Secretariat's 2019 Operational Plan (2019), at 3; APEC PSU Five-Year Strategic Plan 2013-2017 (2013), at 4.
180. CTI Chair, The Individual Action Plan (IAP) and IAP Peer Review, 2011/SOM2/021anx2, May 17-18, 2011, at 1-2.
181. Soesastro, supra note 36, at 74-75.
182. APEC members would report in 2012, 2014, 2016, 2018 and 2020, which was the final assessment for the end of the Bogor Goals.CTI Chair, supra note 180, at 2.
183. Id. at 2-3; Geoffrey Woodhead, The Role of Peer Reviews in APEC, First OECD-South East Asia Regional Forum: Peer Review Mechanisms – Macroeconomic Policies, Regional Economic Integration and Economic Development (2007), at 2-4; APEC Secretariat, IAP Peer Review: Review Teams, Timeline and List of Experts, 2008/SOM1/014, Mar. 2-3, 2008, at 3-5.
184. APEC PSU, supra note 79, at 4.
185. Trade Policy Review Mechanism (TPRM), https://www.wto.org/english/docs_e/legal_e/29-tprm_e.htm (last visited Mar. 24, 2020).
186. APEC Secretariat, supra note 183, at 3-6.
187. Yamazawa, supra note 8, at 15; APEC Secretariat, supra note 183, at 2-3.
188. The e-IAP website does not work.Action Plans, https:// www.apec.org/About-Us/How-APEC-Operates/Action-Plans (last visited Mar. 22, 2020).
189. E.g., APEC PSU, supra note 21, at 1-9.
190. These members include Australia, Brunei, Japan, Malaysia,

New Zealand, Singapore and Vietnam.CTI Report to Ministers, supra note 104, at 157.
191. APEC News Release, Asia Pacific Business Leaders to Press APEC Leaders to Accelerate Regional Economic Integration, Feb. 14, 2014, at 1.
192. Id.; 2010 Leaders' Declaration (2010).
193. The official title of the P4 agreement is the Trans-Pacific Strategic Economic Partnership Agreement (TPSEP). Deborah K. Elms & C.L. Lim, An Overview and Snapshot of the TPP Negotiations, in The Trans-Pacific Partnership: A Quest for a Twenty-First-Century Trade Agreement 21, 21-22 (C.L. Lim el. eds. 2012).
194. Id. at 26-27.
195. CTI Report to Ministers, supra note 104, at 166.
196. Annex II - List of Suspended Provisions, https://www.international.gc.ca/trade-commerce/trade-agreements-accords-commerciaux/agr-acc/cptpp-ptpgp/annex2-annexe2.aspx?lang=eng (last visited Mar. 25, 2020); CPTPP, supra note 95; Meredith Kolsky Lewis, The Origin of Pluralateralism in International Trade Law, 20 J. Int. & Trade 633, 639-40 (2019).
197. Outline of the RCEP Agreement (as at November 2017), in Joint Leaders' Statement on the Negotiations for the Regional Comprehensive Economic Partnership (RCEP) (2017).
198. Joint Leaders' Statement on the Regional Comprehensive Economic Partnership (RCEP) (2019); Joint Leaders'Statement on the Regional Comprehensive Economic Partnership (RCEP) (2020).
199. Rahul Mazumdar, India Should Hold Off on RCEP Agreement, Business Line, Nov. 1, 2019, https://www.thehindubusinessline.com/opinion/india-should-hold-off-on-rcep-agreement/article29856854.ece (last visited Mar. 22, 2020).
200. Annex A - The Beijing Roadmap for APEC's Contribution to the Realization of the FTAAP (2014); CTI Report to Ministers, supra note 104, at 2-3.
201. 2014 Leaders' Declaration (2014); Annex A: Lima Declaration on FTAAP (2016).
202. Asia-Pacific FTAs with open accession clauses, see Shintaro Hamanaka, Accession to TPP: Veto Power and "Opt-Out" Option, in Paradigm Shift in International Economic Law Rule-Making: TPP as a New Model for Trade Agreements? 435, 439-41 (Julien Chaisse et al. eds. 2017). For instance, Australia-US FTA permits the participation of a "[a]ny country or group of countries" and the P4 agreement, which is open to "any APEC Economy and other States." Australia-United States Free Trade Agreement (2004), at 23.1; TPSEP (2005), art. 20.6.
203. CPTPP (2018), art 5.The CPTPP clause amended the accession clause, article 30.4 of the Trans-Pacific Partnership that makes the accession of "a member of APEC" easier.
204. RCEP Guiding Principles, supra note 56, princ. 6; RCEP (2020), art. 20.9.

亞洲大未來
經濟整合與全球典範轉移的新趨勢

NEW ASIAN REGIONALISM

作　　者　謝笠天 Pasha L. Hsieh
譯　　者　紀揚今
行銷企畫　劉妍伶
責任編輯　陳希林
封面設計　陳文德
內文構成　陳佩娟

發 行 人　王榮文
出版發行　遠流出版事業股份有限公司
地　　址　104005臺北市中山區中山北路1段11號13樓
客服電話　02-2571-0297
傳　　真　02-2571-0197
郵　　撥　0189456-1
著作權顧問　蕭雄淋律師

2022年12月01日 初版一刷
定價 平裝新台幣499元（如有缺頁或破損，請寄回更換）
有著作權・侵害必究 Printed in Taiwan
ISBN　978-957-32-9895-3
遠流博識網　http://www.ylib.com・E-mail: ylib@ylib.com

NEW ASIAN REGIONALISM
Yuan Liou Publishings 2022
This translation of New Asian Regionalism in International Economic Law is published by
arrangement with Cambridge University Press through Big Apple Agency, Inc., Labuan, Malaysia.
All rights reserved.

圖書館出版品預行編目(CIP)資料

亞洲大未來：經濟整合與全球典範轉移的新趨勢 / 謝笠天 (Pasha L. Hsieh) 著；紀揚今譯.
-- 初版. -- 臺北市：遠流出版事業股份有限公司, 2022.12
面；　公分

譯自：New Asian regionalism in international economic law
ISBN：978-957-32-9895-3　（平裝）

1.CST: 區域經濟 2.CST: 區域整合 3.CST: 亞洲

552.16　　　　　　　　　　　　　　　　　　　　　111018194